現代簿記の原理

神奈川大学教授
照屋行雄 著

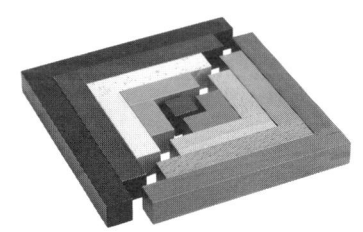

中央経済社

はしがき

　現代人が，その経済的繁栄を確保するために利用できる経済資源は有限である。有限の資源を獲得し効率的に活用する手段として，企業，政府，家計などの各種経済活動がある。特に企業の果たす生産経済活動は，現代経済社会の運営において中核的な位置を占めている。

　企業の経済活動を秩序整然と記録し，合理的に計画・管理するためのすぐれた技術的方法として，早くから複式簿記が考案され普及・発達してきた。今日，複式簿記は企業の経済活動を計数的に把握するとともに，企業内外の利害関係者に有用な意思決定情報を提供する社会的用具となっているのである。

　本書は，現代社会において重要な役割を果たしている複式簿記に関する基礎的知識と基本的技能を体系的にまとめたものである。本書の狙いは，第一に，複式簿記の基本概念と記入のルールを丁寧に説明することであり，第二に，個々の経済取引を正しく記帳し期末処理する方法を具体的に例示することにある。

　本書は，全体で 10 章から構成されている。第 1 章から第 4 章までは複式簿記の基礎概念と計算構造を明らかにし，第 5 章から第 8 章までは個別取引の記帳処理を詳述している。そして第 9 章と第 10 章で簿記のゴールである決算手続について説明し，複式簿記の全体が理解できるようになっている。

　本書の主な特徴をあげれば，次のとおりである。

① 　簿記を初めて学習する読者に，現代簿記の基礎知識と基本ルールを平易に説明するための十分な工夫を施した。
② 　学習者の理解をサポートするために，過度にならない範囲でのイラストレーション（図解）を効果的に挿入した。
③ 　本書の内容構成において，現代簿記の概念や処理ルールを基礎段階から累積的に習得できるように合理的に編成した。
④ 　複式簿記による取引処理について，紙面の許す範囲内で具体的な例題や設例を用意して実践力を養うこととした。
⑤ 　現代簿記の基礎理論や記帳方法の説明に重点を置き，類書に多い検定試

験対策用の問題演習に偏するのを避けた。

　このような狙いと特徴でまとめられた本書は，大学における簿記・会計科目の基本テキストとして学生諸君の学習を支援することに役立つばかりでなく，各自の目的や動機で現代簿記の習得を目指す多くの学習者にとって有用な基本書となるものと確信する。

　簿記はすぐれて技術的・実践的な学習領域であるため，使用する学習書の説明がいかに詳細でわかりやすくても，単に読むだけでは効果的に簿記技能を習得することは難しい。各章で用意された例題や設例を実際に解き，それらを反復練習することが不可欠である。

　本書では，複式簿記の基本原理と記帳処理を体系的に説明することに重点をおいて記述したため，本文中に適切に配置された設例とは別に十分な練習問題を増補する紙幅が確保できなかった。各読者において中央経済社発行の『検定簿記ワークブック』などの練習問題集で補完して頂きたいと思う。

　本書の構成や内容について，東京交通短期大学の大田博樹教授のコメントを頂いた。また，原稿執筆や校正作業の過程で，税理士の嶋村健氏および神奈川大学大学院経営学研究科博士後期課程の平田沙織君の協力を得た。記してお礼申し述べるとともに，3名の若い会計学徒の大成を期待してやまない。

　最後に，本書の出版にあたり，種々のご高配を頂いた㈱中央経済社・代表取締役会長の山本継氏および取締役専務の小坂井和重氏，ならびに編集や校正業務でご協力を頂いた会計編集部の田邉一正氏および長田烈氏に厚くお礼申し上げたい。とりわけ小坂井専務の辛抱強い激励がなければ，本書は企画倒れのままに終わり読者諸賢の手元にお届けできなかった。重ねて感謝申し上げる。

2013年12月

　　　　　　　　　　　　　　　　　　　　　　照　屋　行　雄

目　　次

はしがき　*1*

第1章　簿記の基礎概念 …………………………………… *1*

第1節　会計と簿記 …………………………………………… *1*
1　企業活動と会計／*1*
2　会計の目的と特徴／*2*
3　会計システムと簿記／*4*

第2節　簿記の概念 …………………………………………… *5*
1　簿記の意義／*5*
2　簿記の目的／*6*
3　簿記の機能／*8*

第3節　簿記の種類 …………………………………………… *9*
1　単式簿記と複式簿記／*9*
2　営利簿記と非営利簿記／*11*
3　簿記原理と応用簿記／*12*

第4節　簿記の前提 …………………………………………… *14*
1　企業実体の前提／*14*
2　会計期間の前提／*16*
3　貨幣的測定の前提／*17*

第5節　簿記の歴史 …………………………………………… *18*
1　複式簿記の起源／*18*
2　近代簿記の導入／*19*
3　複式簿記の普及／*20*

第2章　簿記の基本要素 …………………………………… *23*

第1節　簿記の5要素 ………………………………………… *23*

		1	企業財産の増減変化／23	
		2	簿記目的と簿記5要素／24	
		3	簿記5要素の関係／25	
	第2節	資産・負債・資本の概念	………………………………	27
		1	資産の意義と項目／27	
		2	負債の意義と項目／29	
		3	資本の意義と計算／30	
	第3節	財産計算と貸借対照表	…………………………………	31
		1	財産計算の内容／31	
		2	貸借対照表等式／32	
		3	貸借対照表の作成／34	
	第4節	収益・費用の概念	………………………………………	36
		1	収益の意義と項目／36	
		2	費用の意義と項目／38	
		3	当期純利益の計算／39	
	第5節	損益計算と損益計算書	………………………………	41
		1	損益計算の内容／41	
		2	損益計算書等式／44	
		3	損益計算書の作成／46	

第3章　複式簿記の原理 ……………………………………… *49*

	第1節	取引の意義と種類	………………………………………	49
		1	取引の意義／49	
		2	取引の種類／50	
		3	交換取引と損益取引／52	
	第2節	取引要素の結合関係	……………………………………	54
		1	取引の構成要素／54	
		2	取引の二面的記入／56	
		3	取引8要素の結合／57	

第3節　勘定の意義と種類……………………………………………… *59*
　　　　　1　勘定の意義／*59*
　　　　　2　勘定の機能／*60*
　　　　　3　勘定科目の種類／*62*
　　　第4節　貸借記入の原則…………………………………………………… *63*
　　　　　1　勘定口座の形式／*63*
　　　　　2　貸借記入のルール／*65*
　　　　　3　勘定の記入方法／*66*
　　　第5節　貸借平均の原理…………………………………………………… *69*
　　　　　1　複式簿記のメカニズム／*69*
　　　　　2　貸借平均の原理／*70*
　　　　　3　簿記の自己検証機能／*72*

第4章　仕訳と転記の手続 ……………………………………………… *75*
　　　第1節　仕訳手続……………………………………………………………… *75*
　　　　　1　仕訳の意義／*75*
　　　　　2　仕訳の方法／*77*
　　　　　3　仕訳の例題記入／*78*
　　　第2節　仕訳帳の形式と記入……………………………………………… *80*
　　　　　1　仕訳帳の機能／*80*
　　　　　2　仕訳帳の形式／*81*
　　　　　3　仕訳帳の記入／*83*
　　　第3節　転記手続……………………………………………………………… *86*
　　　　　1　転記の意義／*86*
　　　　　2　転記の方法／*88*
　　　　　3　個別転記と合計転記／*90*
　　　第4節　総勘定元帳の形式と記入………………………………………… *92*
　　　　　1　総勘定元帳の機能／*92*
　　　　　2　総勘定元帳の形式／*92*

　　　　　3　総勘定元帳の記入／94
　　第5節　簿記一巡の手続と帳簿組織 …………………………………… 97
　　　　　1　簿記一巡の手続／97
　　　　　2　帳簿組織／99
　　　　　3　伝票会計制度／101

第5章　商品売買の処理 …………………………………………… 107

　　第1節　商品売買取引の記帳 …………………………………………… 107
　　　　　1　商品売買の勘定処理／107
　　　　　2　商品売買取引の記帳方法／108
　　　　　3　返品・値引・割戻し・割引の処理／110
　　第2節　分記法と総記法 ………………………………………………… 112
　　　　　1　分記法の記帳／112
　　　　　2　総記法の記帳／113
　　　　　3　売上原価計上法／115
　　第3節　三分法の記帳 …………………………………………………… 117
　　　　　1　商品勘定の分割／117
　　　　　2　三分法による記帳／118
　　　　　3　売上原価と商品販売益の計算／119
　　第4節　仕入帳と売上帳 ………………………………………………… 122
　　　　　1　商品売買取引の補助簿記入／122
　　　　　2　仕入帳の記帳／123
　　　　　3　売上帳の記帳／124
　　第5節　商品有高帳 ……………………………………………………… 126
　　　　　1　商品の帳簿管理／126
　　　　　2　棚卸計算と払出単価／127
　　　　　3　商品有高帳の記帳／129

第6章　現金・預金の処理 …………………………………………… *133*

第1節　現金の範囲と記帳 ……………………………………… *133*
　　1　現金の管理と範囲／*133*
　　2　現金勘定の処理／*134*
　　3　現金出納帳の記入／*136*

第2節　現金過不足の処理 ……………………………………… *138*
　　1　現金過不足の発生／*138*
　　2　現金過不足の記帳処理／*139*
　　3　現金過不足の期末処理／*140*

第3節　預金の種類と記帳 ……………………………………… *142*
　　1　預金の意義と種類／*142*
　　2　預金取引の処理／*143*
　　3　当座預金勘定と小切手／*144*

第4節　当座取引の記帳 ………………………………………… *146*
　　1　当座借越の処理／*146*
　　2　当座取引の記帳処理と当座預金出納帳／*148*
　　3　銀行勘定調整表の作成／*151*

第5節　小口現金の処理 ………………………………………… *154*
　　1　小口現金制度の意義と処理／*154*
　　2　小口現金の支給方式／*156*
　　3　小口現金出納帳の記入／*157*

第7章　債権・債務の処理 …………………………………………… *159*

第1節　掛債権・債務 …………………………………………… *159*
　　1　掛取引と人名勘定／*159*
　　2　売掛金と売掛金元帳／*161*
　　3　買掛金と買掛金元帳／*162*

第2節　手形債権・債務 ………………………………………… *164*
　　1　手形の意義と種類／*164*

　　　　　　2　受取手形と支払手形／166
　　　　　　3　手形の譲渡と不渡り／168
　　第3節　**商品受渡債権・債務**……………………………………　*170*
　　　　　　1　前払金と前受金／170
　　　　　　2　当店発行の商品券／171
　　　　　　3　他店発行の商品券／173
　　第4節　**営業外債権・債務**………………………………………　*174*
　　　　　　1　未収金と未払金／174
　　　　　　2　立替金と預り金／176
　　　　　　3　貸付金と借入金／178
　　第5節　**未確定債権・債務**………………………………………　*180*
　　　　　　1　仮払金と仮受金／180
　　　　　　2　未決算勘定／182
　　　　　　3　仮払法人税等勘定／184

第8章　資産・負債項目の処理　　　　　　　　　　　　　*187*

　　第1節　**債権の貸倒処理**…………………………………………　*187*
　　　　　　1　債権貸倒れの処理／187
　　　　　　2　貸倒引当金の設定／188
　　　　　　3　貸倒引当金の期末調整／189
　　第2節　**有価証券の処理**…………………………………………　*191*
　　　　　　1　有価証券の意義と分類／191
　　　　　　2　有価証券の取得と売却／192
　　　　　　3　有価証券の期末評価／194
　　第3節　**固定資産と減価償却**……………………………………　*195*
　　　　　　1　固定資産の取得／195
　　　　　　2　減価償却費の計算／197
　　　　　　3　減価償却の記帳／199
　　第4節　**社債の処理**………………………………………………　*201*

　　　　　1　社債の意義と種類／201
　　　　　2　社債の発行／202
　　　　　3　社債の償還／203
　　　第5節　繰延資産と引当金 …………………………………… 205
　　　　　1　繰延資産／205
　　　　　2　引当金／206
　　　　　3　資本金／208

第9章　試算表と精算表 …………………………………… 211

　　　第1節　試算表の機能と種類 …………………………………… 211
　　　　　1　試算表の機能／211
　　　　　2　試算表の限界／212
　　　　　3　試算表の種類／213
　　　第2節　合計試算表の作成 …………………………………… 215
　　　　　1　合計試算表の特徴／215
　　　　　2　合計試算表の作成／217
　　　　　3　合計試算表の検証メカニズム／219
　　　第3節　残高試算表の作成 …………………………………… 220
　　　　　1　残高試算表の特徴／220
　　　　　2　残高試算表の作成／222
　　　　　3　残高試算表の検証メカニズム／224
　　　第4節　合計残高試算表の作成 …………………………………… 225
　　　　　1　合計残高試算表の特徴／225
　　　　　2　合計残高試算表の作成／226
　　　　　3　合計残高試算表の検証メカニズム／228
　　　第5節　精算表の作成 …………………………………… 229
　　　　　1　精算表の意義／229
　　　　　2　精算表の構造／230
　　　　　3　精算表の作成／231

第10章　決算整理と帳簿決算 …………………………………… **235**

第1節　決算整理の意義と手続 ……………………………… *235*
　1　決算整理の意義／*235*
　2　決算整理の手続／*236*
　3　棚卸表の作成と決算整理／*237*

第2節　決算整理事項の処理 ………………………………… *239*
　1　棚卸減耗損と商品評価損／*239*
　2　収益の繰延べ・見越し／*241*
　3　費用の繰延べ・見越し／*243*

第3節　帳簿決算の手続 ……………………………………… *245*
　1　損益勘定の設定と損益振替手続／*245*
　2　当期純利益の算出と資本振替手続／*247*
　3　残高勘定の設定と残高振替手続／*249*

第4節　8欄精算表の作成 …………………………………… *251*
　1　損益整理の再振替記入／*251*
　2　8欄精算表の構造／*252*
　3　8欄精算表の作成／*255*

第5節　財務諸表の作成 ……………………………………… *257*
　1　帳簿の締切手続／*257*
　2　損益計算書の作成／*258*
　3　貸借対照表の作成／*261*

索　　引／*263*

第 **1** 章

簿記の基礎概念

第1節　会計と簿記

1　企業活動と会計

　経済活動の代表的な主体である企業は，社会の要求する財貨を生産・販売し，また，必要なサービス（役務）を創出・提供することによって，経済社会の発展に貢献している。企業のこのような目的を達成するためには，各種の経営資源を確保し，その有効な運用をはからなければならない。すなわち，企業の事業活動に必要な資金を各種の方法で調達し，その資金を原材料・製品の購入や機械・設備の整備などに投下する。

　企業はこれらの活動を通じて経済価値の創造をはかり，社会からその対価を獲得するのである。企業で創造した経済価値とその対価は，すべて貨幣金額によってその大きさが測定される。企業の規模が小さく，事業活動が単純な場合には，特定の合理的な管理方式の導入は必ずしも求められない。

　しかしながら，企業の規模が拡大し，事業活動が複雑化するに伴って，その管理は合理的で固有のシステムが開発・導入されなければならない。この必要に応えて発展した管理の科学が経営（マネジメント）であり，また，これを支援する測定の科学が会計（アカウンティング）である。

　一方，企業の経営は，事業活動に必要な資金を拠出する出資者（所有者）から，実際に事業活動を担当する経営者への委託の形式で遂行される。この場合，受託者たる経営者は経営活動を執行する責任を負うとともに，経営活動の成果

を説明・報告する責任が発生する。経営者のこのような責任を整理すれば，**図表1－1**のとおりである。

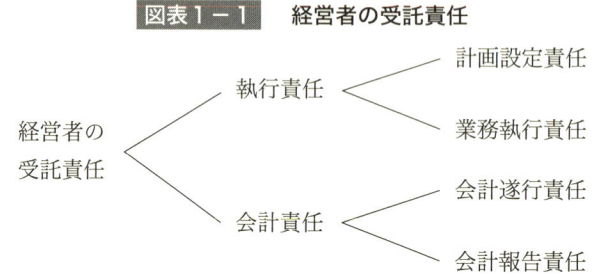

図表1－1　経営者の受託責任

　会計は，経営者の受託責任に含まれる会計責任（アカウンタビリティー）を遂行するための合理的な行為システムであり，そのための手続の体系である。会計は，企業のみならず広くすべての経済主体の経済活動を対象とし，それぞれの経営責任者の行う会計責任を合理的に遂行する役割を果たすことが期待されている。

　今日では，企業の経営者が遂行しなければならない会計責任（一般に説明責任とも呼ばれている）の対象は，企業の事業資金を拠出する出資者に限定されない。出資者以外に，債権者，取引先，顧客，行政当局，地域住民，外国投資家など多くの外部関係者が，企業との間に特定の経済的利害関係を持つに至っている。

　企業の果たす会計責任の対象は，このような各種の利害関係者に拡大しており，会計はこれら関係者の合理的な意思決定を支援するシステムとして重要な役割を果たしているのである。

2　会計の目的と特徴

　会計は，一般にすべての経済主体における経済活動について，その合理的な測定と情報の開示を行う現代社会の有用な制度である。企業を取り巻く利害関係者は，会計によって測定された企業活動の内容を定量的・計数的に把握することができる。そして，会計情報の分析・利用によって，それぞれの経済的意思決定を合理的に遂行することとなる。

会計は，会計情報の提供先の相違もしくは会計情報の利用目的の相違によって，外部報告会計と内部報告会計に分けられる。外部報告会計は，株主，債権者，消費者など企業の外部の利害関係者に対し，企業の財務状況を伝達して合理的な意思決定を行わしめることを目的としている。もともと企業資金の調達を主たる目的とする領域であるところから，一般に財務会計と呼ばれている。

これに対して，内部報告会計は，経営者，管理者，従業員など企業内部の利害関係者に対し，企業の財務実態を報告して適切な経営管理を行わしめることを目的としている。企業の合理的な管理を目的とする領域であるところから，一般に管理会計と呼ばれている。

外部報告会計たる財務会計は，企業外部の利害関係者の意思決定に重大な影響を及ぼす。しかも，今日では外部利害関係者の範囲が拡大したため財務会計による情報開示の影響は社会的な広がりをもつことが多い。そこで財務会計の遂行にあたっては，一定の社会的規範が必要とされる。

財務会計に対する社会的規範（会計ルール）には，大きく慣習規範と法規範の2つがある。慣習規範は，一般に公正妥当と認められた企業会計の慣行に準拠して会計測定と情報伝達が行われることを要求するルールである。「企業会計原則」や企業会計基準が，会計の慣習規範として認められている。

他方，会計の法規範は，会計に関する法律や規則の規定のことであり，それを遵守することが強制されるルールである。企業会計に関する法律の目標とする法的正義や法的秩序が，会計法規の厳格な運用によって達成されることになる。このような法規範によって規制される財務会計の領域を制度会計（または法規会計）と呼んでいる。

わが国において企業会計を規制する法律は，会社法，金融商品取引法および税法（法人税法など）の3つである。そこで制度会計は，これらの企業会計を規制する根拠法に基づいて，会社法会計，金融商品取引法会計および税法会計（または税務会計）の3つから構成されている。

会計行為によって作成された会計情報は，主として財務諸表への記載情報として伝達される。財務諸表は，企業の一期間の経営成績や期間末の財政状態を明らかにする会計報告書で，損益計算書や貸借対照表などから構成される。

財務諸表上の会計情報は，企業の財務状況に関する真実な報告を提供するも

のであり，利害関係者が判断形成と意思決定を行う上で有用な情報となる。しかしながら，会計情報は，種々の前提や仮定によって規定され，また，会計処理の選択・適用における判断の介入によって制約される特性をもっている。

3　会計システムと簿記

　企業会計は，財務会計と管理会計とを問わず，利害関係者の情報要求にダイナミックに対応するメカニズムをもっている。すなわち，一般的には，社会の情報要求を受けて会計目的が設定され，これに規定されて会計システム（会計測定と会計伝達の仕組み）が構築されることになる。

　このようにして形成される会計システムの特質を，会計行為の遂行プロセスに従って明らかにすれば，**図表1－2**に示すとおりである。

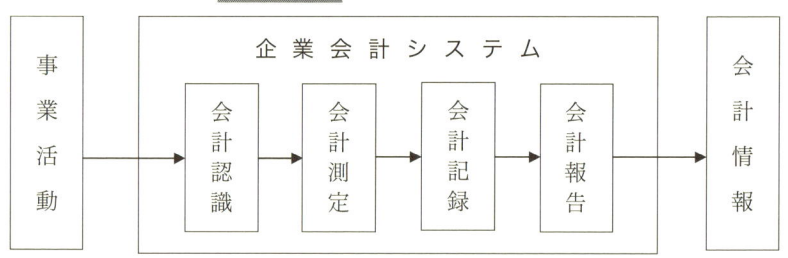

図表1－2　企業会計の行為構造

　企業の事業活動は，会計上の認識，測定，記録および報告のプロセスを通じて，会計情報として開示される。会計認識と会計測定は，いずれも企業の事業活動を会計処理するにあたっての会計上の判断行為である。

　次の会計記録は，組織的に構成された会計帳簿に，合理的な固有の方法によって，事業活動を継続的に記録・計算する行為である。そして，記録を基礎に一定の手続によって損益計算書や貸借対照表を作成し，各種の利害関係者に会計情報として報告することになる。

　このような会計システムの重要な一局面を担う会計記録は，有用な会計情報を作成するために必要な帳簿に，すべての事業活動の内容を秩序整然と記録する機能を果たすことになる。会計記録は，企業会計システムに組み込まれた機能であるため，この会計記録のデータを基礎に事業活動が財務情報化されるメ

カニズムとなる。

　企業会計システムのデータ・インプットの局面を担う会計認識と会計測定は，企業の事業活動のうち会計記録の対象となる経済事象を識別し，分類し，そして，その経済価値変動の大きさを決定する機能を通じて，会計記録の局面に結合することとなる。

　合理的な会計記録の方法をもたない会計システムは，多種の利害関係者による多様な意思決定に対し，有用な支援機能を発揮することができないといえる。会計とそれが提供する会計情報は，固有の記録・計算の方法を内部機構として組み込むことで，企業の財務状況を正確に把握でき，利害関係者の信頼を確保することができるといえる。

第2節　簿記の概念

1　簿記の意義

　簿記という用語は帳簿記入の略語とされている。英語では book-keeping といい，帳簿に記録・管理することを意味している。すなわち，簿記とは，経済主体の経済活動を，一定の形式を備えた会計帳簿に，固有の方式で記録・計算する手続の体系である。

　経済主体とは，経済活動を行う主体（エンティティー）のことで，企業のほか，家計，組合，政府，地方公共団体などをいう。ここでの経済活動は，主体の事業目的を達成するために遂行される最も効率的な行為，すなわち最小の犠牲で最大の効益を獲得する経済行為であり，そのうち財産の増減を伴う活動が簿記の対象となる。

　そして，固有の方式とは，体系的な記帳の原理に支えられた合理的な記入のルールのことで，長年にわたる会計実践の過程で開発され，事業の記録方法として確立したものである。

　簿記は，一般的な事象を記録の対象とするものではなく，経済活動を行う経済主体の事業の記録であるところに特徴がある。したがって，生起した事業の正確な記録を行うためには，記入内容上の要件を満たすと同時に，記入形式上

の要求に応えるものでなければならない。

　記入内容上の要件は，記録一般の必須内容と簿記固有の特殊内容を含むものである。そして，記入形式上の要求は，上記の記入内容が反映できるような帳簿の開設とその記入方法ということになる。ここで帳簿記入の内容と形式について示せば，**図表１－３**のとおりである。

図表１－３　簿記上の記録の特性

記入内容の要件 （事業活動）		記入形式の要求 （会計帳簿）
① 記入場所の特定	⟶	見　出　し　行
② 事業の発生した日	⟶	日　付　欄
③ 事業の内容	⟶	摘　要　欄
④ 発生した金額	⟶	金　額　欄
⑤ 帳簿間の関係	⟶	照　合　欄

（注）帳簿は，紙面にタテとヨコの罫線を引いて記入場所を開設するが，タテの罫線で設定される場所を「欄」といい，ヨコの罫線で設定される場所を「行」という。

　簿記はその記録の方法として，事業の記録固有の方式を採用しているが，そのことが逆に簿記の機構上の制約となっていることが指摘できる。例えば，事業活動による財産の変化を貨幣金額で記入することが求められるが，貨幣金額による表示ができない事業活動については，帳簿本体への記入が行われないことになる。

　なお，簿記の重要性，特に現代簿記の基本である後述の複式簿記の合理性については，昔から多くの会計学者や経済学者，さらには歴史家や文学者などが強調している。18世紀のドイツの詩人ゲーテ（J.W. Goethe）や19世紀のドイツの経済学者ゾンバルト（W. Sombart）は，複式簿記発明の歴史的重要性を強調し，また，19世紀のスイスの簿記学者シェア（J.F. Schar）や20世紀のイギリスの会計史家ウールフ（A.H. Woolf）は，複式簿記の経営管理における有用性を明言している。

2　簿記の目的

　企業は，その事業活動を効率的にマネジメントし，各種の合理的な経営意思

決定を行うために簿記を有効に活用することが求められる。他方，企業の外部利害関係者は，企業の経営成績を正しく評価し，企業の財務状況に関する適切な判断と合理的な経済的意思決定を行うために，簿記によって作成された会計情報を分析・利用することが不可欠である。

簿記が，企業の内外の利害関係者に有効に利用され，それぞれの意思決定を合理的ならしめるためには，簿記の仕組みが簿記に期待される役割の遂行を通じて，簿記の目的を達成し得るべく構築されていなければならない。このメカニズムを図解すれば，**図表1－4**のとおりである。

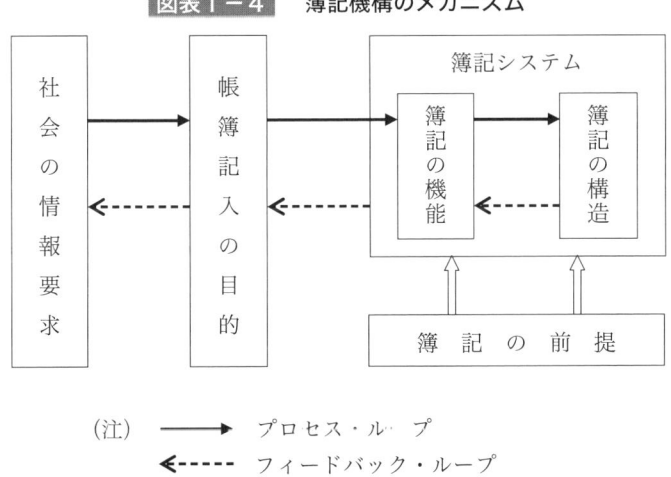

図表1－4　簿記機構のメカニズム

(注)　──→　プロセス・ループ
　　　←----　フィードバック・ループ

簿記の主たる目的は，次の3つである。
① 財産の保全・管理

企業が保有し運用する財産の保全・管理を行うことが，簿記の第一の目的である。企業は事業目的を達成するために，各種の財産を効率的に運用することで維持・発展する特質をもっている。簿記は，財産の増減変化を秩序整然と記録・計算することによって，保有財産の保全とその有効な管理・運用をはかることに貢献する。

② 一定期間の経営成績算定

企業の一定期間（通常は1年間）における事業活動の成果（経営成績）を算

定することが，簿記の第二の目的である。経営成績は，後述するように期間損益計算によって算定され，最終的には当期純利益として把握される。

③ 一定時点の財政状態確定

企業の保有する財産の一定時点における有高を，財産運用の結果として確定することが，簿記の第三の目的である。企業の財産は，事業活動の遂行のための基盤となるもので，定期的にその運用の状態（財政状態）を把握することが求められる。

このような簿記の主要な3つの目的は，簿記システムの構築に決定的な意味をもつと同時に，現代簿記システムを特質づけている。簿記の機能や構造は，基本的にはこれらの簿記目的を達成するために設計されているのである。

3 簿記の機能

簿記の機能を考えるとき，簿記の手続を実行する過程で遂行される機能と，簿記が作成する会計情報を利用することによって達成される機能の2つに分けて理解することができる。前者を簿記遂行機能といい，後者を情報利用機能という。

まず，簿記遂行機能は，簿記の手続によってシステムとして達成される機能のことで，記録計算機能，情報作成機能および財産管理機能がある。

記録計算機能とは，簿記の対象である事業活動について，合理的な簿記の記入方法を用いて記録・計算することで，経済事象を計数関係で把握する機能のことである。情報作成機能とは，事業活動の帳簿記入の結果を一定期間ごとに集計・計算し，会計情報を作成・報告する機能のことで，簿記手続のゴールに位置づけられる。財産管理機能とは，企業の保有する財産の増減について，合理的な会計帳簿に秩序整然と継続記入することによって，財産の保全・管理を達成する機能のことである。

次に，情報利用機能は，簿記によって作成された会計情報を分析・利用することで達成される効果のことで，業績評価機能，意思決定機能および行動規制機能がある。

業績評価機能とは，経営者には経営執行の実績を評価する基礎として，また，

外部利害関係者には企業業績とその分配についての分析・評価手段として利用される機能のことである。意思決定機能とは，経営者には経営計画の設定のための合理的基礎として，また，外部利害関係者には企業に対する合理的な経済的意思決定を行うために利用される機能のことである。行動規制機能とは，外部利害関係者の行う企業に対する意思決定と行動を規制する効果と，企業経営者がこのような外部利害関係者の行動を合理的に推量して経営行動を遂行する効果のことである。

簿記の情報利用機能については，簿記を含む企業会計全体の機能として理解することが一般的である。しかしながら，簿記行為のゴールとされる会計情報（財務諸表への記載情報）の作成は，情報利用者たる内外利害関係者の利用を前提とするものである。したがって，企業会計の情報利用機能は，同時に簿記の機能もしくは効果として理解することができる。

以上の簿記の機能を体系化すれば，**図表1-5**のとおりである。

図表1-5　簿記機能の体系

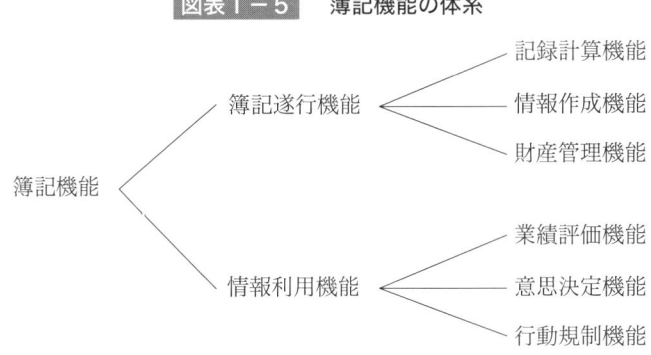

第3節　簿記の種類

1　単式簿記と複式簿記

簿記は種々の観点から分類することができるが，最も重要なものは単式簿記と複式簿記に分類することである。これは記録・計算の仕組みや記帳方式によ

る分類であるが，さらに特定の簿記原理に支えられた簿記システムとなっているか否かという科学性を根拠にした分類ということができる。

　単式簿記とは，経済主体の経済活動とそれによる財産の増減変化を，単純な形式の記録簿に一面的に記入（単記式記入）する方式である。単式簿記は，家計や非営利事業体などでもっぱら現金の収支記録を行う場合で限定的に利用されている。

　これに対して複式簿記とは，合理的な簿記の原理に基づき，固有の記入のルールに従って行われる方式である。そこでは帳簿相互間に有機的な関連が認められ，一定の意味のある形式をもつ会計帳簿に二面的に記入（複記式記入）される。一般に現代企業では複式簿記によって記録・計算が行われており，現代簿記という場合，特に断らない限りこの複式簿記のことを指す。

　例えば，家計簿に給料などの収入を記入し，生活費などを支出のつどその金額を記入して，手許の現金残高を明らかにする記録の方法は代表的な単式簿記である。ここではもっぱら現金の収支だけを記入するのみで，複雑な記帳のルールを必要とせず，しかも，複数の帳簿を利用する場合でも帳簿間に有機的な関連を伴わないことを特徴としている。

　複式簿記の記入ルールやそれを支える原理については後述するが，複式簿記が最も合理的な事業活動の記録方式として広く利用されているのは，単に複記式記入の方式を採用しているからではない。それによって記録・計算される機能を通じて，上述の簿記の3つの基本目的が達成される仕組みとして構築されているからである。

　複式簿記の手続によって簿記の目的が達成されるプロセスを図示すれば，**図表1－6**のとおりである。

図表1-6　簿記目的と複式簿記

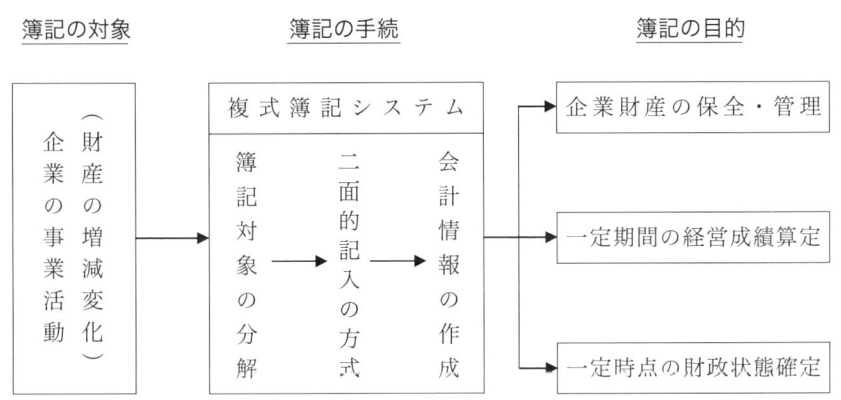

なお，記帳方式による簿記の分類としては，単式簿記と複式簿記以外に，三式簿記や多式簿記（マトリックス簿記）などの記帳方式が提案されているが，複式簿記に代わるほど一般に利用されるには至っていない。

2　営利簿記と非営利簿記

簿記は，経済主体の組織形態もしくはその特質によって，各種のものに分類することができる。

まず，経済主体が営利を目的とするか否かによって，営利簿記と非営利簿記に分けられる。一般の企業は営利を目的としており，そこでの簿記は営利簿記（企業簿記）としての特質をもっている。営利簿記では，財産の増減を記録すると同時に，期間損益の計算を行うことが基本課題となる。一方，家計，官庁，公益法人，非営利法人（NPO）などは基本的に営利を目的とせず，そこでの簿記は非営利簿記としての特質をもっている。非営利簿記では，現金の収支計算を中心に財産の増減を記録することが基本内容である。非営利簿記には，家計簿記，官庁簿記，組合簿記，公益法人簿記，非営利法人簿記などがある。

次に，企業の形態によって簿記を分類すると，大きく個人企業簿記，組合企業簿記および会社企業簿記に分けられる。この企業形態は，出資に基づく財務的成立の相違に基づくもので，簿記システムに重要な影響を及ぼすものと解される。

会社企業簿記は，さらに会社企業の成立形態の相違により，合名会社（企業）簿記，合資会社（企業）簿記，合同会社（企業）簿記および株式会社（企業）簿記に分類され，それぞれの簿記の特徴をもっている。この中でも株式会社（企業）簿記は，複雑で多様な内容の簿記として成立しており，現代簿記を代表する企業簿記といえる。

また，企業が追求する目的の相違によって営利企業と非営利企業に分類する観点とは別に，もっと広い立場から企業を分類すれば，一般企業と公益企業の2つの形態に分けることができる。ここでの一般企業は，私的価値の生産を主たる目的とする主体であるのに対して，公益企業は公的価値の提供を主たる目的とする主体である。前者における簿記を一般企業簿記と呼び，後者における簿記を公益企業簿記と呼ぶことができる。

公益企業簿記は，航空・鉄道事業，電気・ガス・水道事業，住宅・道路事業などの公益企業における簿記であり，簿記学習の上で特殊簿記と認識される領域である。

以上の組織形態による簿記の分類を整理すれば，**図表1－7**のとおりである。

図表1－7 組織形態による簿記の分類

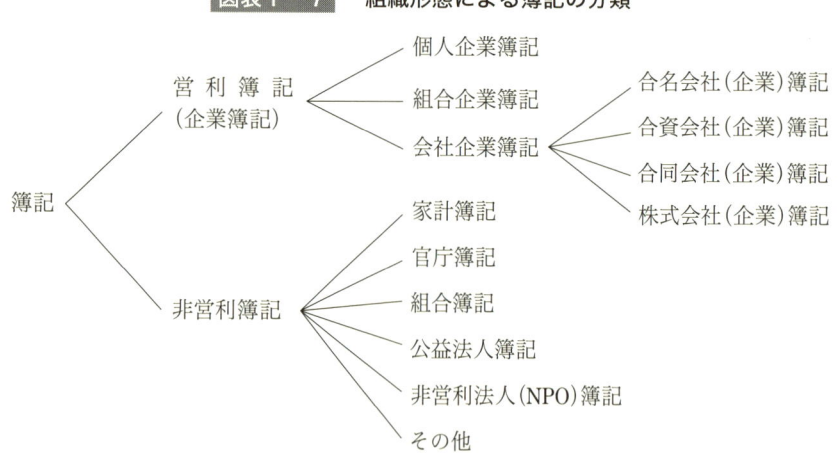

3　簿記原理と応用簿記

経済活動の主体たる企業は，その事業内容によって各種の業種に分けること

ができる。その主なものとしては、商品の売買を中心とする商業、製品の製造を特徴とする工業、サービス（役務）の提供を主業務とするサービス業などがある。

商業は商品を仕入れ、これを顧客に販売することを中心に活動する業種である。これに対して、工業は原材料を仕入れて加工し、製品を完成して出荷・販売することを特徴とする業種である。また、サービス業は、印刷、広告、運送、金融、観光などのサービス（役務）を提供することで対価を獲得する業種である。これらの3つの業種の事業特性をまとめると、**図表1－8**のとおりである。

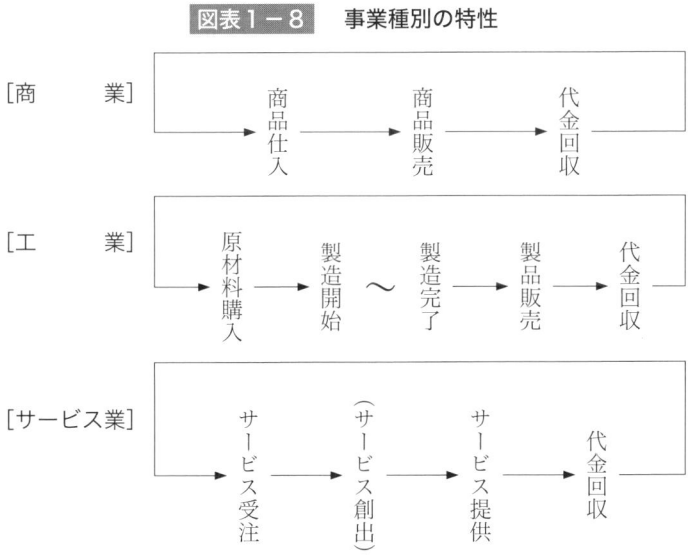

図表1－8　事業種別の特性

簿記の基本ルールは、企業の業種によって変わることはないが、それぞれの業種の事業特性によって記録・計算する内容に特徴がみられる。このような特徴の違いに着目して簿記を分類すると、商業簿記、工業簿記、サービス業簿記、農業簿記などに分けることができる。

さらに、サービス業簿記は、提供するサービスの種類によって、印刷業簿記、広告業簿記、運送業簿記、銀行業簿記、観光業簿記などに分けられる。例えば、印刷業簿記は、顧客の求めに応じて印刷サービスを提供することで対価を獲得する印刷業にあって、対価たる手数料の受取りや人件費などの支払いなどその

活動内容を記録することを特徴としている。

以上の業種による簿記の種類をまとめると，**図表1－9**のとおりである。

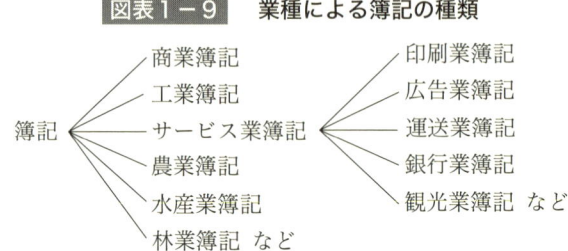

図表1－9　業種による簿記の種類

簿記の種類という場合には，これまで述べた記帳方式，組織形態および事業内容による分類のほかに，簿記の学習面からいくつかに分類する方法がある。

まず，簿記の適用形態によって，簿記原理と応用簿記とに分類される。企業の規模や業種などに関係なく，すべての企業に共通して適用可能な簿記のルールを説明するものが簿記原理である。そして，簿記原理が規模や業種などの異なる個別企業に適用される場合，これらを総称して応用簿記と呼んでいる。

ただし，簿記原理を学習するにあたっては，抽象的な企業一般を想定するのは効率的でないため，簿記の学習方法としては商業簿記もしくはサービス業簿記をモデルとして進めるのが一般的である。本書でもこれにならい，商業における簿記を事例として採用している。

また，簿記の実践性によって，学習簿記と実務簿記とに分類される。学習簿記は複式簿記のルールをマスターするための簿記体系をいい，実務簿記は企業の簿記実践として適用されている簿記システムをいう。

第4節　簿記の前提

1　企業実体の前提

現代簿記が成立するためには，いくつかの前提もしくは仮定を認識する必要がある。簿記の基本的前提として認められるものは，次の3つである。

① 企業実体の前提
② 会計期間の前提
③ 貨幣的測定の前提

　まず，企業実体の前提要件であるが，これは簿記が行われる場所的単位として，どのような主体を考えるかということに関係している。企業実体の前提は，資本主から独立した企業それ自体を仮定して，すべての記録・計算をこの企業それ自体の立場で行うという考え方である。

　簿記の場所的単位としては，資本主の立場，経営者の立場，債権者の立場，あるいは企業を社会的存在としての企業体とみなす立場など各種の考え方がある。現代簿記は，資本主その他のすべての利害関係者から独立した企業それ自体を前提として実施することにより成立している。

　個人企業を例にとれば，所有主が個人財産を出資して事業がスタートするが，企業の会計処理は所有主（出資者）から独立した経済主体それ自体の立場で行われる。会社企業の場合は，一般に所有主の家計と企業の簿記とは明確に区別されているが，個人企業の場合は所有主の家計と企業の簿記が同一の場所で営まれるケースが少なくない。

　このような場合，所有主の家計を「奥」の会計，企業それ自体の会計を「店」の会計として明確に区別することが求められる。例えば，企業活動での売上代金を所有主の家計支出に使用した場合には，「店」の会計から「奥」の会計への貸付けか，所有主による出資の引出しとして区別処理される。逆に，所有主の家計収入を企業の商品仕入に使用した場合には，「店」の会計による「奥」の会計からの借入れか，所有主による追加出資として区別処理される。

　企業実体は，一般に法律上の独立した個別の企業が1つの会計単位となる。しかしながら，1つの企業であっても本店，支店，工場などが複数ある組織形態にあって，事業運営としては本支店等の独立採算制（本支店等の業績を別々に評価し，企業組織全体の効率的な運営をはかる管理体制のこと）を採用している場合には，各本支店等を独立の会計単位とすることができる。

　また，法律上は独立した別々の企業であっても，資本（出資）関係等によって実質的に1つの企業とみることができる場合，このような企業集団を1つの会計単位とすることが求められる。例えば，ある会社が他の会社の株式を過半

数所有している場合，両会社間に支配・従属の関係が生ずる。このような関係で結合する企業集団にあっては，企業集団全体の経営成績や財政状態に関する情報の開示が必要となる。

2　会計期間の前提

次に，会計期間の前提要件であるが，これは簿記が行われる時間的単位としてどのような期間を考えるかということに関係している。会計期間の前提は，継続して営まれる企業の活動を一定期間ごとに人為的に区切って，その期間を単位として記録・計算するという考え方である。

簿記が会計期間の前提を必要とするのは，簿記が行われる企業の特質が継続企業という考え方を前提としていることに立脚している。すなわち，企業はいったん成立すれば，半永久的に存続するという継続企業観に立って，そのような企業における経済活動について，人為的に設定された一定期間ごとの記録・計算および報告の手続を反復することとしている。

会計期間の考え方が簿記成立の前提要件として一般に認められているのは，主に次の理由からである。

① 　簿記の目的である企業の経営成績と財政状態を明らかにするために，継続的な記録と定期的な集計計算が必要とされる。
② 　株式会社等における利益の分配や法人税等の申告のための課税所得の計算など，一定期間の企業業績を算定することが制度的に求められている。
③ 　連続的・反復的に行われる事業の記録内容を定期的に検証し，記録の間違いや不正を修正あるいは発見する機会が，簿記固有の内的必要に基づいて認識される。

会計期間の設定は各企業の自由な選択によって行われるが，わが国では1年を単位とする企業が最も多い。会計期間の始期と終期は各企業によって異なるのが通例で，当該企業の設立または事業開始に大きく依存している。欧米などでは暦年（その年の1月1日開始で，同年の12月31日終了の1年間）を採用する企業が多いが，日本では官公庁の会計年度にあわせて4月1日から翌年の3月31日までとする企業が多い。

なお，会計年度の半期（1年の2分の1期間）あるいは四半期（1年の4分

の1期間)を単位として，その間の企業業績を算定することが行われることがある。この場合には当該半期または四半期が実質的な会計期間となる。

会計期間の設定に関して，基本的なところを示せば，**図表1−10**のとおりである。

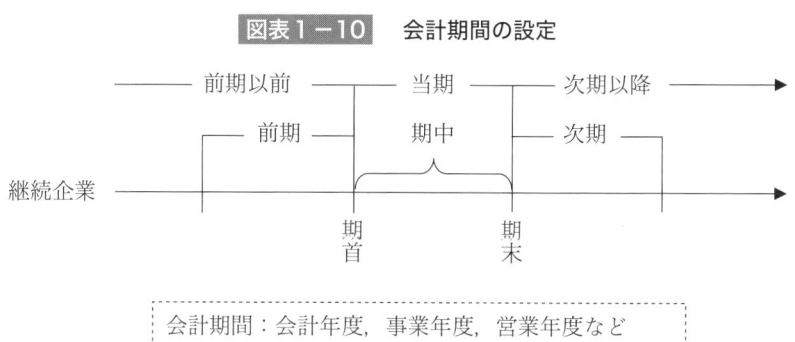

図表1−10 会計期間の設定

会計期間：会計年度，事業年度，営業年度など
会計年度：1/1～12/31，4/1～3/31，10/1～9/30など

3　貨幣的測定の前提

簿記の第三の前提要件は貨幣的測定である。貨幣的測定の前提は，企業の経済活動に伴う財産の増減変化をすべて貨幣金額で記録・計算し，一定期間の経営成績と一定時点の財政状態を貨幣表示に基づく会計情報として利害関係者に報告する考え方である。

簿記が貨幣的測定を前提とするのは，現代社会が貨幣経済の社会であり，企業の経済活動をすべて貨幣金額で表示することができるからである。

一般に，企業の保有する財産の有高やその変化を定量情報とする方法には，次の2つの方法がある。
① 物理的測定
② 貨幣的測定

物理的測定は，企業の財産変化を物量単位で測定し，必要な記録・計算を行うものである。この測定方法は，財産個々の特質に適した記録が達成される一方で，多様な尺度による測定となるため集計・計算による損益計算や財産計算が困難となる性質をもっている。

これに対して，貨幣的測定は，企業の財産変化を貨幣単位で測定し，すべての記録・計算が貨幣表示によって行われることを意味する。この測定方法では，財産の経済価値を共通尺度である貨幣金額によって測定されるので，企業の損益計算や財産計算が合理的に達成され，有用な意思決定情報が利害関係者に報告されることが可能となる。

貨幣的測定が簿記の前提という場合，次の2つの意味が含意されている。
① 貨幣の共通尺度性
② 貨幣の価値一定性

貨幣が，経済価値の測定において，共通尺度としての機能を最もよく果たす手段であることは容易に理解される。貨幣的測定を前提として記録・計算が行われるのは，このような貨幣のもつ共通尺度性に重大な意味を認めるからである。

次に，貨幣的測定の前提には，時の経過に伴う貨幣価値の実際上の変化を無視して，貨幣価値が一定であるとの考え方をとっている。モノサシとしての貨幣単位が会計期間を通じて不変であるとの前提のもとに，現代の簿記システムが構築されているのである。

簿記は貨幣価値一定の前提に立つことで，すべての財産の価値やその変化を同質的に記録・計算することができる。例えば，会計期間の2時点で発生した商品の仕入と商品の売上を同質の貨幣単位で測定し，控除計算によって商品販売益を算出することが可能となるのである。

第5節　簿記の歴史

1　複式簿記の起源

今日一般的に行われている記録の方法がいつ頃開発され，事業活動の記録として広く普及するに至ったのか，現代簿記の起源を知る必要がある。歴史を辿れば，古くは古代ローマ帝国の時代に簿記の起源を見出そうとする見解もあるが，現代簿記のルーツは15世紀の末頃にさかのぼるとする見解が一般的である。

現存する簿記書（簿記専門書でなくても簿記に関する記述が一定のボリュームで含まれている関連書も含めて）で最も古いものは，イタリアの数学者ルカ・パチョーリ（Luca Pacioli）が，1494年にイタリアのヴェニスで著した『数学百科全書（スムマ）』（Summa de Arithmetica Geometria Proportioni et Proportionalita：算術・幾何・比および比例全書）である。ルカ・パチョーリは，当時のヴェニス式の簿記の原理と方法を，スムマの第9編第11章「計算および記録詳論」で解説している。そこでは，まず日記帳で原始記録が行われるとともに，貸借の分類が行われて仕訳帳への記入がなされる。元帳には借方欄と貸方欄が左右対称で設定され，今日と同じ記入形式が導入されている。このような合理的な仕組みや記入方法が，現代簿記の原型とみなされているのである。

　ルカ・パチョーリが同書を出版した時代は，イタリアのヴェニスを中心に地中海貿易・商業が隆盛を迎え，商人による事業活動がいよいよ活発になった頃である。14世紀から15世紀にかけて，当時の商業や銀行業などで実践されていた事業の記録・計算の方法が，15世紀末頃には体系的に確立されたものと考えられている。

　当時の簿記は，特定の個人もしくは企業によって開発されたというものではない。13世紀〜15世紀の中世において，地中海商業の発達とそこにおけるイタリア諸都市の商業活動ならびにこれを支援する銀行業の活発化に伴って，企業の財産の管理や債権・債務の記録を合理的に行うための体系的な簿記の生成が，実務上の要請に基づいて考案され採用されたものとみられている。

　イタリアのヴェニス式簿記は，当初は銀行業における貸付けと借入れの記録とその精算記入を行う合理的な記録方法として開発・導入された。やがて商業の発達に伴い銀行業で採用されていた簿記の方法が，商企業一般の簿記として発展的に採用されるようになったと考えられる。

2　近代簿記の導入

　ルカ・パチョーリの著書で世界に広く紹介された複式簿記は，商業活動の大陸や北欧への拡大に伴ってフランス，オランダ，ドイツなどに普及し，17世紀にイギリスへと伝播した。さらに18世紀に入ってアメリカ大陸にわたり，19世紀後半の産業の勃興期に本格的に普及するに至ったと理解されている。

わが国では商業活動が生成し発達する16世紀末頃から，商人の間で伝統的な記帳法が開発され普及するようになった。そして，商業が活発化する17世紀中頃になると，大福帳と呼ばれる帳簿への記入を中心とした固有の記帳法が確立し発展した。大福帳には，取引先別の記入帳形式に，掛売上や掛仕入，および売上債権や仕入債務について取引ごとに金額や支払期日などが記入され，債権・債務の残高管理に利用された。大福帳を中心とした記帳法は和式簿記と呼ばれているが，その記帳と計算は不完全な簿記システムといわざるを得ない。

伝統的な和式簿記にあっても，江戸中期の近江商人の中には，今日の複式簿記の記帳法とほぼ同じ記入実務を行っていた者がいたという事実が確認されている。このことは，わが国においても商業活動の発展に伴って，その実務の必要性から近代簿記への萌芽がみられることを示している。

しかしながら，わが国における簿記の本格的な普及・発達は，近代に入って複式簿記に基づく洋式簿記の導入を契機としている。それには，2人の先駆者による簿記書の出版と紹介が大きく貢献している。

まず，イギリス人のアレキサンダー・アラン・シャンド（Alexander Allan Shand）が，国立銀行の業務指導に当たって銀行簿記システムについて著述したものを，1873年に『銀行簿記精法』（海老原済・梅浦精一訳）として出版した。この著書は，全5巻が大蔵省より出版され，次々と各地に設立された国立銀行等の簿記教育の手引書として，広く利用されるようになった。

次に，福沢諭吉が同じく1873年に，当時アメリカの商業専門学校で普及していたブライアント＝ストラットン（H.B. Bryant and H.D. Stratton）原著の『一般簿記教程』（Bryant and Stratton's Common School Book-keeping, 1871）を訳出し，『帳合之法』と題して出版した。福沢諭吉の『帳合之法』は，原著を全4巻にまとめて翻訳されている。第1巻と第2巻は原著の前編部分で1873年に，さらに第3巻と第4巻は原著の後編部分で翌1874年に出版された。

3　複式簿記の普及

アラン・シャンドの『銀行簿記精法』と福沢諭吉の『帳合之法』の両書の出版を機に，わが国教育・行政界および実業界において複式簿記が急速に普及・発展した。

わが国における複式簿記の普及は，1872年に制定された国立銀行条令に基づく銀行の設立に伴い，そこにおける記録管理の技法として銀行簿記が採用されたことに始まる。そして，文部省の所管する初等教育や中等教育の中で，商業教科の中で早い段階から簿記を学習する機会が制度化され，簿記学習の急速な普及が進んだ。

第二次大戦後のわが国簿記教育は，英米での簿記教育を積極的に導入するようになり，サービス業簿記や商業簿記を中心に学校教育および実務簿記が発展した。現在では，学校教育の中での簿記学習は高等学校が最初となっている。商業高校での簿記教育を中心に学習簿記が組織的に展開され，簿記の知識や技能に優れた人材がわが国経済の成長を支えた。さらに，新制大学の商学部や経済学部，近年では経営学部などで簿記教育が熱心に展開され，高度な簿記能力を持つ人材が産業界などに進出し，社会のリーダーとして活躍するに至っている。

戦後の簿記の普及に貢献している制度として，高等教育での計画的な簿記教育のほかに簿記検定試験制度と会計専門職の資格試験制度をあげることができる。簿記検定試験制度としては，次の3つが社会の信頼を得て普及・発展し，わが国における簿記の技能修得のレベルアップに貢献した。

① 簿記実務検定試験（全商簿記検定）……全国商業高等学校協会主催（1952年発足）
② 簿記検定試験（日商簿記検定）……日本商工会議所主催（1954年発足）
③ 簿記能力検定試験（全経簿記検定）……全国経理教育協会主催（1956年発足）

一方，会計専門職の資格試験制度として，公認会計士試験制度と税理士試験制度が確立したことが，簿記の高度な発展を促進したと評価することができる。両資格試験の試験科目の中に簿記もしくは簿記論が含まれることにより，会計職業人を目指す多くの受験生の簿記学習への取組みを動機づけることになった。

今日では，複式簿記は営利企業のみならず，官庁，組合，学校，病院，公益法人，NPOなど多くの経済主体で導入されつつあり，現代の経済社会全体に伝播する状況である。

第2章

簿記の基本要素

第1節　簿記の5要素

1　企業財産の増減変化

　企業は，その事業目的を達成するために各種の方法で必要な資金を調達し，経営に必要な各種の資源を取得することになる。対価の支払いなどによって取得し，経営のコントロール下に置かれた有形・無形の資源を財産という。簿記は企業の事業活動を対象とするが，具体的には企業の保有する財産の増減変化を記録することになる。

　ところで，簿記の対象となる財産には，企業資金を投下して取得した上記の財産のみならず，その財産を将来減少せしめる原因となる経済事象（例えば，銀行からの借入れに伴う法的債務の発生など）も財産の範囲に含めて処理することになる。この場合，前者の財産グループは，企業の純財産を増加させる働きをもつので積極財産といい，後者の財産グループは，逆に企業の純財産を減少させる性格をもつので消極財産という。

　したがって，簿記は，基本的には事業活動に伴う積極財産と消極財産の金額的変化を，個別項目ごとに記録し，必要な集計・計算を行う一連の手続ということになる。積極財産と消極財産は，ともに企業の価値創造の貴重な源泉となるものであるが，その計算上の性質は正反対の関係にある。すなわち，積極財産は企業の純財産を増加させ，消極財産は企業の純財産を減少させる。

　企業の純財産は，ある時点における積極財産の合計額から，当該時点での消

極財産の合計額を控除することによって算出される。いま，この財産計算を等式で示せば，次のとおりである。

$$積極財産 － 消極財産 ＝ 純財産$$

　簿記では，積極財産のことを資産（assets）といい，消極財産のことを負債（liabilities）という。そして，積極財産から消極財産を控除した純財産のことを資本（capital）と呼んでいる。この資産，負債および資本は，企業の事業活動を記録・計算するための基本要素となっている。

　資産，負債および資本の用語によって上記の財産計算の等式を示せば，次のようになる。

$$資産 － 負債 ＝ 資本$$

　簿記は，資産，負債および資本の増減を個別に正確に記録することで，企業の財産（積極財産と消極財産）および純財産の変化過程（フロー）と期末残高（ストック）を把握することができる。したがって，資産，負債および資本の3要素は，簿記システム成立のための不可欠な要素となっている。

2　簿記目的と簿記5要素

　先に述べたように，簿記の目的は，第一の保有財産の適正な保全・管理，第二の期間損益の計算および第三の期末財産の確定の3つを達成することである。簿記が財産の管理に加えて，事業活動の結果を定期的に企業の利害関係者に報告することを要求されているということである。

　このような簿記の目的を達成する手段としての簿記の基本要素は，資産，負債および資本の財産計算のための3つの要素のほかに，事業活動の遂行に伴う財産の増減変化を原因別・直接的に把握するための要素が必要とされる。具体的には，企業の純財産たる資本の会計期間中の変化を原因別に記録・集計することによって，一会計期間の経営成績と会計期間末の財政状態を直接的に明らかにする必要がある。そのために収益と費用という2つの簿記要素を追加する。

収益は，事業活動によって企業の純財産すなわち資本が増加する場合，その原因となった経済事象を記録・計算の要素としたものである。例えば，商品を販売し，代金を現金で受け取った活動では，現金の受取り（増加）をもたらす原因となったものは商品の販売という事実であり，これを収益として計上するのである。

これに対して，費用は，収益を獲得するために経済価値の犠牲が生起した経済事象で，それによって資本が減少する結果となるものを記録・計算の要素としたものである。例えば，従業員に対して給料を現金で支払った活動では，現金の支払い（減少）をもたらす原因となったものは労働用役の消費という事実であり，これを費用として計上するのである。

この結果，簿記システムの基本を構成する簿記要素は，資産，負債，資本，収益および費用の5要素となる。資産，負債および資本は財産の計算に関わる要素であるのに対して，収益および費用は企業の損益の計算に関わる要素である。

これらの簿記5要素のうち資産および負債は，有形・無形の財貨・債権および債務などの実在の項目であるのに対して，資本は資産から負債を控除した差額として定義される抽象的な項目である。また，収益および費用は，結果として企業の資本を増加させ，または減少させる原因を簿記要素としたものであり，その性格は名目的な項目である。

このように簿記は，企業の純財産の増減を計算するだけでなく，その発生原因を正しく把握するために，実在項目たる資産，負債および両者の差額たる資本に加えて，名目項目たる収益および費用の5要素を用いて記録・計算するところに特徴がある。

3　簿記5要素の関係

企業の財産は，概念的には資産と負債から構成されており，その基本的な関係は次の等式で表すことができることはすでに示した。

$$資産 － 負債 ＝ 資本$$

この等式は，仮にすべての負債を，ある時点で資産をもって返済するなどして処理したとすれば，その時点で資産の残高はいくらになるかということを示している。資産から負債を控除した差額は，財産の概念を用いれば純財産といい，また，資産の残高という意味では純資産ということができる。簿記では，計算差額としての純財産のことを資本と定義する。したがって，上記の等式は，この資本を定義する計算式ということで資本等式と呼ばれている。

ところで，現代簿記は，一会計期間の財産増減のプロセスとその結果を正確に記録・計算する機能を果たす。そこでは，期首と期末の財産を比較して純財産がどれだけ増減したかを明らかにすることが，企業の事業活動の成果を測定する上で求められる。期首と期末の2時点の資本を比較する次の計算式は，純財産の期間増減高を表す。

$$期末資本 - 期首資本 = 資本純増減高$$

差額の資本純増減高は，さらにどのような財産の調達と運用によって実現したものかその原因を明らかにする必要がある。その1つの方法は，資本それ自体の増減と事業活動の成果たる増減を，次の計算式で把握するのである。

$$（期末資本－追加元入＋資本引出）－期首資本＝事業成果たる資本の純増減$$

この計算式は，事業成果たる資本の純増減すなわち期間損益の算出を示すものであるが，このような計算方法を財産法という。

この期間損益を，次の計算方法で直接的・原因別に求めることができる。

$$期間収益 - 期間費用 = 期間損益$$

収益は事業活動による資本の増加要素で，費用は事業活動による資本の減少要素である。一期間の収益の合計額から費用の合計額を控除することで，個々の原因別に期間の経営成績を正確に把握することができるのである。このような期間損益の計算方法を損益法という。

簿記の5要素間の有機的な関係を計算式で表すことが，簿記の基本構造を知る上で有用である。上述のいくつかの等式はその代表的なものであるが，これら以外にも重要な関係式が指摘できる。簿記学習上は，簿記5要素間の関係を示す計算式を簿記等式と呼んでいる。

ここで基本的な簿記等式を整理すれば，図表2－1のとおりである。

図表2－1　簿記の基本等式

資産・負債・資本の関係式
　資　本　等　式：資産－負債＝資本
　財　産　法　等　式：(期末資本－追加元入＋資本引出)－期首資本＝当期純利益
　貸借対照表等式：資産＝負債＋資本
収益・費用の関係式
　損　益　法　等　式：収益－費用＝当期純利益
　損益計算書等式：費用＋当期純利益＝収益

第2節　資産・負債・資本の概念

1　資産の意義と項目

資産は，企業の純財産を増加させる財産項目で，貨幣，債権および物財の総称である。ある財産項目が会計上の資産たる性格をもつためには，次の要件を満たす必要がある。

①　企業が所有や占有によって統御していること
②　原則として対価を支払って取得していること
③　事業活動による利益獲得のための潜在能力をもっていること

このような資産には，具体的には次のような各種の項目がある。

現　　　金………硬貨や紙幣の法定通貨など
銀　行　預　金………普通預金，定期預金，当座預金など
売　　掛　　金………商品を掛（代金の後日受取）で販売した場合の売上債権
受　取　手　形………商品販売代金や売掛金回収として受け取った手形債権

貸　付　金	………得意先などへの現金の貸付けによって発生する債権
有　価　証　券	………企業の保有する株式，社債，国債など
商　　　　品	………販売する目的で保有する物品
備　　　　品	………営業用の机・椅子，陳列棚，パソコンなど
車　両　運　搬　具	………営業用のオートバイ，自動車，トラックなど
機　　　　械	………営業用の乾燥機，プレス機などの機械類
建　　　　物	………生産や営業等の目的に使用する工場，店舗，倉庫など
土　　　　地	………工場，店舗，倉庫，駐車場などの敷地
特　　許　　権	………新発明などの特許を独占使用できる無形の法律上の権利

　ここで，ある企業の例によって資産の構成を示そう。

　山口商店は店舗を構えて，観光土産品を販売している。2013年4月1日における資産は，次のとおりであったとする。

現　　金 ¥420,000　売掛金 ¥1,430,000　商　　品 ¥820,000　備　　品 ¥1,050,000
車両運搬具 ¥640,000　建　　物 ¥2,650,000　土　　地 ¥5,900,000

　現金は支払資金として保有し，売掛金は後日現金で回収される。また，商品は販売を目的として運用され，備品や車両運搬具は事業活動に利用される。さらに，建物は店舗や事務所として営業用に使用され，土地はそのための敷地を提供する。

　山口商店の同年4月1日現在での資産総額は，これらの資産項目の総合計¥12,910,000で示される。すなわち，山口商店は事業活動によって経済価値を創造する源泉としての資産を，総額で¥12,910,000保有していることになる。この場合の経済価値の創造は，商品たる観光土産品の販売によって達成される。この資産総額は，山口商店の企業としての財務的パワーを示す1つの重要な数値ということになる。山口商店は，商品の販売を主たる事業として営む過程で，これらの資産を有効に運用し，営利（財産の増大）を達成しようとするのである。

2　負債の意義と項目

　負債は，企業の純財産を減少させる財産項目で，次期以降において現金その他の資産項目の支出等によって消滅する債務等の総称である。ある項目が会計上の負債たる性格をもつためには，次の要件のいずれかを満たす必要がある。
　①　契約等によって将来返済すべき法律上の債務が確定していること
　②　将来特定の支出等を要する原因がすでに発生し，かつ金額が合理的に計算できること

　負債はそのほとんどが法律上の債務で構成されているが，会計処理上の合理的理由に基づき一定の期間負債として計上される項目もある。このような負債には，具体的には次のような各種の項目がある。

買　掛　金………商品を掛（代金の後日支払）で仕入れた場合の仕入債務
支　払　手　形………商品仕入代金や買掛金を支払うために発行した手形債務
借　入　金………銀行等からの現金の借入れによって発生した支払債務
社　　　債………長期にわたって投資者から資金を調達するために発行した社債券の券面債務

　先ほどの山口商店の2013年4月1日における負債は，次のとおりであったとする。

　　買掛金￥760,000　借入金￥1,300,000

　買掛金は，先に掛で仕入れた商品の代金で，月末等の期日に現金で支払われる。また，借入金は銀行等からの資金借入れであり，その残高は返済期日が到来すれば現金で返済されることになる。借入金には契約によって利息の支払いが必要であり，支払期日に現金で支払われる。

　山口商店の同年4月1日現在での負債総額は，買掛金と借入金の総合計￥2,060,000となる。この負債は債務返済の期日が到来すれば現金で支払うことになるので，将来における資産の減少をもたらす項目ということになる。

　負債は企業の資産を減少させるので，企業の純財産の計算上はマイナスの要素であるが，山口商店にとっては事業活動の過程で一時的に必要な資金調達の

内容を示している。もちろん，この負債は山口商店の財務基盤を弱める働きをもつので，それを十分に上回る資産を取得し，保有することが必要となる。

なお，買掛金や借入金は，資産の売掛金や貸付金と同様，○○金という項目名称となっているが，これは簿記特有の伝統的な用語法であって，現金や預金のような性質の項目ではないことに留意する必要がある。これらは企業の一定時点での債務や債権を示すため，帳簿での記録・計算上用いられる項目である。

3　資本の意義と計算

資本は，経済学では土地および労働と並ぶ生産の3要素の1つとして説明される。そして，その本質は労働によって生み出される経済価値を意味し，すぐれて抽象的な概念である。これに対して簿記で資本という場合，記録・計算の手段たる簿記の5要素の1つで，企業の財産計算に関わる概念として説明される。簿記上の資本は，資産総額から負債総額を控除した差額として定義される。

資本の定義を示す資本等式では，等式の左辺の控除計算の結果がそのまま右辺の金額となるため，恒等式としての性質をもつものと理解される。したがって，左辺の資産および負債の増減が右辺の資本の金額を決定することになる。これは簿記上の資本が，計算上の差額概念として説明されることを示している。

先の山口商店（観光土産品販売業）の例を，この資本等式にあてはめてみると次のとおりである。

　　資産￥12,910,000　－　負債￥2,060,000　＝　資本￥10,850,000

山口商店は，2013年4月1日現在で￥10,850,000の純資産（資本）を有していることがわかる。

ところで，資本は企業の一定時点での純資産の総体として算出されるものと説明されるが，資本の内容を正しく計算・把握するためには，資本の発生源泉に基づく構成要素の分析が求められる。個人企業の場合には，当該企業への出資者個人に純資産のすべてが帰属するので，これを資本金という項目名称で記録・計算することで十分である。

しかしながら，会社企業，とりわけ株式会社企業では，株主が払い込んだ拠出金額のほかに，企業外部の第三者が資本助成したものや，企業の事業活動の

結果として稼得したものなども資本を構成する内容となる。そこで，資本には，具体的には次のような各種の項目が認められる。

> 資　本　金………所有主（個人や株主など）の払い込んだ金額
> 資本準備金………株主の払い込んだ金額で資本金としなかった金額
> 利益準備金………企業の稼得利益のうち法令に基づき内部留保した金額
> 任意積立金………利益のうち将来の支出に備えて任意に積み立てた金額

　本書では，現代簿記の説明にあたり基本的に個人企業の営む商業活動を対象としているので，資本についてはすべて資本金として処理する。

第3節　財産計算と貸借対照表

1　財産計算の内容

　簿記の目的の1つは，一定時点での企業の財産の状態を明らかにすることである。財産の状態とは，期首または期末などの時点で，企業の財産（資産および負債）がどのような内容（項目構成）となっているかということを意味する。そのためには，資産および負債の項目とその金額を算出し，両者の差額としての資本（純資産）を求めることとなる。このような財産の運用結果を一定時点で表示する場合，これを財政状態という。

　現代の企業は，いったん設立されると半永久的に維持・発展することを目標として営まれる継続企業（ゴーイング・コンサーン）としての特徴を有している。このような継続企業にあっては，ある時点で資産総額をもって負債総額を返済するという事態は想定されない。そこでの財政状態の定期的な把握は，あくまでも人為的に設定された会計期間ごとの財産の構成を明らかにして，企業の利害関係者に情報開示するために行われる手続である。

　さて，通常，企業の財産の状態は会計期間末の時点で計算・表示される。簿記での財産計算は，財産を構成する資産，負債および資本の要素によって行われるが，その関係式は前述の資本等式（資産－負債＝資本）で示される。この計算式は，簿記上の資本を定義した等式であると同時に，財産および資本の基

本的な関係を表したものとなっているのである。資本等式が財産の増減変化を記録・計算する簿記の基本構造を説明する役割も果たしているところから，特に簿記等式と呼ばれることがある。

資本等式に示された資産，負債および資本の関係を整理すれば，**図表２－２**のように説明することができる。

図表２－２　資本等式の意味

資産　－　負債　＝　資本

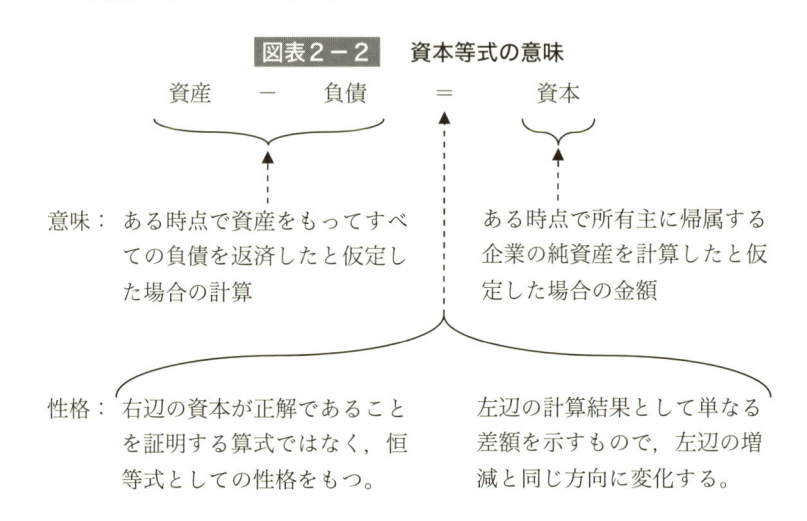

意味：
- ある時点で資産をもってすべての負債を返済したと仮定した場合の計算
- ある時点で所有主に帰属する企業の純資産を計算したと仮定した場合の金額

性格：
- 右辺の資本が正解であることを証明する算式ではなく，恒等式としての性格をもつ。
- 左辺の計算結果として単なる差額を示すもので，左辺の増減と同じ方向に変化する。

図表２－２の資本等式では，右辺の資本がマイナスとなるケースが生じ得る。そのような事態は，計算式で明らかなように，計算時点での企業の負債総額がその返済の原資となる資産総額を上回っている場合である。事業活動による財産の増加が順調に進まず，一方で銀行等からの資金借入れが増大するなどの事態では，負債超過の状態となる。この状態が続けば，企業は存続することが難しく企業倒産に結びつくことになる。

2　貸借対照表等式

資産，負債および資本の基本関係を表す資本等式を変形すれば，次の等式が得られる。

資産　＝　負債　＋　資本

この等式は，資本等式の左辺にあった負債項目を右辺に移行することで導き出されるが，その性質は恒等式である。企業のある時点での資産総額は，負債と資本の総合計額に一致するという内容を示すものである。

企業の財政状態が，資産，負債および資本の一定の関係で示されるとすれば，先の資本等式もその変形である上の等式も，それぞれに企業の財産の内容を説明するものである。上の等式が意味する資産，負債および資本の関係は，右辺の「負債＋資本」が企業資金の調達源泉を示すのに対して，左辺の資産は調達した資金の運用形態を示している。

等式の左辺に資金の運用形態を，右辺に資金の調達源泉を表示して，企業の財産内容（財政状態）を簿記的に明らかにする方法として，貸借対照表と呼ばれる財務諸表が作成される。貸借対照表（Balance Sheet：B/S）は，企業資金の調達と運用の状態を一覧表示したものであって，その計算構造は「資産＝負債＋資本」ということになる。

簿記では，貸借対照表の計算構造を示す等式という意味で，この等式を貸借対照表等式と呼んでいる。貸借対照表は，資金の運用形態を表す資産を左側に記載し，また，資金の調達源泉を表す負債と資本（純資産）を右側に記載して，左右一覧表示する形式で作成される。貸借対照表の構造と意味を示せば，**図表2－3**のとおりである。

図表2－3　貸借対照表の構造と意味

貸借対照表（B/S）

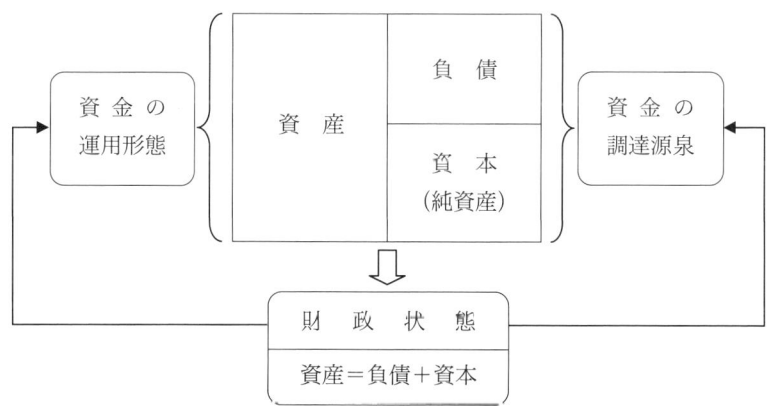

資金の運用形態	資　産	負　債	資金の調達源泉
		資　本（純資産）	

⇩

財　政　状　態
資産＝負債＋資本

ところで貸借対照表の右側は，事業目的のために運用される資金（左側の資産の原資）をどこから調達したかを表す。この資金の調達源泉という意味では，負債と資本は共通の性質もしくは機能をもつものといえる。負債と資本のこのような資金調達源泉としての共通性の点から，両者を広義での資本すなわち総資本としてひと括りすることがある。

負債と資本の総額を総資本と呼ぶ場合，左辺の資産を総資産と呼ぶことができる。そして，総資本のうち負債を他人資本といい，資本を自己資本という。総資産および総資本の概念を用いれば，貸借対照表等式は次のように表すことができる。

$$総資産（資産）＝総資本（自己資本＋他人資本）$$

3　貸借対照表の作成

企業が作成する財務諸表の主要なものは，貸借対照表と損益計算書である。貸借対照表は，一定時点（会計期間末など）の企業の財政状態を示す上ですぐれた計算表である。一方，損益計算書は，一定期間（会計年度など）の企業の経営成績を明らかにする上で重要な計算書である。

ここでは，貸借対照表によって企業の資産，負債および資本の状態を表示する方法について説明する。先の山口商店の 2013 年 4 月 1 日の財産の状態に基づき，貸借対照表を作成しよう。同社の資産および負債は，次のとおりであった。

資　　産		負　　債	
現　　　金	¥ 420,000	買　掛　金	¥ 760,000
売　掛　金	〃 1,430,000	借　入　金	〃 1,300,000
商　　　品	〃 820,000		
備　　　品	〃 1,050,000		
車両運搬具	〃 640,000		
建　　　物	〃 2,650,000		
土　　　地	〃 5,900,000		

これによって貸借対照表を作成すれば，次のようになる。

貸借対照表

(山口商店)　　　　2013 年 4 月 1 日

資産	金額	負債・純資産	金額
現　　　金	420,000	買　掛　金	760,000
売　掛　金	1,430,000	借　入　金	1,300,000
商　　　品	820,000	資　本　金	10,850,000
備　　　品	1,050,000		
車両運搬具	640,000		
建　　　物	2,650,000		
土　　　地	5,900,000		
	12,910,000		12,910,000

　貸借対照表での資本の表示は，制度上は純資産として示すことになっているので，資本金は「負債・純資産」の欄に記載することとした。したがって，貸借対照表の計算構造を表した貸借対照表等式は，この表示方法を正しく反映させるとすれば，次のように表すことができる。

$$資産　=　負債　+　純資産$$

　純資産は，個人企業の場合はすべて資本金で示されるが，株式会社の場合は株主の払い込んだ株主資本とその他の項目から構成されている。本書では，会計帳簿での記録・計算の要素や簿記の構造を説明するにあたっては，従来どおり資本として記述し，貸借対照表の表示に関しては純資産と表記することとする。

　貸借対照表は，企業資金の運用形態（資産）と調達源泉（負債・資本）を一覧表示することで企業の財政状態を明らかにする計算表であり，記載内容に照らせば財政状態計算書と呼ばれる。しかし，わが国では伝統的に貸借対照表（B/S）という名称が用いられており，現代の簿記もそれに従うことが一般的となっている。

　貸借対照表という用語では，記載内容が明確でなく，すぐれて簿記の技術的

特徴を表したものであるため，簿記の初学者には理解されにくい。そこで，貸借対照表の名称を解体し，各部位の説明を加えて図示すれば，**図表２－４**のとおりである。

図表２－４　貸借対照表の用語説明

形式	Balance Sheet：B/S			
	Statement of Financial Position：F/P			実質
	貸　借　対　照　表			
	Debtor	Creditor	Balance	Sheet
	借方：Dr.	貸方：Cr.	● 一致 ● 平均 ● 残高	
	帳簿上の左側金額欄もしくは左側	帳簿上の右側金額欄もしくは右側		
	借方（左側）と貸方（右側）の記載場所の名称（記号）を合成して「貸借」		● （左右）対照表 ● （財産）一覧表 ● （財産）残高表	

※　貸借対照表の名称には「貸借」の用語を用いているが，貸借対照表の金額欄には借方・貸方の表記を用いないことに注意すること。なお，借方・貸方については後述する。

第４節　収益・費用の概念

1　収益の意義と項目

　簿記は，企業の一会計期間の経営成績を，事業活動の内容別に直接把握する記録・計算要素として収益概念を用いる。収益は，具体的には商品を販売してその対価として現金や売掛金を受け取る活動を中心とし，それ以外にサービス（役務）の提供による手数料の現金等による受取り，銀行預金に対する利息の発生による現金の受取りなどによって発生する。

　このように収益の発生は，事業活動による資産の増加もしくは負債の減少を伴い，結果として資本の増加をもたらす。収益の概念は，事業活動によって資

本が増加する原因もしくは理由を名目的に記録・計算するための要素を意味するのである。したがって，企業の所有主による資本の追加元入等による資本の増加は，収益の発生とはならない。

このような収益には，具体的には次のような各種の項目がある。

商品販売益	………商品販売によって稼得された対価で，売価と原価の差額
売　　　上	………販売した商品の売価（商品の原価＋商品販売益）
受取手数料	………商品売買の仲介や各種サービスの提供等に対する代価
雑　収　入	………古紙や中古品などの売却による受取代金など
受 取 利 息	………銀行預金や貸付金などに対する利息の受取り
土地売却益	………土地売却によって獲得された対価で，売価と原価の差額

いま観光土産品を扱う山口商店について，2013年4月1日〜4月30日の1ヵ月間における収益の発生を例示すれば，次のとおりであったとする。

商品販売益￥120,000（売価￥380,000－原価￥260,000）
受取手数料￥60,000　受取利息￥5,000

この場合，山口商店の当該期間での収益合計は￥185,000となる。もし，これらの収益の対価をすべて現金で受け取っていれば，山口商店においては4月の1ヵ月間の事業活動で現金が￥185,000増加したことになる。同じことを増加した現金￥185,000の原因分析の面から説明すれば，商品販売で￥120,000，手数料の受取りで￥60,000，そして利息の受取りで￥5,000の経営成果ということがわかる。

ところで，収益と類似の用語に利益があるが，厳密には収益はそれを獲得するために一定の経営努力（経済価値の犠牲）を伴うものをいい，利益は特定の経済価値の犠牲を伴わずに資本の増加を生ずる項目をいう。しかし，収益も利益も簿記上の記録・計算手続においては，ともに事業活動による資本の増加をもたらす要素という意味では同じ性質をもつところから，収益の要素として統一的に扱うことが一般的である。

2　費用の意義と項目

　簿記の5要素の最後は費用の概念である。費用は，企業の事業活動の過程で経営成果たる収益を獲得するために払った経営努力（経済価値の犠牲）のことである。費用は，具体的には販売された商品の原価（売上原価という），従業員への給料の支払い，家賃の支払い，銀行からの借入金に対する利息の支払いなどによって発生する。

　簿記上の費用の概念は，次の2つの特性をもっている。
①　当期帰属性：当期に発生した経済価値の犠牲であること
②　収益対応性：収益を獲得するために払った努力（価値犠牲）であること

　火災による建物の焼失や盗難による現金や商品の紛失などは，当期の収益を獲得するための価値犠牲ではないため，これらは厳密には損失と呼ばれ費用と区別される。しかし，簿記上は費用も損失も，期間損益の計算にあたってともに収益から控除されることになるので，費用は通常損失を含んだ広義の費用の意味で用いられている。

　さて，費用の発生は，事業活動による資産の減少もしくは負債の増加を伴い，結果として資本の減少をもたらす。したがって，費用の概念は，事業活動によって資本が減少する原因もしくは理由を名目的に記録・計算するための要素を意味しているのである。

　一方，個人企業では所有主（出資者）が現金などの資産を，所有主の個人的用途のために支出することがある。これを資本の引出しというが，それによって引出額相当の資本が減少することになる。しかし，資本の引出しは，事業活動による資本の減少ではないので，費用の発生とはならない。

　このような費用には，具体的には次のような各種の項目がある。

売　上　原　価………売り上げた商品の原価
仕　　　　　　入………仕入れた商品の原価で，売上原価の計算要素
給　　　　　　料………従業員が提供する労働サービスに対する報酬
旅費交通費………出張中の宿泊費，航空・電車賃，バス代など
広告宣伝費………テレビ・新聞・雑誌・チラシなどの広告・宣伝の費用

通 信 費………郵便料金や電話・ファックス・インターネット料金など
支 払 家 賃………店舗や事務所などを賃借している場合の家賃
消 耗 品 費………筆記具やコピー用紙などの事務用品代，作業服や道具類などの消耗品代
修 繕 費………備品の修理，PC機器の保守管理，自動車の点検整備などの費用
雑 費………新聞・雑誌の購読料，茶菓子代などの諸支払い
支 払 利 息………銀行等からの借入金に対する利息の支払い

3 当期純利益の計算

すでに述べたところであるが，当期純利益の計算は，次の2つの方法によって行うことができる。

① 財産法（または資本比較法）

$$期末資本 - 期首資本 = 当期純利益$$

資本は資産と負債の差額として求められるので，この計算式は正しくは次のように表される。

$$（期末資産 - 期末負債）-（期首資産 - 期首負債）= 当期純利益$$

ただし，期中で資本の追加元入や資本引出があった場合には，

$$（期末資本 - 追加元入 + 資本引出）- 期首資本 = 当期純利益$$

② 損益法（または収益費用対応法）

$$期間収益 - 期間費用 = 当期純利益$$

簿記上は，財産法と損益法のいずれの方法によって当期純利益を求めても，計算結果は一致する。これは現代簿記の計算構造にみられるすぐれた特徴であるが，財産法と損益法では計算結果としての当期純利益の内容が大きく異なる。

ある企業の期首および期末の資産総額と負債総額が，次のとおりであったとする。

期首：資産総額　¥480,000　　負債総額　¥310,000
期末：資産総額　¥930,000　　負債総額　¥640,000

また，この期間の収益合計と費用合計が，次のとおりであったとする。

期間：収益合計　¥470,000　　費用合計　¥350,000

この場合の当期純利益を，財産法と損益法で計算すれば，それぞれ次のとおりとなる。

［財産法による当期純利益］
　期首資本：¥480,000 － ¥310,000 ＝ ¥170,000
　期末資本：¥930,000 － ¥640,000 ＝ ¥290,000
　当期純利益：¥290,000 － ¥170,000 ＝ ¥120,000
［損益法による当期純利益］
　当期純利益：¥470,000 － ¥350,000 ＝ ¥120,000

両方法によって計算した当期純利益は¥120,000で一致するが，財産法での計算結果が純財産増加を総額として示すのに対して，損益法での計算結果は純財産増加を原因別に明らかにしている。上の例では，収益と費用をその合計額で示したが，実際には収益も費用もその内容をより詳しく示す種々の項目で把握されるため，当期純利益の発生原因は損益法によって正しく算出されることがわかる。

なお，期末資本が期首資本を下回っている場合には，当期純損失が計上される。これは，次の計算式の結果がマイナスとなるケースである。

期末資本 － 期首資本 ＝ （△）当期純損失

　簿記学習上は，当期純利益と当期純損失の両計算結果を想定して，期間損益や当期純損益と一括して表記する場合が少なくない。

第5節　損益計算と損益計算書

1　損益計算の内容

　企業の期間損益計算は，当該期間の収益合計と費用合計を算出し，両者の差額を求める損益法を中心に行われる。ここでは，具体的な例示により資産・負債・資本の増減変動と収益・費用の発生変化を分析・把握することによって，簿記上の期間損益計算の仕組みを理解することとする。

　いま2013年6月1日における広島商店の資産および負債が，次のとおりであったとする。

現　金　¥350,000　売掛金　¥830,000　商　品　¥460,000
備　品　¥270,000　買掛金　¥610,000　借入金　¥500,000

　また，同年6月1日から6月30日までの1ヵ月間の事業活動は次のとおりであったとする。ただし，ここでは学習上，会計年度を1ヵ月と仮定する。

6月2日　売掛金のうち¥220,000を現金で回収した。
　　4日　商品¥80,000を仕入れ，代金は現金で支払った。
　　7日　原価¥180,000の商品を¥210,000で販売し，代金は現金で受け取った。
　　9日　買掛金のうち¥250,000を現金で支払った。
　　12日　消耗品を購入し，代金¥20,000は現金で支払った（消耗品は購入時に費用計上している）。
　　16日　原価¥270,000の商品を¥320,000で販売し，代金のうち¥200,000は現金で受け取り，残りは掛とした。

18日　借入金のうち￥200,000を現金で返済した。
22日　商品￥390,000を仕入れ，代金は掛にした。
25日　従業員に今月分の給料￥160,000を現金で支払った。
27日　買掛金のうち￥280,000を現金で支払った。
30日　商品販売の仲介手数料￥140,000を現金で受け取った。
〃日　売掛金のうち￥190,000を現金で回収した。

この例で，広島商店の2013年6月1日における財政状態は，次のとおりである。

　　資産￥1,910,000－負債￥1,110,000＝資本￥800,000

まず，6月2日の事業活動によって広島商店の財政状態は，内容的には資産グループの中で現金が￥220,000増加し，逆に売掛金が￥220,000減少したが，資本の金額に変動はない。6月4日も同様である。これに対して，6月7日の事業活動によって資本が￥30,000増加することとなり，財政状態は次のように変動する。

　　資産￥1,940,000－負債￥1,110,000＝資本￥830,000

このように，上記の6月1日から6月30日までの事業活動によって，広島商店の財政状態がどのように変動するかを明らかにすれば，次の表のとおりである。

資産・負債・資本の増減変動表

日付		資産				負債		資本
		現 金	売掛金	商 品	備 品	買掛金	借入金	資本金
6	1	¥350,000	¥830,000	¥460,000	¥270,000	¥610,000	¥500,000	¥800,000
	2	+220,000	−220,000					
	4	− 80,000		+ 80,000				
	7	+210,000		−180,000				+ 30,000
	9	−250,000					−250,000	
	12	− 20,000						− 20,000
	16	+200,000	+120,000	−270,000				+ 50,000
	18	−200,000					−200,000	
	22			+390,000		+390,000		
	25	−160,000						−160,000
	27	−280,000				−280,000		
	30	+140,000						+140,000
	〃	+190,000	−190,000					
残高		¥320,000	¥540,000	¥480,000	¥270,000	¥470,000	¥300,000	¥840,000
総額		資産¥1,610,000				負債¥770,000		資本¥840,000

　この場合，広島商店の資本（純資産）は，6月1日の¥800,000から6月30日には¥840,000に変動していることがわかる。したがって，この1ヵ月間に¥40,000だけ資本が増加したことになる。この間，資本の追加元入や資本引出がなかったので，資本の増加分は当期純利益となる。これを計算式で表せば，次のとおりである。

　　　期末資本¥840,000−期首資本¥800,000＝当期純利益¥40,000

　次に，上記の広島商店の事業活動のうち資本（個人企業の場合は資本金）が増加もしくは減少した活動は，6月7日，12日，16日，25日および30日のもので，資産・負債・資本の増減変動表の資本の欄に増（＋）・減（−）で表示されている。簿記では，事業活動によって資本を増加させる要素を収益として，また，逆にそれによって資本を減少させる要素を費用としてその明細を計算する。

この広島商店の例で，収益と費用を抜き出して整理すれば，次の表のとおりである。

収益・費用の期間発生表

日付		収	益	費	用
		商品販売益	受取手数料	給　料	消耗品費
6	7	¥30,000			
	12				¥20,000
	16	¥50,000			
	25			¥160,000	
	30		¥140,000		
合計		¥80,000	¥140,000	¥160,000	¥20,000
総額		収益 ¥220,000		費用 ¥180,000	

広島商店の6月1日から6月30日までの経営成績は，次の計算式で求められる。

収益¥220,000 － 費用¥180,000 ＝ 当期純利益¥40,000

この式は，当期純利益¥40,000が，商品販売等の経営成果（収益）¥220,000とそれを獲得するための給料等の経営努力（費用）¥180,000によって発生したことを意味する。

2　損益計算書等式

損益法による期間損益計算の等式を変形すれば，次の等式が得られる。

費用 ＋ 当期純利益 ＝ 収益

もし，期間損益がマイナスすなわち当期純損失が生じた場合には，上の式は次のようになる。

費用 ＝ 収益 ＋ 当期純損失

これらの計算式は，いずれも当期純損益の計算内容を示すものであり，このことを簿記的に表示する方法として，損益計算書と呼ばれる財務諸表が作成される。損益計算書（Profit and Loss Statement：P/L もしくは Income Statement：I/S）は，一会計期間の収益と費用の対応表示とその差額としての当期純損益を明らかにする形式で作成される。

　簿記では，損益計算書の計算構造を示す等式という意味で損益計算書等式と呼んでいる。損益計算書の構造と意味を示せば，**図表2－5**のとおりである。

図表2－5　損益計算書の構造と意味

損益計算書（純利益の場合）

| 企業の経営努力 { | 費用 | 収益 | } 企業の経営成果 |
| 企業の経営成績 { | 当期純利益 | | |

費用＋当期純利益＝収益

損益計算書（純損失の場合）

| 企業の経営努力 { | 費用 | 収益 | } 企業の経営成果 |
| | | 当期純損失 | } 企業の経営成績 |

費用＝収益＋当期純損失

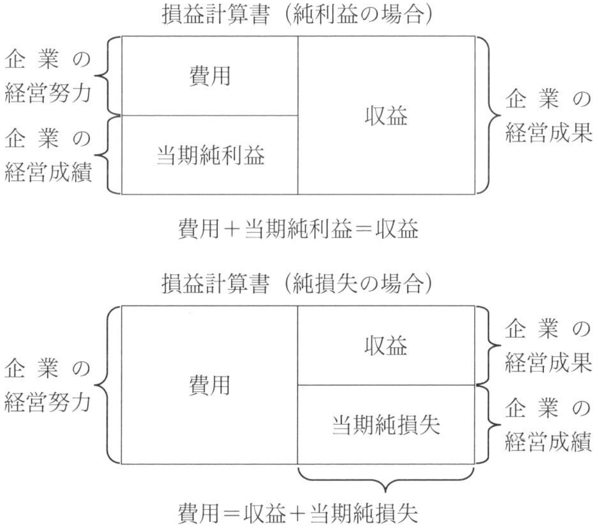

　貸借対照表等式の場合と同様，損益計算書等式においても，等式の左辺と右辺はそれぞれに計算要素間での加算を基本としている。一般的には金額の加算・減算は，上から下への階梯式計算法が用いられている。これに対して，簿記での計算表記法は，後述する勘定という形式の単位を基盤として，左側と右側においてそれぞれ加算を行い，それに左右の差額を合計額の小さい側に加算する加法的減算の方式で行われる。このような簿記固有の記録・計算方法を勘定式計算法という。

　損益計算書等式は，図表2－5にみられるように加法的減算を特徴とする簿

記の勘定式計算法を，損益計算書という財務諸表（会計報告のための計算書）の作成において反映させたものと理解することができる。

なお，階梯式計算法と勘定式計算法を比較して示せば，**図表２－６**のとおりである。

図表２－６ 階梯式計算法と勘定式計算法

階梯式計算法		勘定式計算法	
（段階的加減法）		（加法的減算法）	

階梯式計算法	勘定式計算法	
	左側	右側
（A）　¥10,000	（A）10,000	① 5,000
①　－）¥ 5,000	② 3,000	③ 2,000
¥ 5,000	⑤ 6,000	④ 3,000
②　＋）¥ 3,000		（B）9,000
¥ 8,000	19,000	19,000
③　－）¥ 2,000		
¥ 6,000		
④　－）¥ 3,000		
¥ 3,000		
⑤　＋）¥ 6,000		
（B）　¥ 9,000		

（注）（A）は当初の加減計算の基礎となる金額で，（B）は計算結果としての残高もしくは差額を意味する。なお，金額は仮の数値であるが，階梯式計算法では計算表の最終行は残高を示すのに対して，勘定式計算法では左右平均（この例では右側に差額の¥9,000が加算される）となっている。

3　損益計算書の作成

損益計算書は，企業の一会計期間の経営成績を明瞭に表示する機能をもつ重要な財務諸表である。損益計算書には，前に説明した損益計算書等式で表される計算構造が反映される。

先ほどの広島商店の2013年6月1日から同年6月30日までの1ヵ月の事業活動の例を用いて，損益計算書を作成する方法を説明する。企業の期間損益計算は，通常1年を単位として行われるが，この例では学習の便宜上，6月の1ヵ月間を会計期間として表示することとする。

6月の事業活動によって収益と費用が発生したのは，次のとおりであった。

（収益の発生）　　6月 7日　商品販売益 ¥ 30,000
　　　　　　　　　　16日　商品販売益 ¥ 50,000
　　　　　　　　　　30日　受取手数料 ¥140,000
（費用の発生）　　6月12日　消 耗 品 費 ¥ 20,000
　　　　　　　　　　25日　給　　　料 ¥160,000

これによって損益計算書を作成すれば，次のようになる。

損益計算書
（広島商店）　2013年6月1日から2013年6月30日まで

費用	金額	収益	金額
給　　　　料	160,000	商品販売益	80,000
消 耗 品 費	20,000	受取手数料	140,000
当 期 純 利 益	40,000		
	220,000		220,000

　貸借対照表は，一定の時点（会計期間の末日など）での企業の財政状態を示すものなので，必ず当該時点を明記しなければならない。これに対して，損益計算書は一定の期間（会計期間）の経営成績を示すものなので，必ず当該期間を明記しなければならない。

　当期純利益 ¥40,000 は，損益計算書では費用欄の最後の項目として直接的に記載されるが，前に説明した貸借対照表では，当期純利益を「負債・純資産」欄の最後の項目である資本金に含めて表示した。しかしながら，当期純損益（当期純利益または当期純損失）は企業の財務状況を知る上で最も重要な項目である。そこで，当期純損益の計算内容は損益計算書で明示することとするが，計算結果としての当期純損益の金額は貸借対照表にも，期末資本金の内訳項目もしくは期首資本金と区別して表示することとしている。

　広島商店の 2013年6月30日の貸借対照表を，(A) 当期純利益を（期末）資本金に含めて表示する方法と，(B) 当期純利益を（期首）資本金から分離して表示する方法を示せば，次のとおりである。

(A)

貸借対照表
(広島商店)　　　　　2013 年 6 月 30 日

資産	金額	負債・純資産	金額
現　　　　金	320,000	買　掛　金	470,000
売　掛　金	540,000	借　入　金	300,000
商　　　　品	480,000	資　本　金	840,000
備　　　　品	270,000		
	1,610,000		1,610,000

(B)

貸借対照表
(広島商店)　　　　　2013 年 6 月 30 日

資産	金額	負債・純資産	金額
現　　　　金	320,000	買　掛　金	470,000
売　掛　金	540,000	借　入　金	300,000
商　　　　品	480,000	(期首)資本金	800,000
備　　　　品	270,000	当 期 純 利 益	40,000
	1,610,000		1,610,000

第3章

複式簿記の原理

第1節　取引の意義と種類

1　取引の意義

　簿記の対象は，企業の事業活動のうち取引と定義される範囲に限定される。すなわち，簿記上の記録・計算対象となる取引とは，企業の事業活動のうち資産，負債および資本の増加・減少をもたらす活動，あるいは収益および費用の発生（またはその取消し）を伴う活動をいう。

　簿記上の取引概念は，多くの部分で一般的な用法での取引概念と一致するが，相違する部分もあるので正しく理解しておく必要がある。いま簿記上の取引範囲と一般的な取引範囲との関係を図解すれば，**図表3－1**のとおり示すことができる。

　図表3－1でAの部分は，企業の通常の事業活動が相当する。例えば，企業が商品を売買し，従業員に給料を支払い，土地を購入し，銀行から現金を借り入れるなどの活動は，企業の資産，負債，資本，収益および費用に金額的な増減変化をもたらすので簿記上の取引となる。同時に，これらの事業活動は一般的にも取引といわれる。

　これに対して，Bの部分は，所有する建物が火事で焼失したり，保管中の現金や商品が盗難にあったり，工場が地震で倒壊するなどの事態に該当するので，一般的には取引とはいわない。しかし，それらの事象の発生によって企業の財産や資本が減少したり，あるいは収益や費用が発生したりするので簿記上の取

図表3−1　簿記上の取引と一般的な取引

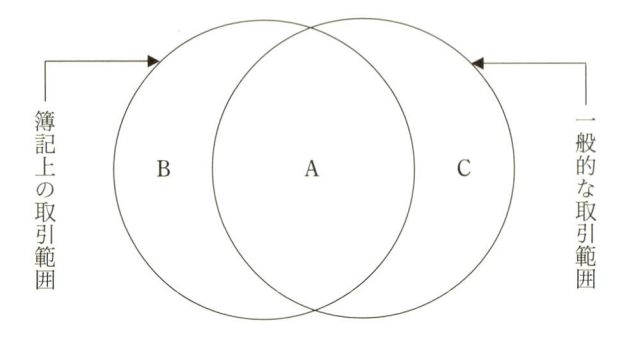

```
      簿               一
      記               般
      上   B   A   C   的
      の               な
      取               取
      引               引
      範               範
      囲               囲
```

A：簿記上の取引で，かつ，一般的にも取引といわれるもの
B：簿記上の取引であるが，一般的には取引といわないもの
C：一般的な取引であるが，簿記上は取引といわないもの

引となる。

　一方，Cの部分は，例えば企業の事業活動の一環として行われる商品の売買契約や土地の賃借契約を締結したり，事業連携の協定書に合意したりするなどの行為であり，これらは一般的には取引といわれているが，それによって企業の簿記の5要素に金額的な変化が生じないため簿記上の取引とはならないのである。

　なお，企業会計の発展に伴って，簿記上の取引概念もその範囲を拡張して捉える事象が発生している。例えば，事務用コンピューター機器や建設機械などのリース契約は，従来は賃貸借契約であるため簿記上は取引の範囲に含まれなかった。契約に基づいてリース料（賃借料）を現金等で支払った時点で取引となり，記帳の対象となったのである。しかしながら，最近の会計処理では，リースの契約のうちファイナンス・リースと呼ばれる契約については，未履行であっても契約の時点で取引として記録の対象とされるようになっている。

2　取引の種類

　企業の取引の範囲が明確になったところで，発生した取引がどのような性質をもっているかを知ることによって，記帳処理が正しく行われることになる。

簿記上の取引は種々の観点から分類することができる。

まず，取引の発生した時期もしくは記入が行われる時期によって，次の3つに分類することができる。

① 開始取引
② 営業取引
③ 決算取引

開始取引は，事業の開始または帳簿記入の開始に際して行われる記入で，簿記上の必要によって認識される取引である。これに対して，営業取引は，期中の事業活動（営業活動）に伴って発生する取引で，普通取引とも呼ばれている。また，決算取引は，継続企業にあって毎期の会計期間末において行われる簿記手続（決算手続という）のために行われる各種の記入を要する取引である。

次に，取引が企業の外部関係者との間で行われるか否かによって，次の2つに分類することができる。

① 外部取引
② 内部取引

外部取引は，企業外部の債権者や取引先などとの間で行われる取引で，取引の大部分がこれに属する。これに対して，内部取引は，帳簿上における集計・計算などの必要により記入しなければならない取引をいう。後述するように，決算のための記入や原価計算の記帳処理プロセスはすべて内部取引となる。

また，取引は財産の増減変化が実際に発生したか否かによって，次の2つに分類される。

① 実際取引
② 擬制取引

実際取引は，事業活動によって実際に財産および資本あるいは収益および費用の増減変化をもたらす取引のことである。これに対して，擬制取引は，実際の財産の増減変化は発生しないが，簿記手続上，帳簿に必要な記入を行うためにあたかも取引が発生したものと擬制する取引のことである。擬制取引については，後述する振替という手続で帳簿記入を行うので，振替取引ともいう。

最後に，取引によって企業の資産，負債，資本，収益および費用の5要素にどのような変化をもたらすかによって，次の3つに分類することができる。

① 交換取引
② 損益取引
③ 混合取引

　交換取引は，事業活動の結果，資産，負債および資本に増減変化をもたらす取引で，この3つの簿記要素間での交換もしくは交替を示すものである。交換取引は交替取引ともいう。

　これに対して，損益取引は，事業活動によって収益もしくは費用のいずれかの発生を伴う取引で，内容的には収益取引および費用取引から構成される。混合取引は，1つの取引の中に交換取引の部分と損益取引の部分が混合もしくは融合している取引のことである。混合取引は融合取引ともいう。

3　交換取引と損益取引

　取引が簿記の対象ということは，取引が発生すれば必ず記帳が行われると同時に，逆に記帳の必要がある事項はすべてこれを取引の発生とみなすということを意味する。そして，記帳にあたってその対象たる取引を分析し，そこに含まれる取引の要素を正しく把握して処理するためには，取引の種類を明らかにしておくことが求められる。

　簿記では，取引を交換取引と損益取引に分類して，その取引の内容に対応した帳簿記入を行うことが最も重要である。なぜなら，この分類のポイントは，当該取引が企業の経営成績を算定する収益および費用の発生を伴うか否かによるものだからである。収益および費用は名目的な計算要素であり，取引を成立せしめている要素に収益の発生もしくは費用の発生が含まれているかどうかが決定的な意味をもっている。

　交換取引は，損益の発生を伴わない取引で，具体的には次のような取引がある。
① 資産相互間の交換取引
② 資産負債間の交換取引
③ 資産資本間の交換取引
④ 負債相互間の交換取引
⑤ 負債資本間の交換取引

⑥　資本相互間の交換取引

損益取引は，取引のすべてが収益または費用の発生を伴う取引で，具体的には次の2つの取引がある。

①　収益取引
②　費用取引

収益取引は，例えば商品売買の仲介をして受取手数料を受け取った取引や，銀行預金や貸付金に対する利息を受け取った取引など収益の発生を伴う取引である。また，費用取引は，例えば従業員への給料を支払った取引や，賃借している店舗の家賃を支払った取引など費用の発生を伴う取引をいう。

交換取引および損益取引は，取引の全部が財産および資本の交換か損益の発生を伴う取引をいうが，実際には1つの取引の中に，交換取引の部分と損益取引の部分が混合もしくは融合した取引がある。例えば，原価¥200,000の商品を¥250,000で販売し，代金は現金で受け取った取引の場合，そこには次の2つの内容の取引が混合しているとみなされる。

```
交換取引の部分：資産（現金）の増加 ⇔ 資産（商品）の減少
              ¥200,000              ¥200,000
損益取引の部分：資産（現金）の増加 ⇔ 収益（商品販売益）の発生
              ¥ 50,000              ¥ 50,000
```

このような取引は混合取引または融合取引と呼ばれている。簿記学習の初期段階では，このような混合取引についての識別と，交換取引部分と損益取引部分とを内容的に分割することに習熟することが特に求められる。

以上の取引の種類を整理すれば，**図表3－2**のとおりである。

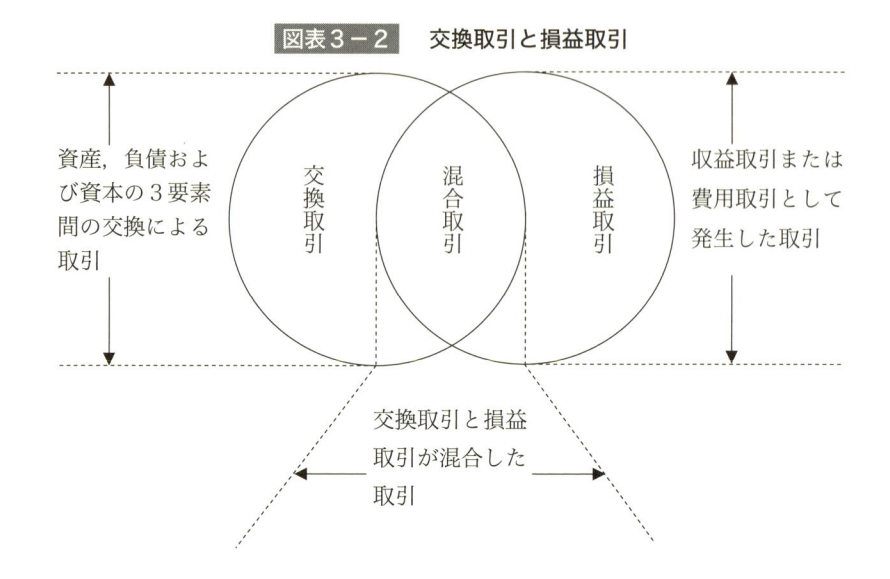

図表3-2　交換取引と損益取引

資産，負債および資本の3要素間の交換による取引 ← 交換取引

混合取引

損益取引 → 収益取引または費用取引として発生した取引

交換取引と損益取引が混合した取引

第2節　取引要素の結合関係

1　取引の構成要素

　簿記上で記録・計算の手段となるものは，資産，負債，資本，収益および費用の5つであり，これらは簿記の5要素と呼ばれている。この5要素を用いて記録・計算される対象が取引である。

　簿記で取引とは，簿記の5要素に金額的な変化をもたらす経済事象のことである。したがって，取引を記入するという場合，各簿記要素についての増減変化を，後述する簿記固有の方法で会計帳簿に記入することを意味する。簿記5要素とその増減変化の関係を示せば，**図表3-3**のとおりである。

　簿記が対象とする取引の構成要素というのは，例えば「資産」という要素それ自体ではなく，「資産の増加」や「資産の減少」ということでなければならない。

第3章　複式簿記の原理　55

図表3－3　簿記5要素と増減変化

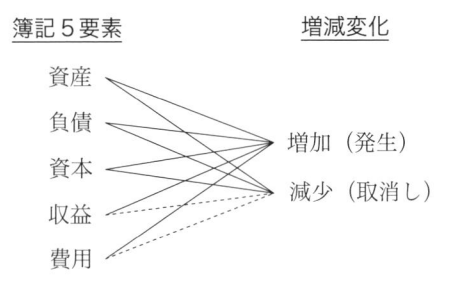

```
簿記5要素          増減変化
  資産
  負債
  資本           増加（発生）
  収益           減少（取消し）
  費用
```

（注）実線および点線は取引を構成する個々の要素を
　　　示している。なお、収益および費用については発
　　　生もしくは取消しとなる。

図表3－3で示した取引要素を整理すれば、次の10要素となる。

① 資産の増加	② 資産の減少	③ 負債の増加	④ 負債の減少
⑤ 資本の増加	⑥ 資本の減少	⑦ 収益の発生	⑧ 収益の取消し
⑨ 費用の発生	⑩ 費用の取消し		

　例えば、事務用の机・椅子を購入して、その代金¥160,000は現金で支払った取引が発生したとする。この取引の結果、企業の保有する現金が¥160,000減少すると同時に、他方で事務用机・椅子（備品という）が¥160,000増加することとなる。この取引は、「資産の増加」と「資産の減少」という2つの要素から構成されていることがわかる。

　次の例として、銀行から事業資金を現金で¥1,500,000借り入れた取引を想定して、取引要素の構成を考える。この取引によって、企業の現金が¥1,500,000増加するとともに、銀行への返済債務となる借入金が¥1,500,000だけ増加することになる。この取引は、「資産の増加」と「負債の増加」という2つの要素から構成されていることがわかる。

　ここで取り上げた2つの取引例では、それぞれ2つの取引要素から構成されているが、取引によっては3つ以上の取引要素から構成されているものもある。例えば、先ほどの事務用机・椅子の購入取引について、その代金¥160,000のうち¥60,000は現金で支払い、残りは月末払いとした場合、そこに含まれる取引

要素は,「資産（備品）の増加」と「資産（現金）の減少」に加えて,「負債（未払金）の増加」の3つから構成されていることがわかる。

なお，上記の取引10要素のうち⑧「収益の取消し」と⑩「費用の取消し」(図表3－3では点線で表示)は，次の2つの理由で他の8つの要素と異なっている。
① 収益・費用の発生とは別に，単独で収益・費用の取消しが生起することはない。
② 実際上の取引では収益・費用の取消しや修正は例外的な場合にしか生起しない。

2　取引の二面的記入

複式簿記を基本とする現代簿記の最大の技術的特徴は，取引の二面的記入（double entry：複記式記入）の方法にある。この二面的記入は，取引の帳簿記入にあたって，財産の増減もしくは損益の発生をその原因と結果の両側面から分析し，その内容を正しく記載する方法である。

いくつか例をあげて説明しよう。まず，① 商品を仕入れて代金を現金で支払った場合，複式簿記では取引の原因たる商品（資産）の増加記入と，その結果となった現金（資産）の減少記入を同時に行うのである。

次に，② 銀行から融資を受けて現金を受け取った場合，取引の結果たる現金（資産）の増加記入とその原因としての借入金（負債）の増加記入を同時に行うことになる。借入金の記入は，銀行からの借入れによって現金が増加したという経済的事実を帳簿に記録する必要があるからである。

また，③ 企業の所有主が資本の追加元入を行った場合，これによって結果として企業の現金が増加するが，その原因となったのは所有主の出資であり，この事実は資本金という内容の資本の増加として記入するのである。

そして，④ 商品売買の仲介手数料を現金で受け取った場合，この取引によって現金（資産）が増加したという結果と，その原因となった受取手数料（収益）の発生という内容を同時に記入することとする。

さらに，⑤ 従業員に対する給料を現金で支払った場合，一方でその結果として現金という資産が減少するが，他方でその原因となった事象が給料の支払いという事実に基づいていることを記入することが求められる。収益・費用につ

いては，その発生の事実を名目的に帳簿記入することが必要となる。

ここで取り上げた取引例にみられる取引要素と二面的記入の内容を整理すれば，次のとおりである。

① 「商品の現金仕入」：(商品の増加) と (現金の減少)
② 「現金の銀行借入」：(現金の増加) と (借入金の増加)
③ 「現金の追加元入」：(現金の増加) と (資本金の増加)
④ 「手数料の現金受取」：(現金の増加) と (受取手数料の発生)
⑤ 「給料の現金支払」：(給料の発生) と (現金の減少)

以上に説明した内容に基づいて，複式簿記における取引の二面的記入の方法を図解すれば，**図表3－4**に示すとおりである。

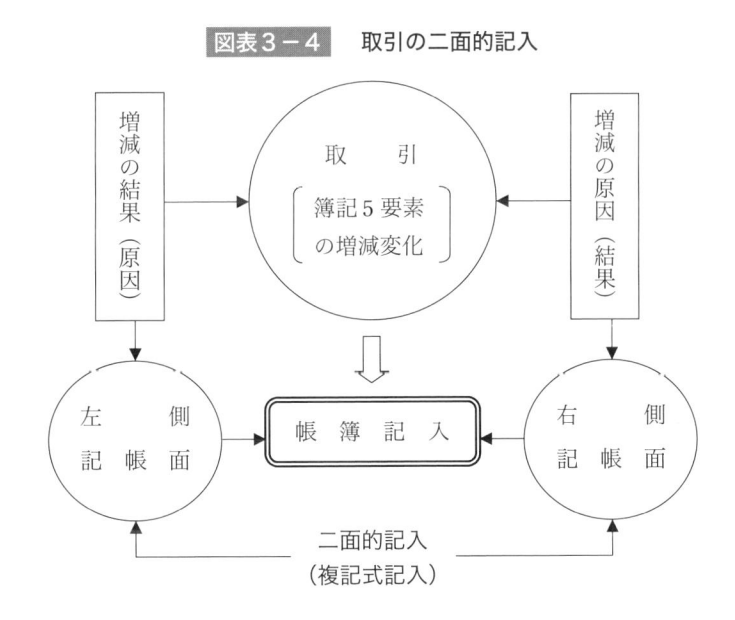

図表3－4 取引の二面的記入

```
        ┌─────┐      ┌─────┐      ┌─────┐
        │増減の│      │ 取 引 │      │増減の│
        │結果  │─────▶│簿記5要素│◀────│原因  │
        │(原因)│      │の増減変化│     │(結果)│
        └─────┘      └─────┘      └─────┘
             │              │              │
             │              ▼              │
             ▼       ┌───────────┐         ▼
        ┌─────┐      │ 帳簿記入  │      ┌─────┐
        │左 側 │────▶│           │◀────│右 側 │
        │記帳面│      └───────────┘     │記帳面│
        └─────┘                          └─────┘
             │                                │
             └──────────二面的記入──────────┘
                      (複記式記入)
```

3 取引8要素の結合

簿記の取引要素は，例外的にしか発生しない「収益の取消し」および「費用の取消し」の2要素を除いた8要素ということになる。簿記は，取引の二面的記入を行う必要があることから，これらの簿記8要素のうち2つ以上が結びつ

いて1つの取引を成立せしめているとみなすのである。したがって，取引の記録・計算のためには，まず取引要素の構成を分析し，要素相互間の結びつきの事実を解明することが不可欠である。

例えば，先ほどの取引の二面的記入で例示した内容を，取引要素の結合という関係で簿記的に説明し直せば，以下のとおりである。ここでは，それぞれの取引で左側の取引要素と右側の取引要素が結びついて，当該取引全体を成立せしめていると分析する。

① 商品￥350,000を仕入れ，代金は現金で支払った。
　　資産（商品）の増加￥350,000 ⇔ 資産（現金）の減少￥350,000
② 銀行から￥1,800,000の融資を受け，現金で受け取った。
　　資産（現金）の増加￥1,800,000 ⇔ 負債（借入金）の増加￥1,800,000
③ 所有主より現金による資本の追加元入￥5,000,000があった。
　　資産（現金）の増加￥5,000,000 ⇔ 資本（資本金）の増加￥5,000,000
④ 商品売買の仲介を行い，その手数料￥180,000を現金で受け取った。
　　資産（現金）の増加￥180,000 ⇔ 収益（受取手数料）の発生￥180,000
⑤ 従業員に今月分の給料￥240,000を現金で支払った。
　　費用（給料）の発生￥240,000 ⇔ 資産（現金）の減少￥240,000

ところで，取引8要素の中での2要素以上の結びつきは，1つの取引の中でまったく自由な組み合わせによって行われているわけではない。取引8要素の結合関係においては，一定のルールに基づいて，1つの取引の中で自由に結びつく取引要素グループと，相互に結びつかない取引要素グループが認められる。いま相互に結合する取引要素と結びつかない取引要素を左右に分けて，それらの結合関係を示せば，**図表3－5**のとおりである。

図表3－5の左側4要素と右側4要素は，いかなる取引にあっても相互に結びつく関係にある。その結びつき方は，左側1要素以上と右側1要素以上が1つの取引の中で結合することになる。これに対して，左側の4要素相互もしくは右側の4要素相互は，いかなる場合にも1つの取引の中で結びつくことはない関係にある。

なお，上記の取引8要素の結合関係表で，左側の「費用の発生」と右側の「収益の発生」は，理論上も実際上も結合する関係がみられない。

図表3−5 取引8要素の結合関係表

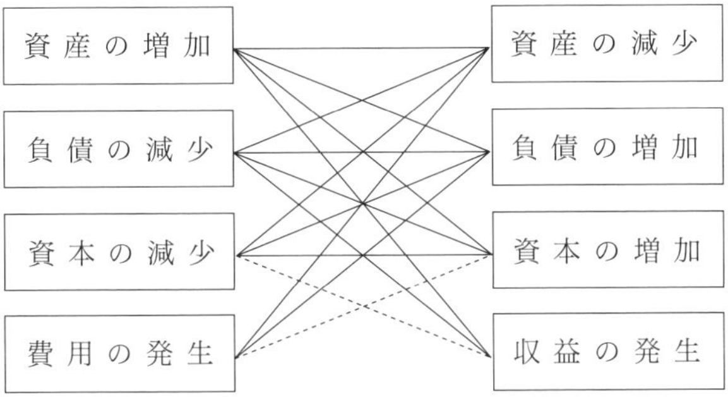

```
資産の増加 ─┐        ┌─ 資産の減少
            ╳╳╳╳
負債の減少 ─┤  ╳╳  ├─ 負債の増加
            ╳╳╳╳
資本の減少 ─┤  ╳╳  ├─ 資本の増加
            ╳╳╳╳
費用の発生 ─┘        └─ 収益の発生
```

（注）実線は相互に結びつく関係を示し，点線は実際には発生しない関係を示している。

第3節　勘定の意義と種類

1　勘定の意義

　簿記では，取引が発生すると必ず帳簿への記入が行われるが，帳簿上の記録・計算の単位のことを勘定（account：a/c）という。勘定には，そこに記録され，集計・計算が行われる個別単位の内容を表すものとして，例えば現金，売掛金，商品，備品，買掛金，商品販売益，給料，支払家賃などの特定の名称を付すこととしている。

　このように，勘定に記録・計算単位の内容を表示したものを勘定科目という。現金勘定，売掛金勘定，商品販売益勘定などと呼ばれるものである。企業の必要とする勘定科目を定めることを勘定科目の設定といい，勘定科目の設定された帳簿の特定の紙面（ページ）のことを勘定口座という。そして，勘定口座を帳簿に準備して記入できる状態を設けることを勘定口座の開設という。

　企業が勘定科目をどのように設定するかは，その企業の特質や事業活動の内容等によって定まる。一般に勘定科目の多寡は，次の2つの事情によって決定される。

　① 企業の規模

② 事業の内容

まず，企業の規模によって勘定科目の数が規定される。大規模の企業の場合は，資産や負債の種類が多く，多数の勘定科目を必要とする。これに対して，中小規模の企業にあっては，比較的少数の勘定科目で足りるということになる。

次に，企業の事業活動の内容によって勘定科目の数が決定される。事業が複雑で取引が多様な企業では，多数の勘定科目が必要となる。逆に，単純な事業活動で取引も多くない企業の場合は，勘定科目は少数でよいということになる。

勘定科目は，基本的にはその勘定に記入される内容を最もよく表す名称であれば，設定する企業の任意ということである。しかしながら，勘定科目の表記の簡潔性や，科目理解の共通性などを確保するため，現代簿記においては伝統的な複式簿記での科目名称を採用するのが通例である。

勘定科目には，現金預金や商品などという勘定科目のようにその名称でただちに記入される内容が理解される勘定科目もあれば，売掛金や買掛金のように簿記の伝統的な名称による勘定科目もある。売掛金や買掛金は簿記上の約束によって，それぞれ売掛債権や買掛債務を表す勘定科目として共通に用いられていることは，すでに説明したところである。

また，勘定科目に現金，預金，売掛金，買掛金，資本金など，「○○金」という名称が用いられているが，これも簿記上の慣習に従ったものであって，それぞれ異なる内容の勘定科目である。

2　勘定の機能

勘定科目は帳簿上の記録・計算の単位であるが，具体的には各勘定内容に関する次の3つの記録および計算を明らかにする。

① 当該科目の増加高または発生高
② 当該科目の減少高または取消高
③ 当該科目の残高または純発生高

複式簿記は，取引事実を原因と結果の二面から記入する方式をとっているので，すべての勘定科目には増加（または発生）と減少（または取消し）の記入が生起し得る。したがって，計算的性質の異なる2つの内容を記入するための帳簿上の場所（帳簿形式では記入欄）が1つの勘定に設けられる。そして，両

者の差額が残高(または純発生高)として計算表示されるのである。

　例えば,現金勘定については,現金の受入れによる増加高と支払いによる減少高が記入され,その集計・計算の結果として差額すなわち現金残高が明らかにされる。他方,収益勘定および費用勘定については,発生高と取消高(例外的に生起する)とが記入され,その集計・計算の結果として差額すなわち純発生高が明らかにされる。

　次に,勘定設定の基本ルールに基づいて勘定科目の特性を示せば,次の2点を確認することができる。第一は,増加高と減少高を記入する勘定科目上の場所は,それぞれに同じ性質を有する内容が記入される。第二は,増加高と減少高を記入する場所は相互に相反する計算上の性質を有する内容が記入される。

　後述するように簿記では,一般に勘定科目は紙面を左右に区分し,そのいずれかに当該科目の増加もしくは減少を記入する形式を採用している。その場合,両者の差額たる残高は,勘定式計算法(加法的減算法)に基づき金額の少ない側に加算記入される。この関係を示せば,図表3-6のとおりである。

図表3-6　勘定科目の特性

	勘定		
記入要素の同質性	増加高 または 減少高	減少高 または 増加高	記入要素の同質性
	計算要素の対照性		

　勘定の左側および右側に記入される要素が,それぞれに異質のものであれば,各合計額は意味のある数値にはならない。その結果,両者の差額も当該勘定科目の残高を正確に示すものとはならない。例えば,商品勘定の左側または右側に記入される金額の計算基礎が異なる場合には,同質性は確保できない。

　また,勘定の左側の記入内容と右側の記入内容は,計算的にはプラスとマイナスの異なる性質をもつもので構成されている。計算要素の左右対照性が勘定の上で確保されることによって,多種多量の取引を秩序整然と記録・計算することができる。例えば,商品勘定の左側には商品の仕入れによる増加,右側には商品の販売・引渡しによる減少が対照的に記入される。

3 勘定科目の種類

　複式簿記は，一定の合理的な会計帳簿を作成することで，合理的な記録・計算・報告のシステムとして機能する。その会計帳簿には多数の勘定科目が設定され，各勘定への記録を通じて企業の事業活動による財産の増減変化を詳細に把握する仕組みをとっている。

　多数の勘定科目が設定されると，企業の事業活動の状況を合理的に把握できる基盤が確保できるが，他方で帳簿記録の合理的な管理の必要から，勘定科目の性質の相違による分類・整理が行われる。複式簿記での勘定科目の分類は，基本的に財産勘定系と損益勘定系の2つの系統に大別される。

　財産勘定系の勘定科目は，事業活動による具体的・実体的な財産の増減変化を記録・計算する勘定グループである。この系統に属する勘定は，実在勘定としての共通の性質を有している。財産勘定系の勘定は，さらに資産勘定（資産に属する勘定科目群という意味。以下，他についても同じ），負債勘定および資本勘定の3種類に分けられる。

　これに対して，損益勘定系の勘定科目は，事業活動による財産の増減変化の原因別・内容別把握のために設定された勘定グループである。この系統に属する勘定は，名目勘定としての共通の性質を有している。損益勘定系の勘定は，収益勘定および費用勘定の2種類に分けられる。

　さらに整理すれば，財産勘定系の資産勘定，負債勘定および資本勘定は，複式簿記の目標である貸借対照表を構成する勘定群であるところから，貸借対照表勘定として統括することができる。一方，損益勘定系の収益勘定および費用勘定は，損益計算書を構成する勘定群であるところから，損益計算書勘定として統括することができる。各勘定の系統および種類には，それぞれ多数の個別の勘定科目が分類できる。

　以上の勘定科目の体系をまとめると，**図表3－7**に示すとおりである。

　他方，簿記が対象とする企業の事業活動のプロセスに従った記録・計算の科目体系として明示する視点からは，事業活動の循環プロセスに従い，購買活動勘定系，製造活動勘定系および販売活動勘定系の大きく3つの系統に分類して体系化することが必要となる。

図表3-7　勘定科目の分類

勘定科目
- 貸借対照表勘定
  - 資産勘定…現金，預金，売掛金，商品，備品など
  - 負債勘定…買掛金，支払手形，借入金，社債など
  - 資本勘定…資本金，資本準備金，利益準備金など
- 損益計算書勘定
  - 収益勘定…商品販売益（売上），受取手数料，受取利息など
  - 費用勘定…売上原価（仕入），給料，支払家賃，消耗品費，支払利息など

第4節　貸借記入の原則

1　勘定口座の形式

　取引を実際に記入する帳簿上の場所は勘定口座と呼ばれるが，その紙面は一定の形式が採用される。一般に，勘定口座の形式としては，標準式勘定と残高式勘定の2つの種類がある。すべての勘定口座は，後述する元帳と呼ばれる会計帳簿に開設されるので，標準式および残高式は元帳の形式ということができる。

　標準式は，勘定の紙面を中央で左側と右側に二等分され，左右対照の形式となっている。左側と右側には，それぞれ日付，取引内容（摘要），金額を記入するスペース（欄という）を設ける。金額欄との区分には，簿記上の約束ごととして複線が引かれる。

〇〇勘定

（標準式）

日付	摘要	仕丁	借方	日付	摘要	仕丁	貸方

簿記では，勘定の左側金額欄のことを借方金額欄（あるいは単に借方欄）といい，右側金額欄のことを貸方金額欄（あるいは単に貸方欄）という。ときに勘定の左側全体を借方といい，右側全体を貸方という場合がある。なお，借方は Dr.（Debtor），貸方は Cr.（Creditor）と略記される。

　残高式は，金額欄を2つに区分して左側に借方欄，右側に貸方欄を設ける点は共通だが，これに残高（金額）欄が追加される形式となっている。これは，当該勘定科目の残高が取引記入のつど明示されるという実務上の要請に応えるものである。実際，わが国の簿記実務では，この残高式の勘定が一般に広く使用されている。

○○勘定

（残高式）

日付	摘　要	仕丁	借　方	貸　方	借/貸	残　高

　残高式の場合，残高欄との間に「借または貸」（借/貸）欄を設ける。この欄は，残高の内容が借方残高（この状態を借残という）には「借」と記入し，貸方残高（この状態を貸残という）には「貸」と記入する。しかし，ほとんどの勘定科目は，その性質によって借残か貸残かは決まっているので，実益は乏しい。

　ところで，簿記の学習や簿記技能の修得過程では，複式簿記の構造を最もよく示す標準式の勘定を用いることが一般的である。借方と貸方の左右対照が確保されていることで，記入内容の一括性や集計・計算の操作性にすぐれているからである。この場合，上記の正式の標準式罫線を簡略化して，次のようなT勘定（Tフォーム）を用いることが多い。

○○勘定

借　方	貸　方

　なお，借方と貸方は，古くは金融業における資金の貸借を記録する際の記入

場所を示すための呼称であったが、今日では単なる左側と右側を示す符号として慣例的に使用されているにすぎない。

2　貸借記入のルール

　取引が発生すれば必ず勘定に記録されることになるが、その際取引要素の分解が必要である。取引8要素の結合関係についてはすでに説明したが、取引要素間の結合を正しく維持することを条件として、勘定への記入方法が定められている。

　勘定には取引に伴う増加と減少が借方と貸方の別々の欄に記入されるが、増加と減少を借方と貸方のいずれの欄に記入するかは、勘定の性質もしくは種類によって異なる。

　簿記5要素それぞれの勘定への貸借記入のルールは、次のとおりである。

① 資産勘定には、増加を借方に、減少を貸方に記入する。
② 負債勘定には、減少を借方に、増加を貸方に記入する。
③ 資本勘定には、減少を借方に、増加を貸方に記入する。
④ 収益勘定には、発生を貸方に記入する。ただし、例外的に取消しまたは修正がある場合には借方に記入する。
⑤ 費用勘定には、発生を借方に記入する。ただし、例外的に取消しまたは修正がある場合には貸方に記入する。

　この貸借記入のルールは、貸借に記入される増減内容の観点からは、増減記入のルールとも呼ぶことができる。勘定への貸借記入のルールを、勘定の種類ごとにTフォームで示せば、**図表3-8**のとおりである。

図表3-8　貸借記入のルール

資産勘定		負債勘定		資本勘定	
増加	減少	減少	増加	減少	増加

費用勘定		収益勘定	
発生	（取消し）	（取消し）	発生

複式簿記における貸借記入のルールでは，資産の増減記入と負債および資本の増減記入は貸借反対の記入となっていることがわかる。また，収益と費用の発生記入については，相互に貸借反対の記入となっている。これは，収益は資本の増加を伴うので資本の増加記入と同じく貸方記入とし，逆に，費用は資本の減少を伴うので資本の減少記入と同じく借方記入とするルールである。

上記の記入ルールに従えば，勘定の種類ごとにその残高が借方に計上（借方残高または借残）されるか，貸方に計上（貸方残高または貸残）されるか，が定まっている。すなわち，資産勘定と費用勘定に属する勘定科目は，借方に残高が生ずる。逆に，負債勘定，資本勘定および収益勘定に属する勘定科目は，貸方に残高が生ずる。

残高が貸借どちらの欄に生じるかは，貸借記入のルールを最もよく反映した勘定の性格に依拠するもので，簿記上は重要な学習領域である。ちなみに資産勘定および負債勘定での残高が貸借どちらに計上されるかを示せば，**図表3－9**のとおりである。

図表3－9　資産・負債勘定の残高計上

資産勘定		負債勘定	
増加分の合計	減少分の合計	減少分の合計	増加分の合計
	借方残高	貸方残高	

3　勘定の記入方法

貸借記入のルールに基づいて，具体的な取引事例を勘定記入する手続を説明しよう。2013年4月1日に開業した大住商店の同年4月中の取引は，次のとおりである。

4月1日　現金￥5,000,000を元入れ（出資すること）して大住商店を開業した。

　　2日　営業用の自動車を購入し，代金￥1,800,000を現金で支払った。

　　3日　商品を仕入れ，代金￥280,000は掛にした。

5 日　営業用の備品を購入し，代金￥650,000 は現金で支払った。
8 日　商品（原価￥140,000）を販売し，代金￥165,000 は掛にした。
11 日　商品を仕入れ，代金￥420,000 のうち￥220,000 は現金で支払い，残りは掛にした。
12 日　買掛金のうち￥190,000 を現金で支払った。
15 日　商品（原価￥250,000）を販売し，代金￥300,000 のうち半額を現金で受け取り，残額は掛にした。
18 日　広告料￥37,000 を現金で支払った。
20 日　銀行から￥1,000,000 を借り入れ，現金で受け取った。
22 日　商品売買の仲介を行い，その手数料として￥33,000 を現金で受け取った。
25 日　従業員に今月分の給料￥80,000 を現金で支払った。
27 日　商品（原価￥220,000）を販売し，代金￥260,000 は掛にした。
29 日　売掛金のうち￥165,000 を現金で受け取った。
30 日　消耗品を購入し，代金￥10,000 は現金で支払った（消耗品費の計上）。

上の取引を要素分解して，その結合関係を勘定科目によって明らかにすれば，次のとおりである。

4/1	現　　　　金（増加）￥5,000,000		資　本　金（増加）￥5,000,000	
2	車両運搬具（増加）￥1,800,000		現　　　　金（減少）￥1,800,000	
3	商　　　　品（増加）￥ 280,000		買　掛　金（増加）￥ 280,000	
5	備　　　　品（増加）￥ 650,000		現　　　　金（減少）￥ 650,000	
8	売　掛　金（増加）￥ 165,000		商　　　　品（減少）￥ 140,000	
			商品販売益（発生）￥ 25,000	
11	商　　　　品（増加）￥ 420,000		現　　　　金（減少）￥ 220,000	
			買　掛　金（増加）￥ 200,000	
12	買　掛　金（減少）￥ 190,000		現　　　　金（減少）￥ 190,000	
15	現　　　　金（増加）￥ 150,000		商　　　　品（減少）￥ 250,000	
	売　掛　金（増加）￥ 150,000		商品販売益（発生）￥ 50,000	

18	広　告　料（発生）	¥	37,000	現　　　金（減少）	¥	37,000
20	現　　　金（増加）	¥	1,000,000	借　入　金（増加）	¥	1,000,000
22	現　　　金（増加）	¥	33,000	受取手数料（発生）	¥	33,000
25	給　　　料（発生）	¥	80,000	現　　　金（減少）	¥	80,000
27	売　掛　金（増加）	¥	260,000	商　　　品（減少）	¥	220,000
				商品販売益（発生）	¥	40,000
29	現　　　金（増加）	¥	165,000	売　掛　金（減少）	¥	165,000
30	消 耗 品 費（発生）	¥	10,000	現　　　金（減少）	¥	10,000

大住商店の4月の取引を貸借記入のルールに従って勘定に記入すれば，次のようになる。

	現　　金		1		商　　品		3
4/1	5,000,000	4/2	1,800,000	4/3	280,000	4/8	140,000
15	150,000	5	650,000	11	420,000	15	250,000
20	1,000,000	11	220,000			27	220,000
22	33,000	12	190,000		備　　品		4
29	165,000	18	37,000	4/5	650,000		
		25	80,000				
		30	10,000				

	売掛金		2		車両運搬具		5
4/8	165,000	4/29	165,000	4/2	1,800,000		
15	150,000						
27	260,000						

	買掛金		6		受取手数料		10
4/12	190,000	4/3	280,000			4/22	33,000
		11	200,000				

	借入金		7		給　　料		11
		4/20	1,000,000	4/25	80,000		

	資本金		8		広告料		12
		4/1	5,000,000	4/18	37,000		

商品販売益	9		消耗品費	13
4/8	25,000	4/30	10,000	
15	50,000			
27	40,000			

（注）勘定科目の右肩の数字は，勘定の口座番号（ページ）を示す。

第5節　貸借平均の原理

1　複式簿記のメカニズム

簿記のゴールは，すべての取引の記録を基礎に，一定の手続により誘導的に損益計算書と貸借対照表を作成することにある。損益計算書および貸借対照表には，個々の取引記録の集計・計算の結果が，両財務諸表の作成目的を反映するように表示される。

損益計算書の計算構造は，次の損益計算書等式で示される。

$$費用　+　当期純利益　=　収益$$

これは，期間損益の計算方法としての損益法（収益－費用＝当期純利益）を，損益計算書の上で明らかにしたものである。したがって，損益計算書には，勘定のうち収益に属するすべての勘定と費用に属するすべての勘定が記載され，その貸借差額が計算される。

これに対して，貸借対照表の計算構造は，次の貸借対照表等式で示される。

$$資産　=　負債　+　資本$$

これは，期間損益の計算方法としての財産法（期末資本－期首資本＝当期純利益）の基礎をなすものである。したがって，貸借対照表には，勘定のうち資産，負債および資本に属するすべての勘定が記載され，その貸借合計が計算される。

損益計算書に集約される収益勘定および費用勘定とその差額と，貸借対照表に集約される資産勘定，負債勘定および資本勘定の貸借合計を，1つの勘定形式で対照表示すれば，図表3－10のようになる。

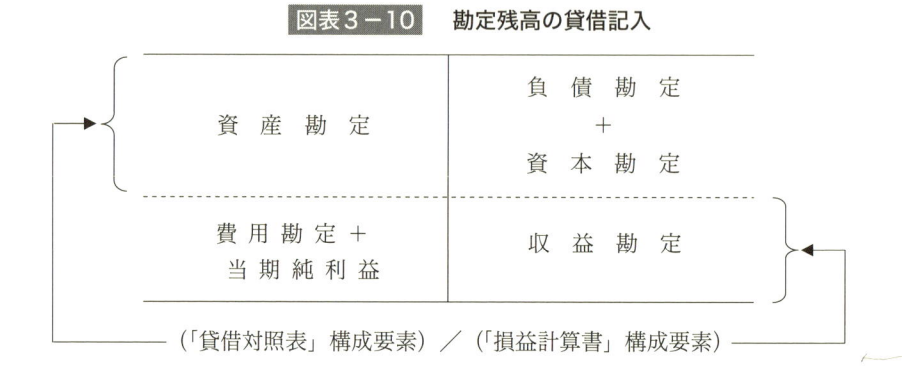

図表3－10　勘定残高の貸借記入

資　産　勘　定	負　債　勘　定 ＋ 資　本　勘　定
費　用　勘　定　＋ 当　期　純　利　益	収　益　勘　定

（「貸借対照表」構成要素）／（「損益計算書」構成要素）

2　貸借平均の原理

　現代簿記の記録・計算メカニズムを支える複式簿記は，先に説明したように勘定への貸借記入のルールを特徴としている。貸借記入のルールに基づいた正確な会計帳簿を基礎に損益計算書と貸借対照表が合理的に作成され，簿記の目的が達成される仕組みをもつのが複式簿記である。

　先に大住商店の4月中の取引を，勘定科目に記入する前段階として，個々に取引要素の結合関係を貸借に分解して示した。例えば，4月1日の現金の元入れによる開業の場合の取引要素の分解は，現金（増加）¥5,000,000／資本金（増加）¥5,000,000であった。この取引では貸借の双方が単一の要素となっていて，貸借の金額がともに¥5,000,000で同額である。また，4月8日の商品の掛による販売の場合の取引要素の分解は，売掛金（増加）¥165,000／商品（減少）¥140,000・商品販売益（発生）¥25,000であった。この取引では，貸借の一方に複数の要素が含まれるが，貸借の金額は一致する。

　さらに，4月15日の商品の現金販売および掛販売の組み合わせの場合の取引要素の分解は，現金（増加）¥150,000・売掛金（増加）¥150,000／商品（減少）¥250,000・商品販売益（発生）¥50,000であった。この取引では，貸借の

双方に複数の要素が含まれるが，貸借の金額は一致する。

以上の３つのケースを整理すれば，**図表３－11**のとおりである。

図表３－11 個別取引の貸借金額一致

4/1 貸借の双方が単一要素の場合
　　　現　　　金（資産の増加）¥5,000,000／資　本　金（資本の増加）¥5,000,000
　　　　　　　　　　　　　　　　　── 金 額 一 致 ──

4/8 貸借の一方が複数要素の場合
　　　売　掛　金（資産の増加）　¥165,000／商　　　品（資産の減少）¥140,000
　　　　　　　　　　　　　　　　　　　　／商 品 販 売 益（収益の発生）　¥25,000
　　　　　　　　　　　　　　　　　── 金 額 一 致 ──

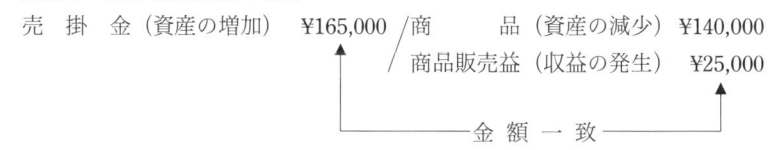

4/15 貸借の双方が複数要素の場合
　　　売　掛　金（資産の増加）　¥150,000／商　　　品（資産の減少）¥250,000
　　　現　　　金（資産の増加）　¥150,000／商 品 販 売 益（収益の発生）　¥50,000
　　　　　　　　　　　　　　　　　── 金 額 一 致 ──

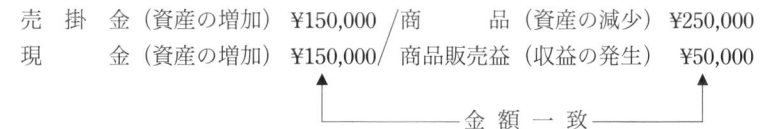

個々の取引で貸借の金額が一致するということは，一定の期間での取引全体の貸借の合計額も一致する。上の大住商店の４月中の取引について，すべての勘定科目の借方合計と貸方合計を集計し，貸借の総計を計算すると次のとおり一致することがわかる。

	勘定科目	借　方	貸　方
1	現　　　　　金	6,348,000	2,987,000
2	売　　掛　　金	575,000	165,000
3	商　　　　　品	700,000	610,000
4	備　　　　　品	650,000	
5	車　　　　　両	1,800,000	
6	買　　掛　　金	190,000	480,000
7	借　　入　　金		1,000,000
8	資　　本　　金		5,000,000
9	商 品 販 売 益		115,000

10	受 取 手 数 料		33,000
11	給　　　　料	80,000	
12	広　告　料	37,000	
13	消 耗 品 費	10,000	
	合　　計	10,390,000	10,390,000

　すべての勘定科目の借方合計と貸方合計が常に一致（平均）するという記録・計算の論理を，貸借平均の原理という。この貸借平均の原理は，複式簿記の構造を支える基本原理となっている。

3　簿記の自己検証機能

　複式簿記の重要な特徴が，勘定記入における貸借平均の原理にあることは前述のとおりである。この貸借平均の原理を前提として，勘定へのすべての記録・計算の正確性が自動的に検証される簿記のメカニズムが成立する。

　個々の取引にあっても，すべての勘定記入で借方合計と貸方合計は必ず一致するように複式簿記は構築されているというのが，貸借平均の原理の説明するところである。したがって，ある時点で取引記入の正確性を確かめるためには，すべての勘定の借方合計と貸方合計を算出し，その一致を演算することで可能となる。

　また，貸借合計が一致すれば，すべての勘定の貸借残高も一致することになるので，記入の正確性と取引結果の純額を知ることができる。これは，複式簿記が勘定記入システムの内部に，記入ミスの防止と発見の自動的メカニズムを備えていることを説明している。このような簿記のメカニズムを，複式簿記が内包する自己検証機能と呼んでいる。

　取引の勘定記入についての正確性を確かめることのできる自己検証機能は，複式簿記のすぐれた特徴の1つとなっている。自己検証機能をもつことで，取引の貸借記入に伴う間違いや記入漏れを自動的に排除することができるのである。ここで，簿記機構の自己検証機能を図解で示せば，**図表3－12**のようになる。

図表3-12 簿記の自己検証機能

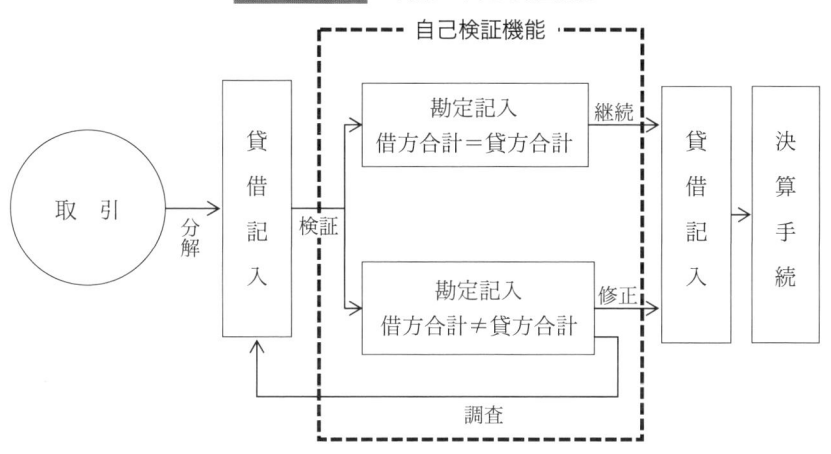

```
                    ┌──── 自己検証機能 ────┐
                    │  ┌──────────┐       │
                    │  │ 勘定記入  │ 継続  │
                    │  │借方合計＝貸方合計│──┼──┐
            ┌───┐   │  └──────────┘       │  │  ┌───┐   ┌───┐
  ┌───┐ 分解│貸借│ 検証                    │     │貸借│   │決算│
  │取引│───→│記入│──┤                      ├───→│記入│──→│手続│
  └───┘     │   │   │  ┌──────────┐       │     │   │   │   │
            └───┘   │  │ 勘定記入  │ 修正  │     └───┘   └───┘
              ↑     │  │借方合計≠貸方合計│──┐│
              │     │  └──────────┘    │  ││
              │     │                  ↓  ││
              └─────┼──────── 調査 ────────┘│
                    └───────────────────────┘
```

　現代簿記は，自己検証機能を用いて勘定記入の正確性を確認することができるが，その検証機能には一定の限界があることにも留意しなければならない。すなわち，複式簿記の自己検証機能は，借方合計と貸方合計の一致という貸借平均の構造を崩さない範囲での記入ミスの発見と防止には限界がある。また，自己検証機能は，取引内容の適切な勘定記入がなされたことを保証するものでもない。

　例えば，貸借の勘定科目を誤ったり，貸借の記入を取り違えたり，さらには，貸借同額の記入ミスがあったりした場合，自己検証のメカニズムはその効果を発揮しないことを理解しておく必要がある。

第4章

仕訳と転記の手続

第1節　仕訳手続

1　仕訳の意義

　前章でみたように，簿記では，取引内容を要素分解して帳簿上の勘定口座に記入する。各勘定への記録を基礎として必要な増減計算が行われることになる。しかし，取引を帳簿記入するにあたっては，各勘定口座に直接に記入することはしない。その理由は，次の2点である。
　① すべての事業活動を歴史的に管理するため，取引を発生した順序で記録することが必要であること
　② 各勘定口座への正確な記入を確保し，誤りの発見を容易にする必要があること

各勘定に取引を直接記入する方法によると，上の2点が満たされないという欠点を生じる。そこで，取引の帳簿への第一次記入として，仕訳と呼ばれる手続が行われる。したがって，仕訳は一連の簿記手続の第一段階ということになる。

　仕訳という用語は，一般的には分類するという意味で使われているが，簿記上は次のことを決定する特定の手続行為を意味する。
　① 取引要素を分解すること
　② 勘定科目を特定すること
　③ 借方・貸方を判定すること

④　貸借の金額を決定すること

　通常，これらの決定はほぼ同時に行われるが，取引が複雑になるほど取引要素の分解にはじまる上記の仕訳処理が難しくなる。仕訳によって貸借の勘定科目および金額が決定されるので，その後の帳簿上の増減計算の基礎は仕訳によって確定することになる。このため，仕訳に誤りがないように注意深く行う必要がある。

　すでに説明したように，複式簿記は貸借記入のルールに従って取引要素別の勘定科目を確定し，貸借に分けて増減記入される。この貸借記入のルールが十分に理解されていれば，基本的には仕訳は難しい手続ではない。しかし，実際の仕訳処理にあたっては，種々のケースが発生するので，技術的には十分に習熟することが求められる。結局，帳簿上の記録・計算および報告は，仕訳にその基礎を置いていることを理解して，どのような取引でも正確な仕訳が行えるように訓練することが肝要である。

　仕訳の手続を取引の処理プロセスとして示せば，**図表4－1**のとおりである。

図表4－1　仕訳の処理プロセス

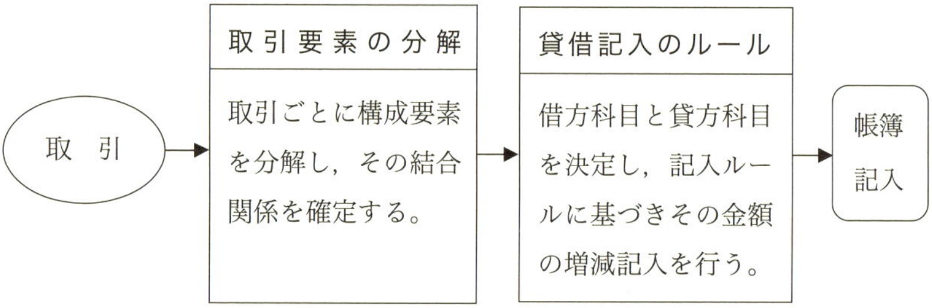

取引 → [取引要素の分解：取引ごとに構成要素を分解し，その結合関係を確定する。] → [貸借記入のルール：借方科目と貸方科目を決定し，記入ルールに基づきその金額の増減記入を行う。] → 帳簿記入

　すべての取引は，帳簿記入にあたって図表4－1のようなプロセスを経ることになる。会計制度上は，正規の簿記の原則（もしくは秩序簿記の原則）に基づき，取引を発生順に会計帳簿に記録する手続が仕訳である。仕訳からスタートし，財務諸表の作成をゴールとする記録・計算手続の体系が複式簿記ということになる。

2　仕訳の方法

　仕訳の考え方とその基本的手続を，取引例を用いて段階的に説明しよう。その場合，借方と貸方の双方で単一の勘定科目からなる単純取引と，貸借どちらか一方もしくは双方が複数の勘定科目からなる複合取引に分けて示す。

① 単純取引のケース

　例えば，商品を仕入れ，代金￥240,000 は掛にした取引が発生したとする。この取引を成立せしめている取引要素を分解すると，先に学習した取引 8 要素のうち，一方で商品という内容の資産が￥240,000 増加し，他方で買掛金という内容の負債が同じく￥240,000 増加した内容として理解される。

　この取引を帳簿に記入するためには，取引要素の分解に続いて，貸借記入のルールに従って，借方科目と貸方科目の決定と増減記入場所（すなわち貸借いずれかの金額欄）を確定しなければならない。ここまでの取引の分析手順を示せば，次のように整理できる。

取引要素の分解	貸借記入のルール
一方：資産の増加	資産の増加：「借方」記入
他方：負債の増加	負債の増加：「貸方」記入

　仕訳によって帳簿記入が行えるためには，具体的に貸借の勘定科目を決定し，それぞれの科目に金額を表示する必要がある。この取引では，商品という資産の増加は「商品」勘定の借方に記入し，買掛債務という負債の増加は「買掛金」勘定の貸方に記入する。そして，金額は貸借それぞれ￥240,000 ということになる。

　ここでの仕訳は，一般に次の形式で示される。

（借方）商　　　品　　240,000　（貸方）買　　掛　　金　　240,000

（借方）および（貸方）と書くのは非効率なので，それぞれ略して（借）および（貸）と示すか，あるいは単に紙面の中央から左右に分けて，左側に借方科目を書き，右側に貸方科目を書くなど各方法がとられる。また，実際の取引では発生した日付が仕訳ごとに明記されるが，学習上は取引例によって日付順を示す番号で仕訳記入することがある。

② 複合取引のケース

次に，商品を販売し，代金￥270,000（仕入原価は￥240,000）のうち￥90,000は現金で受け取り，残りは掛にした取引が発生したとする。この取引に含まれる取引要素は，一方で現金という資産￥90,000の増加と売掛金という資産￥180,000の増加があり，他方で商品という資産￥240,000の減少と商品販売益という収益￥30,000の発生があったとして理解される。

この取引の分析手順を示せば，次のように整理できる。

取引要素の分解	貸借記入のルール
一方：①資産の増加	①資産の増加：「借方」記入
②資産の増加	②資産の増加：「借方」記入
他方：③資産の減少	③資産の減少：「貸方」記入
④収益の発生	④収益の発生：「貸方」記入

借方と貸方の勘定科目を適切に決定し，仕訳を示せば次のとおりである。

（借）現　　　　金　　90,000　　（貸）商　　　　品　　240,000
　　　売　掛　金　　180,000　　　　　商 品 販 売 益　　30,000

3　仕訳の例題記入

仕訳は，実際には次節で説明するように，仕訳帳と呼ばれる会計帳簿に記入することにより処理が行われる。ここでは，仕訳の処理手続を理解するために，貸借に分けて示すこととする。

① 取引例題

2013年5月1日に開業した香川商店の5月中の取引は，次のとおりである。

5月1日　現金￥3,000,000を元入れして香川商店を開業した。
　　3日　備品を購入し，代金￥410,000は月末払いとした。
　　4日　岩崎商店から商品を仕入れ，代金￥620,000は掛にした。
　　7日　営業用の自動車を購入し，代金￥1,900,000のうち￥700,000は現金で支払い，残りは7月31日に支払うこととした。
　　9日　川崎商店に原価￥320,000の商品を￥416,000で販売し，代金は掛にした。

13日　岩崎商店に対する買掛金のうち¥350,000を現金で支払った。

15日　矢口商店から商品を仕入れ，代金¥770,000は掛にした。

17日　商品売買の仲介を行い，その手数料として¥135,000を現金で受け取った。

20日　今月分の電話料金¥62,000を現金で支払った。

22日　埼玉商店に商品（原価¥460,000）を販売し，代金¥598,000のうち¥290,000は現金で受け取り，残りは掛にした。

25日　2人の従業員に今月分の給料¥450,000を現金で支給した。

26日　石田商店に商品（原価¥400,000）を販売し，代金¥650,000は掛にした。

26日　今月分の家賃¥70,000を現金で支払った。

28日　銀行から運転資金として¥800,000を借り入れ，現金で受け取った。

29日　川崎商店から売掛金のうち¥380,000を現金で回収した。

30日　消耗品を購入し，代金¥28,000は現金で支払った。

31日　未払金¥410,000を現金で支払った。

② 仕訳処理

上記の取引について仕訳を示せば，次のとおりである。

日付		借方	金額		貸方	金額
5/1	(借)	現　　　　金	3,000,000	(貸)	資　本　金	3,000,000
3	(借)	備　　　　品	410,000	(貸)	未　払　金	410,000
4	(借)	商　　　　品	620,000	(貸)	買　掛　金	620,000
7	(借)	車両運搬具	1,900,000	(貸)	現　　　金	700,000
					未　払　金	1,200,000
9	(借)	売　掛　金	416,000	(貸)	商　　　品	320,000
					商品販売益	96,000
13	(借)	買　掛　金	350,000	(貸)	現　　　金	350,000
15	(借)	商　　　　品	770,000	(貸)	買　掛　金	770,000
17	(借)	現　　　　金	135,000	(貸)	受取手数料	135,000
20	(借)	通　信　費	62,000	(貸)	現　　　金	62,000

22	（借）	現		金	290,000	（貸）	商		品	460,000
		売	掛	金	308,000		商 品 販 売 益			138,000
25	（借）	給		料	450,000	（貸）	現		金	450,000
26	（借）	売	掛	金	650,000	（貸）	商		品	400,000
							商 品 販 売 益			250,000
26	（借）	支 払 家 賃			70,000	（貸）	現		金	70,000
28	（借）	現		金	800,000	（貸）	借	入	金	800,000
29	（借）	現		金	380,000	（貸）	売	掛	金	380,000
30	（借）	消 耗 品 費			28,000	（貸）	現		金	28,000
31	（借）	未	払	金	410,000	（貸）	現		金	410,000

第2節　仕訳帳の形式と記入

1　仕訳帳の機能

　取引の仕訳を行う帳簿を仕訳帳という。仕訳帳は，複式簿記システムの中で不可欠な帳簿の1つとして作成・管理される。簿記手続の上で仕訳帳は取引を最初に記入するため，原始簿とも呼ばれる。

　企業の経済活動によって生じた取引は，注文書控，領収書，会計伝票などの証拠書類（証憑書類ともいう）によって確認される。取引の要素分解にはじまる仕訳の手続は，このような取引の証拠書類を基礎として開始されることになる。

　仕訳帳の機能としては，次の2点をあげることができる。
① 取引の発生順による記録（歴史的記録）を行い，事業活動の一覧把握を可能とすること
② 勘定科目ごとの貸借増減記録（勘定的記録）を行うための基礎データを提供すること

　このような仕訳帳の機能が遂行されることによって，第一には，記入漏れや誤りを防ぐことができ，また，記入の誤りが生じた場合に容易に誤りを発見す

ることができる。そして、第二には、簿記の目的である損益計算や財産計算に不可欠の勘定ごとの増加・減少および残高を、記録・計算する簿記上の基盤が確保されることになる。

ここで仕訳帳への仕訳記入の手順を図示すれば、**図表4－2**のとおりとなる。

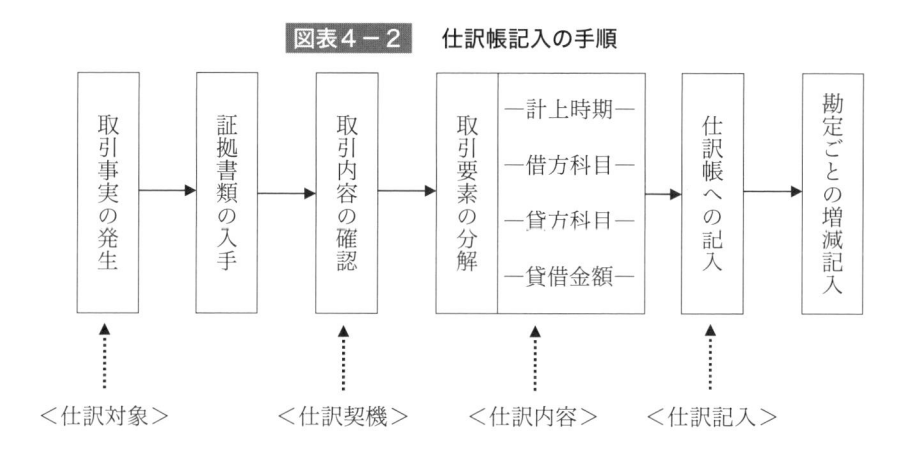

図表4－2　仕訳帳記入の手順

```
┌─────────┐   ┌─────────┐   ┌─────────┐   ┌─────────┐ ─計上時期─  ┌─────────┐   ┌─────────┐
│取引事実の発生│ →│証拠書類の入手│ →│取引内容の確認│ →│取引要素の分解│ ─借方科目─ →│仕訳帳への記入│ →│勘定ごとの増減記入│
│         │   │         │   │         │   │         │ ─貸方科目─  │         │   │         │
│         │   │         │   │         │   │         │ ─貸借金額─  │         │   │         │
└─────────┘   └─────────┘   └─────────┘   └─────────┘             └─────────┘   └─────────┘
     ↑              ↑              ↑                                ↑
 ＜仕訳対象＞      ＜仕訳契機＞                 ＜仕訳内容＞       ＜仕訳記入＞
```

　仕訳帳にすべての取引が、借方要素を示す勘定科目と貸方要素を示す勘定科目に分解されて記入される。しかも、貸借平均の原理に支えられた貸借記入のルールに基づいて仕訳記入されているため、記録・計算にミスがない限り、すべての個別取引は貸借金額が一致（平均）する記帳構造となっている。

　したがって、仕訳帳の記入結果は、個別の取引についても、また、1週間、1ヵ月、1年間などのある期間の取引全体についても、借方合計と貸方合計は一致することになる。仕訳帳の貸借合計の一致は、前章で説明した複式簿記の自己検証機能の遂行にあたって、重要な意味をもっている。

　なお、後述するとおり、仕訳帳での仕訳記入の結果（取引ごとの歴史的記録）は、勘定科目ごとの増減記録を行うために、別の会計帳簿に一定の手続で移記することになる。

2　仕訳帳の形式

　仕訳記入が行われる仕訳帳は、取引の発生順に事業の記録が明瞭に示されるように合理的な帳簿形式が必要となる。まず、仕訳帳の記入要件は、基本的に

①取引の日付，②取引の内容および③貸借の金額の3項目からなる。

　これらの要件を記入するための仕訳帳の罫線形式（紙面構成）には種々のものがあるが，一般に借方・貸方の金額欄の設定方式によって次の2つの形式が利用される。すなわち，第一の形式は，借方金額欄と貸方金額欄がともに紙面の右側に寄せて設定されるもので，片側金額欄式と呼ばれる。これに対して，第二の形式は，借方金額欄と貸方金額欄がそれぞれ紙面の左右に分割して設定されるもので，両側金額欄式と呼ばれる。

　片側金額欄式と両側金額欄式による仕訳帳の形式を示せば，次のとおりである。

（片側金額欄式）

仕訳帳

日付		摘　　要	元丁	借　方	貸　方
5	1	（商　　品）		680,000	
		（買　掛　金）			680,000
		杉山商店から掛仕入			
	2				

（両側金額欄式）

仕訳帳

借　方	元丁	摘　　要	元丁	貸　方
		── 1日 ──		
680,000		（商　品）　　（買　掛　金）		680,000
		杉山商店から掛仕入		
		── 2日 ──		

　上記の仕訳記入は，取引先の杉山商店から商品を仕入れ，その代金￥680,000は掛にした取引例である。両側金額欄式は，借方金額と貸方金額が左右に分割され，摘要欄の貸借の勘定科目と明瞭に結びついて示される点ではすぐれているが，記入上不便ということもあり一般に利用されていない。今日では片側金

額欄式が標準形式となっている。

仕訳帳の各記入欄について基本的なところを説明すれば，以下のとおりである。

① 日付欄…取引の発生した月日を記入する。月は各ページの最初のみ書き，同じ日の場合は「〃」（ditto：上と同じ）とする。

② 摘要欄…取引の内容を記入するが，借方勘定科目と貸方勘定科目には（　）をつける。

③ 元丁欄…摘要欄と借方金額欄の間に小幅の元丁欄を設け，後述する元帳の勘定口座のページ数（丁合番号という）を書く。

④ 金額欄…貸借の勘定科目の金額を正しく記帳するが，複合取引の場合であっても貸借の合計金額は一致しなければならない。

なお，仕訳帳の見出し行の上線と金額欄の罫線は複線を引くのが簿記の慣行となっている。また，貸借金額の最終合計行の下線は，複線を引いて計算終了（締切り）を示す。

3　仕訳帳の記入

前節で仕訳を示した香川商店の5月中の取引を仕訳帳に記入すれば，次のとおりである。ただし，ここでは仕訳帳記入が2ページにまたがっている場合を示す。

仕訳帳　　　　　　　　　　　　　1

日付		摘　要	元丁	借　方	貸　方
5	1	（現　　金）		3,000,000	
		（資　本　金）			3,000,000
		元入れして開業			
	3	（備　　品）		410,000	
		（未　払　金）			410,000
		備品を月末払いで購入			
	4	（商　　品）		620,000	
		（買　掛　金）			620,000
		岩崎商店から掛仕入			
	7	（車両運搬具）　　諸　　口		1,900,000	
		（現　　　金）			700,000
		（未　払　金）			1,200,000
		営業用車両の購入			
	9	（売　掛　金）　　諸　　口		416,000	
		（商　　　品）			320,000
		（商品販売益）			96,000
		川崎商店へ掛売上			
	13	（買　掛　金）		350,000	
		（現　　　金）			350,000
		岩崎商店へ掛代金の支払い			
	15	（商　　品）		770,000	
		（買　掛　金）			770,000
		矢口商店から掛仕入			
	17	（現　　金）		135,000	
		（受取手数料）			135,000
		商品販売の仲介			
	20	（通　信　費）		62,000	
		（現　　　金）			62,000
		今月分の電話料金			
		次ページ繰越		7,663,000	7,663,000

2

日付		摘要	元丁	借方	貸方
5	22	前ページ繰越		7,663,000	7,663,000
	22	諸　　口　　　　諸　　口			
		（現　　　金）		290,000	
		（売　掛　金）		308,000	
		（商　　品）			460,000
		（商品販売益）			138,000
		埼玉商店への売上			
	25	（給　　　料）		450,000	
		（現　　　金）			450,000
		今月分の従業員給料			
	26	（売　掛　金）　　諸　　口		650,000	
		（商　　品）			400,000
		（商品販売益）			250,000
		石田商店へ掛売上			
	〃	（支払家賃）		70,000	
		（現　　　金）			70,000
		今月分の家賃支払い			
	28	（現　　　金）		800,000	
		（借　入　金）			800,000
		銀行から運転資金借入れ			
	29	（現　　　金）		380,000	
		（売　掛　金）			380,000
		川崎商店から売掛金の回収			
	30	（消耗品費）		28,000	
		（現　　　金）			28,000
		消耗品の購入			
	31	（未　払　金）		410,000	
		（現　　　金）			410,000
		未払金の支払い			

仕訳帳の記入にあたって注意すべき点は，以下のとおりである。
① 小書…摘要欄に借方科目と貸方科目を中央から左右に分けて記入した後に，必要な取引内容の説明を簡潔に加えたものを「小書(こがき)」という。
② 諸口…借方と貸方のいずれかまたは双方に複数の勘定科目がある場合，当該科目の上にそのことを明示するために「諸口(しょくち)」と記載する。
③ 取引区分線…個々の取引の仕訳記入を区分して明瞭表示するために，摘要欄に区分線を引く。ただし，ページの最後の仕訳については区分線を引かない。
④ 仕訳一体記入…1つの取引の仕訳をページをまたがって記入してはならないので，ページ最後の仕訳については余白を残し，摘要欄に三角線を入れて繰り越す。
⑤ ページ繰越…1ページの記入が終わって次ページに移るとき，当該ページの貸借合計額を計算して最終行に記入するとともに，次ページの最初の行に移す。

第3節　転記手続

1　転記の意義

取引が発生したことが確認されたら，まず仕訳帳に仕訳記入される。仕訳帳への取引発生順での記入によって，いつでも誰にでも当該企業の事業の記録が理解される。

次に，仕訳帳の記録は，勘定科目別に増減記入され集計・計算の基礎データとなる。すなわち，仕訳によって借方と貸方の各取引要素に分解された記入内容を，財産の増減や損益の発生を個別的に把握するために，各勘定科目に記入し直す必要が生じるのである。簿記では，この手続はすべての勘定科目を綴り込んだ別の帳簿に，仕訳帳の記入内容を移記する方法で行われる。

このように，仕訳帳への仕訳記入内容を，一定のルールに従って他の帳簿に正しく移記する手続のことを転記という。そして，転記される当該他の帳簿のことを総勘定元帳（あるいは単に元帳）という。転記は，取引の会計帳簿への

第二次記入として行われる手続で，一連の簿記手続の第二段階ということになる。

　転記とは，簿記上は，次のことを行う特定の手続を意味する。
① 取引の記入に必要な勘定口座を開設すること
② 同じ日付で同じ勘定科目に移記すること
③ 同じ勘定科目の同じ金額欄に移記すること

　転記は仕訳記入の内容を正確に別の会計帳簿に移す作業であるため，その行為はかなり機械的なものである。しかも，仕訳帳の記録を基礎にして転記が行われるので，簿記手続の上では仕訳が重要となる。コンピュータの利用が進んだ現代においては，実務での転記作業は正にコンピュータ処理化の対象となっているのである。

　転記は機械的な作業で，慣れてくれば誰でも容易に行える手続であることは事実だが，簿記学習の当初にあってはしっかりマスターしておくことが大切である。その理由は，次のとおりである。
① 学習上は紙媒体としての会計帳簿へのハンドライティング（手書）による記録訓練を行うことを前提としている。
② 複式簿記の記入手続の仕組みを正しく理解するために転記の方法に習熟する必要がある。

　転記の手続を，仕訳帳から元帳への移記プロセスとして示せば，**図表4－3**のとおりである。

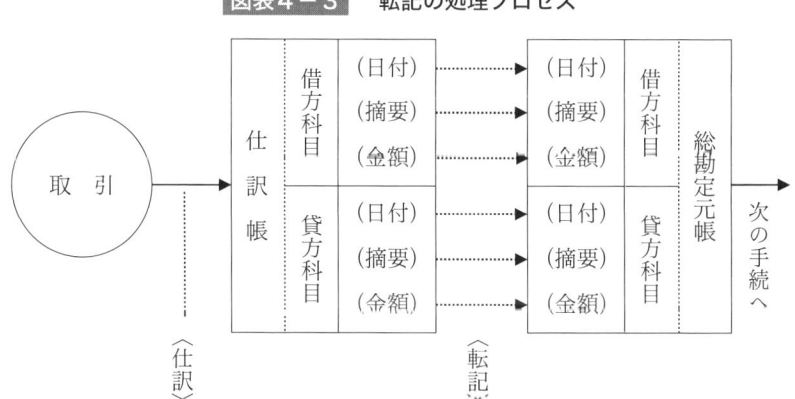

図表4－3　転記の処理プロセス

取引 →〈仕訳〉→ 仕訳帳（借方科目：(日付)(摘要)(金額)／貸方科目：(日付)(摘要)(金額)）→〈転記〉→ 総勘定元帳（借方科目：(日付)(摘要)(金額)／貸方科目：(日付)(摘要)(金額)）→ 次の手続へ

企業の会計期間中の取引は，仕訳帳への仕訳記入に始まり，それを基礎に総勘定元帳に転記されるという記入手続が，反復的・継続的に行われることになる。したがって，その記入過程で記入漏れや間違いが生じないように注意しなければならない。また，何よりもこのプロセスに不実記載や事実隠蔽の行為があってはならないのである。

2　転記の方法

仕訳帳の記入内容を，勘定科目の種類ごとにまとめて記入するため，総勘定元帳または元帳と呼ばれる帳簿が用意される。元帳には，当該企業の事業取引を記入するために必要なすべての勘定口座が開設される。

元帳への転記手続は，具体的には次の順序で行われる。

① 　取引発生の日付（すなわち仕訳記入の行われた日付）を記入する。
② 　仕訳の借方勘定の金額を元帳の当該勘定の借方に記入する。
③ 　仕訳の貸方勘定の金額を元帳の当該勘定の貸方に記入する。
④ 　転記した後，仕訳帳の「元丁欄」に当該勘定口座のページを，また，元帳の「仕丁欄」に仕訳帳のページを記入する。

次の仕訳例を仕訳帳に記入し，元帳に転記する手続を示せば，次のとおりである。

```
7/1  (借) 現      金  350,000  (貸) 資  本  金  350,000
 3   (借) 商      品  140,000  (貸) 買  掛  金  140,000
 5   (借) 売  掛  金  110,000  (貸) 商      品   86,000
                                   商 品 販 売 益   24,000
 7   (借) 備      品  150,000  (貸) 現      金  150,000
```

仕訳帳　　　　　　　　　　1

日付		摘　　要	元丁	借　方	貸　方
7	1	(現　　金) 　　　　　　(資 本 金) 元入れして開業	1 6	350,000	350,000

3	（商　　品）		3	140,000	
		（買　掛　金）	5		140,000
	原田商店から掛仕入				
5	（売　掛　金）　　諸　　　口		2	110,000	
		（商　　品）	3		86,000
		（商品販売益）	7		24,000
	澤木商店へ掛売り				
7	（備　　品）		4	150,000	
		（現　　金）	1		150,000
	営業用備品の購入				

元　帳

現　金　　　　　　　　　　　　1

日付		摘　要	仕丁	借　方	日付		摘　要	仕丁	貸　方
7	1	資本金	1	350,000	7	7	備品	1	150,000

売掛金　　　　　　　　　　　　2

日付		摘　要	仕丁	借　方	日付		摘　要	仕丁	貸　方
7	5	諸口	1	110,000					

商　品　　　　　　　　　　　　3

日付		摘　要	仕丁	借　方	日付		摘　要	仕丁	貸　方
7	3	買掛金	1	140,000	7	5	売掛金	1	86,000

備　品　　　　　　　　　　　　4

日付		摘　要	仕丁	借　方	日付		摘　要	仕丁	貸　方
7	7	現金	1	150,000					

					買掛金			5
日付	摘要	仕丁	借方	日付	摘要	仕丁	貸方
				7	3	商品	1	140,000

					資本金			6
日付	摘要	仕丁	借方	日付	摘要	仕丁	貸方
				7	1	現金	1	350,000

					商品販売益			7
日付	摘要	仕丁	借方	日付	摘要	仕丁	貸方
				7	5	売掛金	1	24,000

なお，勘定科目の摘要欄には，仕訳の相手勘定科目を書き，相手勘定科目が複数ある場合には「諸口」と記入する。

3　個別転記と合計転記

　元帳への転記は，原理的には仕訳記入が行われると同時に行われる。仕訳記入のつど同時に転記が行われることによって，記帳忘れや取引と記録内容との不一致を防止することができる。

　しかしながら，実務上は記帳の分業や記帳担当者の業務都合などの理由から，仕訳と同時に転記が行われない場合がある。この場合には，2〜3日分まとめて転記するとか，1週間ごとに記帳業務を効率化するなどして転記される。特に規模の小さい企業では記帳担当者の業務都合によっては，仕訳記入のつど転記することが難しい場合が少なくない。

　簿記手続としての転記には，大きく2つの方法がある。1つは個別転記といい，他の1つは合計転記という。まず，個別転記とは，各取引の仕訳について，借方科目と貸方科目の転記を個別に行う方法である。個別転記は，個別の仕訳

を確実に日々転記する方法としてすぐれているが、実際の取引は、その多くが同種の仕訳として発生するため、個別転記は実務上煩雑になることは否めない。

そこで、繰り返し発生する同種取引については、同一勘定科目の借方と貸方の金額は一定期間ごと（例えば1週間ごとなど）に合計し、合計額によって元帳の当該勘定科目に転記することが行われる。この方法は合計転記と呼ばれる。

簿記学習の初期においては、仕訳帳の記入内容を元帳に転記するにあたっては、取引の仕訳記入と同時に転記する個別転記の方法に習熟する必要がある。したがって、本書での転記手続の多くは、基本的に個別転記の方法による処理を扱うこととする。

合計転記を行う場合には、一括して転記する合計額を正確かつ効率的に算出できるように、仕訳帳の形式を工夫する必要がある。これについては仕訳帳の分割として本章の第5節で詳しく説明する。

個別転記であっても合計転記であっても、仕訳帳からの転記が正しく行われていれば、元帳におけるすべての勘定科目の貸借合計額は常に一致することはいうまでもない。これは、複式簿記の根本をなす貸借平均の原理の要求するところである。

以上の仕訳帳から元帳への転記手続を整理すれば、**図表4－4**のように示すことができる。

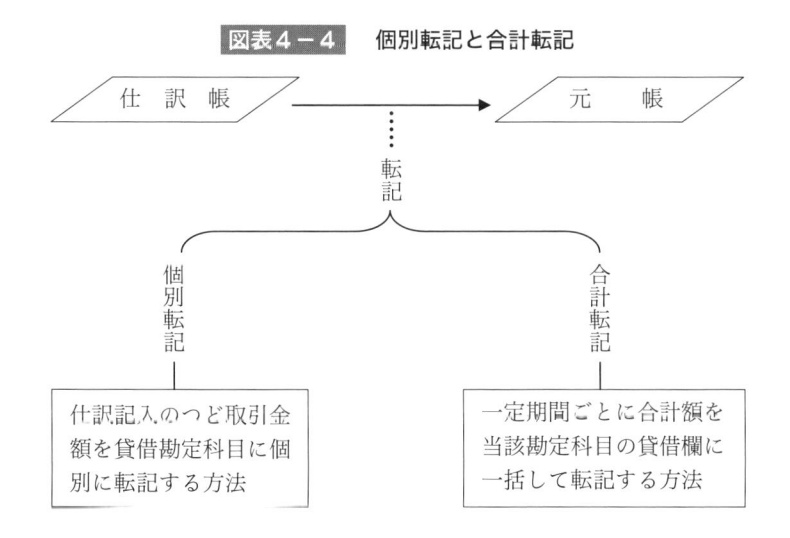

図表4－4 個別転記と合計転記

```
  仕 訳 帳  ――――――→   元 帳
                  ┊
                 転記
          ┌───────┴───────┐
        個別転記            合計転記
  ┌──────────┐    ┌──────────┐
  │仕訳記入のつど取引金│    │一定期間ごとに合計額を│
  │額を貸借勘定科目に個│    │当該勘定科目の貸借欄に│
  │別に転記する方法  │    │一括して転記する方法 │
  └──────────┘    └──────────┘
```

第4節　総勘定元帳の形式と記入

1　総勘定元帳の機能

　会計帳簿への第二次記入は，原理的には仕訳帳からの転記によって行われる。転記が行われる帳簿が総勘定元帳である。総勘定元帳は，仕訳帳の記入内容が転記手続によって移記される帳簿であるため，転記簿とも呼ばれる。

　仕訳帳が，取引の発生順による記録簿であるのに対して，総勘定元帳は勘定科目ごとに取引の内容を記録する帳簿である。総勘定元帳は，仕訳帳とともに簿記の目的を達成する上で不可欠の帳簿である。

　元帳の機能としては，次の2点をあげることができる。
　① 　勘定科目ごとの増減記入を行い，貸借差額（残高）を明らかにすること
　② 　当該企業の財政状態および経営成績を，財務諸表によって各種利害関係者に報告するための基礎データを提供すること

　総勘定元帳にはすべての勘定口座が開設されており，仕訳帳からの転記によって勘定科目ごとの増加，減少および残高を集計・計算することができる。このように総勘定元帳は，すべての勘定科目の総元締となる帳簿であり，したがって，元帳におけるすべての勘定科目の借方合計と貸方合計は常に一致する。

　総勘定元帳におけるすべての勘定科目の貸借合計が一致する計算構造は，複式簿記の基本的な特徴である。簿記のゴールである財務諸表は，この総勘定元帳の記録を基礎に作成されるため，元帳の記録は正確でなければならない。

　なお，仕訳帳が日常の取引を直接的に記録するのに対して，総勘定元帳は資産，負債，資本，収益および費用の増減または発生を，仕訳帳からの転記により間接的に記録する。元帳のように勘定口座に記入する帳簿形式を勘定簿といい，勘定口座によらないで記入する仕訳帳のような形式の帳簿を記入簿という場合がある。

2　総勘定元帳の形式

　総勘定元帳には簿記上の記録・計算の単位である勘定が設定されるが，勘定

科目ごとの勘定口座は一定の形式が用いられる。一般に利用される勘定口座の形式には，標準式と残高式の2つがあることはすでに述べたとおりである。すべての勘定口座は総勘定元帳に開設されて勘定簿として記入されるので，標準式と残高式は総勘定元帳の帳簿形式という性格をもっている。

実務では残高式が広く使用されているが，簿記学習上は標準式を用いることがわかりやすい。標準式の勘定科目に，仕訳帳の仕訳記入を転記した場合の記入形式を例示すれば，次のとおりである。

現　金

日付		摘　要	仕丁	借　方	日付		摘　要	仕丁	貸　方
5	1	受取手数料	1	55,000	5	8	買掛金	2	72,000

この現金勘定の記入内容は，借方側は，5月1日に受取手数料￥55,000を現金で受け取った取引である。また，貸方側は，5月8日に買掛金￥72,000を現金で支払った取引である。

総勘定元帳の各勘定科目への記入について，基本的なところを説明すれば以下のとおりである。

① 日付欄…取引の発生した月日で仕訳帳に記録された日付を記入する。記入の方法は仕訳帳の場合と同様である。
② 摘要欄…仕訳の相手の勘定科目を書く。すなわち，借方の摘要欄には貸方科目を記入し，反対に貸方の摘要欄には借方科目を記入する。ただし，相手勘定科目が2つ以上あるときは「諸口」（複数の勘定科目からなる意味を表す）と記入する。なお，摘要欄の相手勘定科目もしくは「諸口」の記入は，実益が乏しいため省略してよいとの指摘もある。
③ 仕丁欄…転記により各勘定科目に記入した後に，そのつど仕訳帳のページ数を書く。帳簿間の照合を容易にするためである。なお，勘定科目の右肩に記載されている勘定口座の番号（元帳の丁合番号）は，転記が終了したことを示すとともに後日の照合のために，仕訳帳の「元丁」欄に記入される。

④ 金額欄…仕訳帳の貸借金額と同額を，当該勘定科目の貸借金額欄にそれぞれ正しく記入する。

3 総勘定元帳の記入

本章第2節で示した香川商店の5月中の仕訳帳への記入内容を，総勘定元帳に転記すれば次のとおりである。

総勘定元帳

現　金　　　　　　　　　　　1

日付		摘　要	仕丁	借　方	日付		摘　要	仕丁	貸　方
5	1	資本金	1	3,000,000	5	7	車両運搬具	1	700,000
	17	受取手数料	〃	135,000		13	買掛金	〃	350,000
	22	諸　口	2	290,000		20	通信費	〃	62,000
	28	借入金	〃	800,000		25	給　料	2	450,000
	29	売掛金	〃	380,000		26	支払家賃	〃	70,000
						30	消耗品費	〃	28,000
						31	未払金	〃	410,000

売掛金　　　　　　　　　　　2

日付		摘　要	仕丁	借　方	日付		摘　要	仕丁	貸　方
5	9	諸　口	1	416,000	5	29	現　金	2	380,000
	22	諸　口	2	308,000					
	26	諸　口	〃	650,000					

商　品　　　　　　　　　　　3

日付		摘　要	仕丁	借　方	日付		摘　要	仕丁	貸　方
5	4	買掛金	1	620,000	5	9	売掛金	1	320,000
	15	買掛金	〃	770,000		22	諸　口	2	460,000
						26	売掛金	〃	400,000

		備 品							4
日付		摘要	仕丁	借方	日付		摘要	仕丁	貸方
5	3	未払金	1	410,000					

		車両運搬具							5
日付		摘要	仕丁	借方	日付		摘要	仕丁	貸方
5	7	諸口	1	1,900,000					

		買掛金							6
日付		摘要	仕丁	借方	日付		摘要	仕丁	貸方
5	13	現金	1	350,000	5	4	商品	1	620,000
						15	商品	〃	770,000

		未払金							7
日付		摘要	仕丁	借方	日付		摘要	仕丁	貸方
5	31	現金	2	410,000	5	3	備品	1	410,000
						7	車両運搬具	〃	1,200,000

		借入金							8
日付		摘要	仕丁	借方	日付		摘要	仕丁	貸方
					5	28	現金	2	800,000

		資本金							9
日付		摘要	仕丁	借方	日付		摘要	仕丁	貸方
					5	1	現金	1	3,000,000

商品販売益　　　　　　　　　　10

日付	摘要	仕丁	借方	日付	摘要	仕丁	貸方
				5 / 9	売掛金	1	96,000
				22	諸口	2	138,000
				26	売掛金	〃	250,000

受取手数料　　　　　　　　　　11

日付	摘要	仕丁	借方	日付	摘要	仕丁	貸方
				5 / 17	現金	1	135,000

通信費　　　　　　　　　　12

日付	摘要	仕丁	借方	日付	摘要	仕丁	貸方
5 / 20	現金	1	62,000				

給料　　　　　　　　　　13

日付	摘要	仕丁	借方	日付	摘要	仕丁	貸方
5 / 25	現金	2	450,000				

支払家賃　　　　　　　　　　14

日付	摘要	仕丁	借方	日付	摘要	仕丁	貸方
5 / 26	現金	2	70,000				

消耗品費　　　　　　　　　　15

日付	摘要	仕丁	借方	日付	摘要	仕丁	貸方
5 / 30	現金	2	28,000				

　以上は会計期間中の取引についての元帳記入の方法を，仕訳帳からの転記手続に基づいて示したものである。期末においては，決算手続の終了後，すべて

の帳簿を締め切る（記帳の終了を帳簿上で示すこと）必要があるが，その方法については第10章の第5節で説明する。

第5節　簿記一巡の手続と帳簿組織

1　簿記一巡の手続

　複式簿記の原理に基づいて構築されている現代簿記は，人為的に区切られた会計期間を単位として，一定の手続を連続的・反復的に繰り返すことによって遂行される。すなわち，取引の発生→仕訳帳への仕訳記入→総勘定元帳への転記→期末の決算処理→帳簿締切と開始記入，という順序で簿記手続が行われる。このような簿記手続の一連のプロセスを，「簿記一巡の手続」（アカウンティング・サイクル）という。

　簿記一巡の手続を図示すれば，**図表4－5**のとおりである。

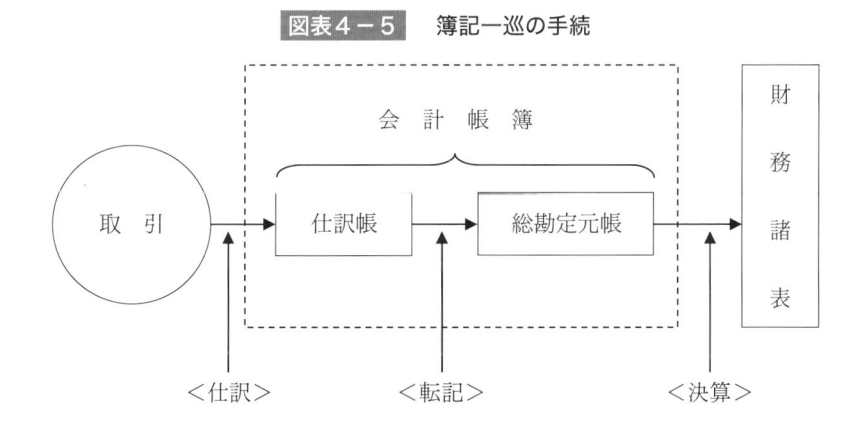

図表4－5　簿記一巡の手続

```
                    会　計　帳　簿
       ┌──────────────────────────┐   ┌──┐
       │                              │   │財│
取引 →│   仕訳帳   →   総勘定元帳   │→ │務│
       │                              │   │諸│
       └──────────────────────────┘   │表│
                                           └──┘
       ↑              ↑              ↑
     <仕訳>         <転記>         <決算>
```

　簿記一巡のゴールは決算と呼ばれる期末処理手続となる。決算という簿記行為は，各勘定科目に記録された資産，負債および資本の増減高や残高，ならびに収益や費用の発生高の集計（加算による合計計算のための科目間振替）と計算（減算による差額計算のための科目間振替）を行い，最終的に財務諸表を作成する手続である。

複式簿記の最終局面である決算手続によって，総勘定元帳の記録内容から誘導的に財務諸表を作成することになるが，決算の意義およびその効果をまとめると，次の4点に集約することができる。
① 会計帳簿の記録を計算上および内容上正確にすること
② 総勘定元帳において期間損益計算と期末財産計算を行うこと
③ すべての帳簿記入を終了して帳簿を締め切るとともに，次期の開始記入に備えること
④ 財務諸表を誘導的に作成するための基礎データを提供すること

複式簿記の最終手続である決算は，第一段階：決算予備手続⇒第二段階：決算本手続⇒第三段階：決算報告手続の3段階で実施される。具体的には，それぞれの決算手続は，次のような一連のプロセスから構成されている。
① 決算予備手続
　ⅰ 帳簿記録の計算上の正確性検証（試算表の作成）
　ⅱ 帳簿記録の内容上の修正記入（決算整理手続）
　ⅲ 精算表の作成（正規外の手続で，実務上の必要から）
② 決算本手続（帳簿決算手続）
　ⅰ 損益勘定の設定と収益・費用の振替え（損益振替手続）
　ⅱ 当期純損益の資本（金）勘定への振替え（資本振替手続）
　ⅲ 残高勘定の設定と資産・負債・資本の振替え（残高振替手続）
　ⅳ 仕訳帳および総勘定元帳の締切り（帳簿締切手続）
　ⅴ 開始記入
③ 決算報告手続
　ⅰ 損益勘定を基礎に損益計算書の作成
　ⅱ 残高勘定を基礎に貸借対照表の作成

ところで，決算手続の中心である第2段階の帳簿決算の方式には，大陸式と英米式の2つがある。大陸式（大陸式決算手続または大陸法）はドイツ・フランスなどヨーロッパ大陸の諸国で行われている決算方式であり，英米式（英米式決算手続または英米法）はイギリス・アメリカなどの諸国で行われている決算方式である。両方式の大きな違いは，次の3点である。
① 大陸式が残高勘定を設定するのに対して，英米式は設定しない。

②　大陸式がすべての決算振替を仕訳帳で仕訳記入するのに対して，英米式では損益振替のみ決算仕訳を行う。
③　大陸式が翌期首に残高勘定をもとに開始記入するのに対して，英米式は決算期末に繰越試算表をもとに次期繰越と前期繰越（次期の開始記入）を行う。

2　帳簿組織

　簿記上の取引を記入する会計帳簿は，取引内容の合理的な記帳が達成できるように，一定の形式を備えていなければならない。また，簿記目的を実現するために複式簿記システムで用いられる会計帳簿は，個別企業ごとに必要ないくつかの種類が作成される。

　会計帳簿は，大きく主要簿と補助簿に分けられる。主要簿は，簿記の目的である財産の保全・管理，および経営成績と財政状態の算定を達成するために不可欠な帳簿のことで，仕訳帳と総勘定元帳（または単に元帳）の2つがある。そして，仕訳帳には普通仕訳帳と特殊仕訳帳があるが，特殊仕訳帳は補助記入帳が主要簿化されたものである。

　これに対して補助簿は，必ずしも複式簿記において不可欠な帳簿ではないが，企業の多種多数の取引を詳細に記録し，主要簿の記入内容を補うために必要に応じて作成される帳簿のことである。補助簿には補助記入帳と補助元帳の2つの種類がある。補助記入帳は，仕訳帳の記入を補助するもので，特定の取引の明細を記録する帳簿である。

　補助元帳は，総勘定元帳の記入を補助するもので，特定の勘定科目の明細を記録する帳簿である。また，補助記入帳には，現金の受払いの明細を記録する現金出納帳，当座預金の増減の明細を明らかにする当座預金出納帳，商品の仕入と売上の明細を記入する仕入帳および売上帳などがある。また，補助元帳には，総勘定元帳における売掛金勘定の増減の明細を記録する売掛金元帳（得意先元帳），買掛金勘定の増減の明細を記録する買掛金元帳（仕入先元帳），さらには商品勘定における商品の増減・残高の明細を記録する商品有高帳などがある。

　以上の会計帳簿の種類をまとめると，**図表4－6**のとおりである。

図表4-6　会計帳簿の種類

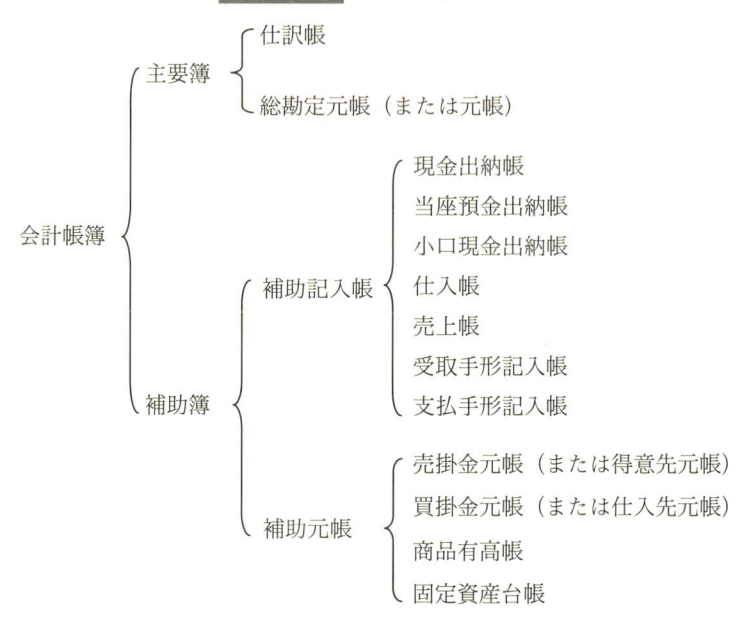

```
                  ┌ 主要簿 ┬ 仕訳帳
                  │        └ 総勘定元帳（または元帳）
                  │
                  │        ┌ 補助記入帳 ┬ 現金出納帳
会計帳簿 ┤        │            │ 当座預金出納帳
                  │            │ 小口現金出納帳
                  │            │ 仕入帳
                  │            │ 売上帳
                  │            │ 受取手形記入帳
                  │            └ 支払手形記入帳
                  └ 補助簿 ┤
                           └ 補助元帳 ┬ 売掛金元帳（または得意先元帳）
                                      │ 買掛金元帳（または仕入先元帳）
                                      │ 商品有高帳
                                      └ 固定資産台帳
```

　さて，複数の会計帳簿によって構成され，帳簿相互間に意味のある一定の関係が成立している帳簿の全体系を帳簿組織という。すでに説明した仕訳帳と総勘定元帳から構成される帳簿組織は，単一仕訳帳・元帳制と呼ばれ，複式簿記における帳簿組織の基本となっている。

　単一仕訳帳・元帳制は，複式簿記システムのもとで簿記の目的を達成するために不可欠な主要素のみで記帳が行われる。しかしながら，この帳簿組織には，①記帳の分業と管理が行えないため内部統制が難しいこと，②特定の取引についての詳細な記録が行えないこと，および③勘定科目の増加に伴って記帳処理が不便となること，などの問題点が認められる。

　そこで，仕訳帳と元帳という2帳簿に加えて，必要に応じて多数の特殊な帳簿が使用されるようになる。これを帳簿組織の発展ということができる。単一仕訳帳・元帳制からの帳簿組織の発展は，一方で仕訳帳の分割と，他方で元帳の分割という方向で展開される。

　仕訳帳の分割と元帳の分割から多数の帳簿が作成されることになる。これら

主要簿の分割による新たな帳簿組織は，分割前の単一仕訳帳・元帳制に対して分割仕訳帳・元帳制と呼ばれている。使用される帳簿の数からいえば，単一の仕訳帳と単一の元帳からなる二帳簿制から，主要簿の分割による多数の特殊な仕訳帳と特殊な元帳が加わる多数帳簿制への発展ということになる。

3　伝票会計制度

　簿記では，すべての取引は仕訳帳への仕訳記入を経て，総勘定元帳に転記される。通常の商取引においては，注文書，送り状，納品書，請求書，領収書などのような証拠書類（証憑）に基づいて帳簿記入が開始される。実務では証憑に基づいて仕訳帳に仕訳記入する前に，社内での取引処理を行う手続として取引内容を関係部署に伝達し，記帳の基礎資料とするために伝票が作成される。伝票とは，取引の内容を記載した一定形式の紙片であり，帳簿に比べて取扱いが便利な書類である。

　企業規模が拡大し処理すべき取引数量が増大すると，主要簿たる仕訳帳に記帳する事務処理が膨大な作業となる。そこで，記帳作業を減らし，効率的な記録管理をはかるために，実務上は伝票を仕訳帳の代わりに利用するのが一般的である。伝票に仕訳帳機能を代替させるためには，伝票が仕訳の形式もしくは仕訳が可能となる形式で作成される必要がある。

　仕訳帳の代わりに利用される伝票が会計伝票であり，このような会計伝票を利用した帳簿組織を伝票会計制度という。伝票会計制度は帳簿組織の発展形態の1つとみなされるが，現代では会計伝票を利用して取引内容を記入する実務が発達している。

　伝票会計制度のもとでの帳簿組織を図示すれば，**図表4－7**のとおりである。

図表4-7　伝票会計制度での帳簿組織

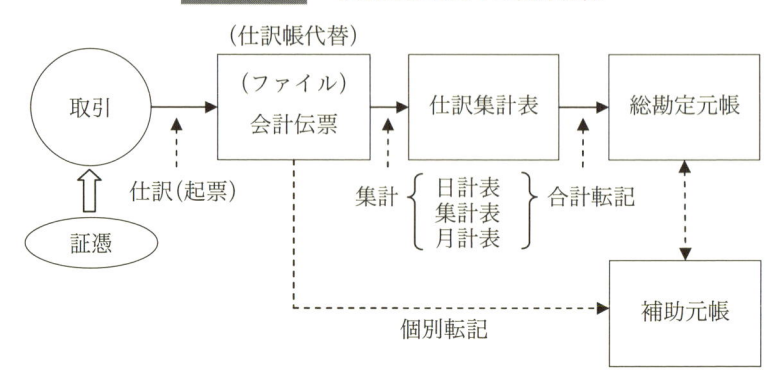

（図：取引→（仕訳帳代替）（ファイル）会計伝票→仕訳集計表→総勘定元帳、証憑→仕訳(起票)、集計｛日計表・集計表・月計表｝合計転記、個別転記→補助元帳）

　伝票会計制度は，どのような会計伝票を使用するかによって各種の類型がある。伝票会計制度の類型を整理して示せば，**図表4-8**のとおりである。

図表4-8　伝票会計制度の類型

（図：伝票会計制度｛単一伝票制——1伝票制／複数伝票制｛3伝票制／5伝票制｝｝×｛単葉式／複写式｝）

① 1伝票制

　1伝票制は，すべての取引を仕訳伝票（貸借仕訳伝票ともいう）のみを用いて処理する方法である。仕訳伝票は，取引の仕訳が記載できるように借方科目欄と貸方科目欄が設けられている。例えば，2013年2月15日に金田商店からP商品300個を＠￥1,000で仕入れ，代金￥300,000のうち￥150,000は小切手を振り出して支払い，残りは掛とした取引を，仕訳伝票に記入すれば次のとおりである。

| | 仕訳伝票 | | 主任 | | 記録 | | 係印 | |
| | 2013年2月15日 | | | | | | | |

No.24

科　目	元丁	借　方	科　目	元丁	貸　方
仕　入	14	300,000	当座預金	2	150,000
			買掛金	10/買1	150,000
合　計		300,000	合　計		300,000
摘要	金田商店からP商品300個（@¥1,000）仕入れ，小切手振出し					

② 3伝票制

　3伝票制は，取引の内容に応じて入金伝票，出金伝票および振替伝票の3つの伝票に分けて記入する方式である。現金の収入に伴う取引は入金伝票に，現金の支出を伴う取引は出金伝票に，そして現金の収支に関係ないその他の取引は振替伝票に記入される。例えば，次の各取引を3伝票に記入すれば下記のとおりである。

　3月2日　大阪商店に対する売掛金¥160,000を現金で回収した。
　　12日　京都商店から商品を仕入れ，代金¥130,000は現金で支払った。
　　22日　奈良商店に商品を販売し，代金¥210,000は掛とした。

入金伝票 No.15
2013年3月2日

科目	入金先	大阪商店 殿

摘要	金額
売掛金の回収	160,000
合計	160,000

科目：売掛金

出金伝票 No.29
2013年3月12日

科目	支払先	京都商店 殿

摘要	金額
商品の仕入	130,000
合計	130,000

科目：仕入

振替伝票 No.41
2013年3月22日

借方科目	金額	貸方科目	金額
売掛金	210,000	売上	210,000
合計	210,000	合計	210,000

摘要：奈良商店に掛売上

③ 5伝票制

5伝票制は，3伝票制の入金伝票，出金伝票および振替伝票の3つに加えて，仕入伝票と売上伝票の5伝票を用いる方式である。この5伝票制では，振替伝票には入金，出金，仕入および売上の各取引以外の取引が記入される。例えば，仕入および売上に関する次の取引を，5伝票制のもとでの仕入伝票および売上伝票に記入すれば，下記のとおりである。

5月18日　鎌倉商店からA商品100箱を@¥22,000で仕入れ，代金¥2,200,000は掛とした。

24日　松本商店にB商品40箱を@¥28,000で販売し，代金¥1,120,000は掛とした。

No.12　　　　　　　　　　仕入伝票　　　　主任／記録／係印
鎌倉商店　殿　　　　　　2013年5月18日

品　名	数量	単　価	金　額	摘　要
A商品	100箱	22,000	2,200,000	掛仕入
合　計			2,200,000	

No.19　　　　　　　　　　売上伝票　　　　主任／記録／係印
松本商店　殿　　　　　　2013年5月24日

品　名	数量	単　価	金　額	摘　要
B商品	40箱	28,000	1,120,000	掛売上
合　計			1,120,000	

会計伝票は，1枚ごとに転記することは煩雑となるため，1日分または1週間分をまとめて総勘定元帳に合計転記する。合計転記にあたっては，会計伝票の種類ごとに伝票集計表にまとめて直接に合計転記する方法と，伝票集計表の合計額をさらに仕訳集計表に集計して合計転記する方法とがある。

第5章

商品売買の処理

第1節　商品売買取引の記帳

1　商品売買の勘定処理

　卸売業や小売業のような商業の事業活動は，商品の売買を通じて営まれる。商業は製造業と違って製品を自ら生産することはしないので，取引先から商品を仕入れ，それを顧客に販売する。商業は，このように商品の売買取引の循環過程で利益を獲得することを目的としている。

　簿記上，商品売買取引は，普通商品売買と特殊商品売買に分けて取り扱われる。普通商品売買とは，商品引渡しや代金受取りによる取引形態のことである。これに対して，特殊商品売買とは，売買条件が特殊な契約形態の取引で，具体的には委託販売，試用販売，予約販売，割賦販売などがある。本書では普通商品売買について説明し，特殊商品売買については紙幅の都合で割愛する。

　商品の売買取引は商品勘定で処理する。まず，商品を仕入れたときに商品勘定の借方に記入し，商品を売り上げたときに商品勘定の貸方に記入する。借方への記入は商品の仕入値段（仕入原価または単に原価という）で行うが，貸方への記入は売り上げた商品の仕入原価（売上原価という）もしくは商品の売上値段（売上代価または単に売価という）で行う。

商　品

前期繰越高	当期売上高
当期仕入高 　　（仕入原価で記入）	（売上原価または 　　売上代価で記入）
	次期繰越高

　商品勘定の借方に記入されるのは，一般的には仕入先が送付した商品が当店に到着して検収したときである。他方，貸方に記入されるのは，得意先に商品を実際に引き渡したときか，引き渡すために当店より荷造りして発送したときである。仕入も売上も記帳後に，代金の仕入値引・売上割引や商品の戻し・戻りが例外的に発生する。その場合には，仕入と売上の取消しとしてそれぞれ商品勘定に貸借反対記入を行うことになる。

　商品勘定は資産勘定に属する勘定であるため，前期よりの繰越高が期首残高として借方に開始記入される。また，期末には次期繰越高が貸方に記入され締め切られる。

2　商品売買取引の記帳方法

　商品売買取引の記帳方法については，特に貸方への売上高の記入のあり方の違いによって各種の方法がある。

　まず，商品売買取引の記帳内容を構成する前期繰越記入，当期仕入記入および当期売上記入の3つの記入要素を，1つの商品勘定で処理するか複数の勘定に分けて処理するかによって，一勘定制（混合商品勘定制）と複数勘定制（分割勘定制）に分けられる。

　一勘定制は，1つの商品勘定に3つの記入要素が処理されるので，商品勘定は，資産勘定，費用勘定および収益勘定の3つの性質が混合した勘定科目となる。通常，各勘定科目は簿記5要素のいずれか単一の勘定系統に属する記入内容となっているが，複数の勘定系統を含む商品勘定はその性質を異にする。このような商品勘定は混合勘定と呼ばれる。

　複数勘定制は，商品売買取引の勘定処理を合理的に行うために，商品勘定に記入される内容をいくつかの勘定に分けて記入する。商品売買の記帳処理は，

期間末に帳簿決算を通じて次のような損益計算を行うための基礎となる。

（前期繰越高 ＋ 当期仕入高）－期末残高 ＝ 売上原価
売上高 － 売上原価 ＝ 商品販売益

したがって，このような損益計算が帳簿上で合理的に行えるように必要な勘定が設定されることになる。その場合には，それぞれの勘定には商品売買取引についての単一の内容が記入されるため，単独の勘定系統に属するものになる。混合勘定たる商品勘定を複数の勘定に分割するので，これを分割商品勘定制と呼ぶことができる。商品売買を複数の勘定に記入した場合は，上記の損益計算を行うために期間末に勘定間の振替記入手続が必要となる。

以上の商品売買取引の勘定処理関係を図示すれば，**図表5－1**のようになる。

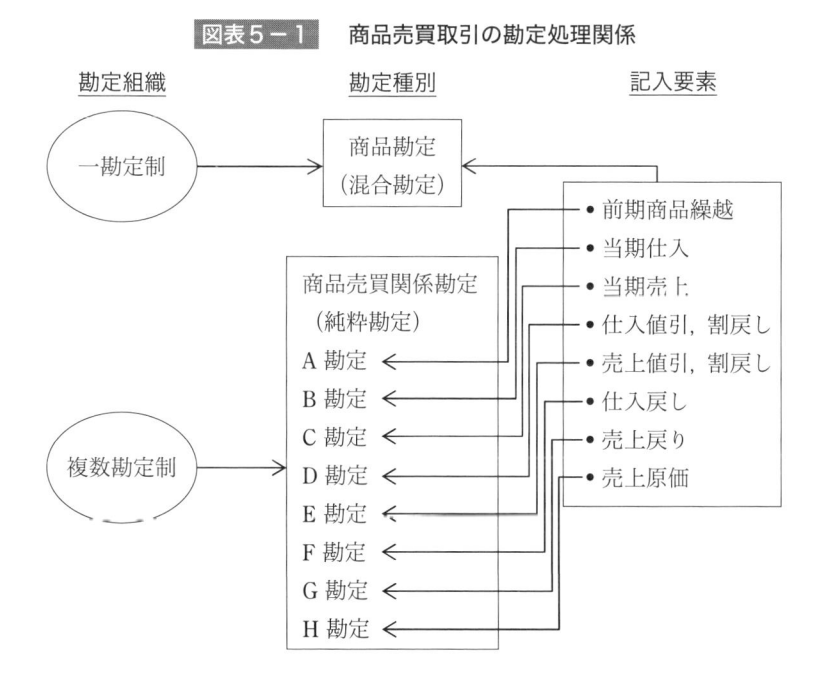

図表5－1　商品売買取引の勘定処理関係

勘定組織	勘定種別	記入要素
一勘定制	商品勘定（混合勘定）	・前期商品繰越 ・当期仕入 ・当期売上 ・仕入値引，割戻し ・売上値引，割戻し ・仕入戻し ・売上戻り ・売上原価
複数勘定制	商品売買関係勘定（純粋勘定） A勘定 B勘定 C勘定 D勘定 E勘定 F勘定 G勘定 H勘定	

3 返品・値引・割戻し・割引の処理

商品売買取引の記帳にあたっては，付随して発生する次の項目の処理が必要となる。

① 返　品：仕入戻しと売上戻り
② 値　引：仕入値引と売上値引
③ 割戻し：仕入割戻しと売上割戻し
④ 割　引：仕入割引と売上割引

返品とは，仕入商品または売上商品について品違いなどにより返品が発生することをいう。仕入商品を返品した場合が仕入戻しであり，売上商品が返品された場合が売上戻りである。仕入戻し品または売上戻り品がある場合には，仕入高または売上高からの控除として処理される。

値引とは，商品の量目不足，品質不良，裂傷破損等の理由により商品代価から一定の金額を控除することをいう。商品仕入に関して発生した場合が仕入値引であり，商品売上に関して発生した場合が売上値引である。仕入値引および売上値引は，それぞれ仕入高および売上高の取消しがあったものとみなし，仕入と売上の記入とは貸借反対に記入される。

割戻しとは，特定の取引先との間で一定期間に多額または多量の売買高があった場合に，代金の一部を減額することをいう。商品仕入について仕入代金の割戻しを受けた場合が仕入割戻しであり，商品売上について売上代金の割戻しを行った場合が売上割戻しである。仕入割戻しおよび売上割戻しは，値引の場合と同様に仕入高および売上高の取消しがあったものとみなし，それぞれ貸借反対に記入される。

返品，値引および割戻しは，商品仕入高または商品売上高からの控除として処理される。これの商品勘定への記入は，次のとおりである。

	商　品	
前期繰越高	仕入戻し高	
当期仕入高	仕入値引高	
売上戻り高	仕入割戻し高	
売上値引高	当期売上高	
売上割戻し高	次期繰越高	

　これに対して，割引とは，商品の掛売買によって発生した売掛金または買掛金が支払期日前に決済された場合に，代金の一部（一定割合）を減額することをいう。仕入代金について割引を受けた場合が仕入割引であり，売上代金について割引を行った場合が売上割引である。割戻しが商品**売買**という事業取引に関係する減額（事業割引：トレード・ディスカウント）であるのに対して，割引は期日前決済という金融取引に関係する減額（現金割引：キャッシュ・ディスカウント）である。

　したがって，仕入割引または売上割引は，仕入高または売上高の取消しとして処理するのではなく，買掛金または売掛金の決済にあたって代金として受払いの行われる現金の減額分（現金割引）として処理される。仕訳例で示せば，次のとおりとなる。この例では，代金￥10,000の2％について現金割引を行ったと仮定している。

（仕入割引の場合）
　　（借）買　　掛　　金　　10,000　　（貸）現　　　　　金　　9,800
　　　　　　　　　　　　　　　　　　　　　　仕　入　割　引　　　200

（売上割引の場合）
　　（借）現　　　　　金　　 9,800　　（貸）売　　掛　　金　　10,000
　　　　　売　上　割　引　　　 200

第2節　分記法と総記法

1　分記法の記帳

　商品売買の記帳では，商品の仕入は商品勘定の借方に，商品の販売は商品勘定の貸方に記入する。この場合，商品の販売に伴う利益（商品販売益または単に販売益という）を，商品勘定から分離して他の勘定に記帳するか，それとも商品勘定に含めて記帳するかの違いによって分記法と総記法の2つの方法がある。

　商品の仕入については，分記法でも総記法でも同様に，商品勘定の借方に仕入原価で記入する。たとえば，＠¥1,000の商品を100個仕入れて，その代金は掛にした取引を記帳すれば，次のとおりである。

① 商品仕入の処理
　　（借）商　　　　品　　100,000　　（貸）買　掛　金　　100,000

```
         商　　品                         買掛金
買掛金  100,000  |                        | 商　品  100,000
```

　次に，上記の商品100個を＠¥1,300で掛販売したとすれば，分記法による記帳は次のとおりである。

② 商品販売の処理
　　（借）売　掛　金　　130,000　　（貸）商　　　　品　　100,000
　　　　　　　　　　　　　　　　　　　　　商 品 販 売 益　　30,000

```
         売掛金                           商　　品
諸　口  130,000  |              買掛金  100,000 | 売掛金  100,000

                                         商品販売益
                                                | 売掛金   30,000
```

このように分記法では，商品の販売のつど販売商品の売上原価と販売益とを計算して，それぞれ商品勘定の貸方と商品販売益勘定（または単に販売益勘定）の貸方に記入する。

分記法によれば，商品勘定の借方には商品の仕入原価が，貸方には売り上げた商品の仕入原価（すなわち売上原価）が記入されることになる。したがって，商品勘定の借方残高は常に手許の商品の仕入原価を示すことになる。分記法の場合の商品勘定は資産勘定としての性格をもっていることがわかる。

分記法は，商品勘定が商品という資産の手許有高を示す勘定であるところから，日々の勘定記入を通じて手許商品の正確な管理が行えるという利点がある。また，分記される商品販売益勘定への記入によって商品販売益が直接把握できるという点でもすぐれている。ただし，このような分記法を適用するためには，商品の販売のつど当該商品の売上原価と販売益が正しく計算されなければならない。

1個の売上代価が比較的高い特定の少数の商品を販売する貴金属販売業のような業種にあっては，商品売買の処理方法として分記法を適用することが可能である。しかしながら，多種類の商品を多数回にわたって売買する一般の商品販売業の場合には，販売のつど売上原価を確認して販売益を分記する手続はかなり困難である。

さらに，分記法は商品の販売という1つの取引を人為的に商品勘定と商品販売益勘定に分解して記帳するものであり，取引をありのまま記録するという本来の取引の記帳原則からは適当な方法ではないとの批判がある。

2 　総記法の記帳

商品売買についての分記法は，簿記の初学者には理解しやすいため，簿記教育上は最初に説明されるのが通例である。しかしながら，上述のとおり，商品販売のつど売上原価と販売益を分離計算することは一般的には困難である。

そこで，売上原価と販売益を分記する方法に代えて，商品勘定の貸方に売上原価ではなく売上代価（売価）で記入し，商品販売益勘定は設定しない記帳方法が採用される。この場合，商品勘定の借方には仕入原価が，商品勘定の貸方には販売益が含まれた売上代価が記入される。このような記帳方法を総記法と

呼んでいる。

総記法による商品売買の処理を，上記の分記法の記入例について示せば，次のとおりである。

① 商品仕入の処理

(借) 商　　　　品　100,000　　(貸) 買　　掛　　金　100,000

商　品		買掛金	
買掛金　100,000			商品　100,000

② 商品販売の処理

(借) 売　　掛　　金　130,000　　(貸) 商　　　　品　130,000

売掛金		商　品	
商　品　130,000		買掛金　100,000	売掛金　130,000

総記法によって記帳した場合，商品勘定の借方には仕入原価（原価）が記入される一方，商品勘定の貸方には売上代価（売価）が記入されるため，商品勘定の貸借差額は意味のある金額とはならない。

通常は期首に商品の前期繰越高があり，期末には商品の未販売高（在庫）がある。例えば，上の例で商品の前期繰越高が¥8,000あり，期末手許有高（次期繰越高）が12個（@¥1,000）だったとすれば，商品勘定の記入は次のようになる。

商　品	
前期繰越高　　8,000	当期売上高 130,000
当期仕入高 100,000	

この商品勘定の借方合計¥108,000（原価）と貸方合計¥130,000（売価）との差額¥22,000は，その期の商品販売益を意味しない。売上高に対応する売上原価と商品販売益は，総記法による商品勘定においては直接的には明示されないのである。ここでは，次期に繰り越される商品（資産勘定），売上商品原価（費用勘定）および売上高（収益勘定）の3つの異なる記入内容が，1つの商品勘定に含まれている。このような勘定を混合勘定と呼ぶことは先に述べた。

総記法の場合には，決算期末に売上原価の計算と販売益の算定が必要となる。そのために，期末で商品残高を調査し（これを棚卸という），これによって売上原価を計算する。そして，この売上原価を売上高から控除して販売益を算出することになる。混合勘定たる商品勘定でのこのような計算は，商品勘定の貸方に商品の期末棚卸高を記入することにより，貸方残高が販売益として算出される。

　ここで総記法による商品勘定の期末決算（損益振替および残高振替）後の記入面を示せば，次のとおりである。なお，ここでは損益勘定に振り替えられる￥34,000が，当期の商品販売益ということになる。

商　品

前期繰越高	8,000	当期売上高	130,000
当期仕入高	100,000	次期繰越高	12,000
損　益	34,000		
	142,000		142,000
前期繰越高	12,000		

3　売上原価計上法

　分記法と総記法とは，商品販売益を商品勘定から分離して記入するか否かの違いによる記帳方法であるが，これとは別に売上高や売上原価が総額で記録され，商品売買取引を忠実に反映する記帳方法として簿記実務において売上原価計上法（または売上原価対立法ともいう）が用いられることがある。売上原価計上法では，商品を仕入れたときに商品勘定の借方に原価で記入し，商品を販売したときに売上勘定の貸方に売価で記入するとともに，これに対応する売上商品の原価を商品勘定の貸方から売上原価勘定の借方へ振替記入する。

　例えば，原価￥60,000の商品を掛で仕入れ，後日当該商品を￥80,000で掛で売り上げ，さらに売り上げた商品のうち￥16,000が返品された取引を，売上原価計上法で記帳すれば次のとおりである。

① 商品仕入の処理

(借) 商　　　　品　　60,000　　(貸) 買　掛　　金　　60,000

商　　品	
買掛金　60,000	

買掛金	
	商　品　60,000

② 商品販売の処理

(借) 売　掛　　金　　80,000　　(貸) 売　　　　上　　80,000
　　　売　上　原　価　　60,000　　　　　商　　　　品　　60,000

③ 商品戻りの処理

(借) 売　　　　上　　16,000　　(貸) 売　掛　　金　　16,000
　　　商　　　　品　　12,000　　　　　売　上　原　価　　12,000

売掛金	
売　上　80,000	売　上　16,000

商　品	
買掛金　60,000	売上原価　60,000
売上原価　12,000	

売上原価	
商　品　60,000	商　品　12,000

売　上	
売掛金　16,000	売掛金　80,000

　売上原価計上法によれば，商品勘定は資産勘定として日々の商品の手許有高（借方残高）を示し，売上原価勘定は費用勘定として販売益計算に必要な売上原価（借方残高）を示すことになる。

　売上原価計上法では，売上勘定の貸方残高が当期売上高を示し，売上原価勘定の借方残高が売上商品の売上原価を示すので，決算にあたって損益勘定への振替手続により商品販売益が算出される。

　しかしながら，売上原価計上法では，分記法と同じく商品の販売のつど，当該売上商品の原価（売上原価）を計算しなければならない。そのためには，すべての取扱商品についてその受入・払出を継続的に記録管理する必要がある。したがって，スーパーや百貨店のように多種類の商品を売買する小売業などに適用するのは実務上困難である。

第3節　三分法の記帳

1　商品勘定の分割

　商品売買取引を総記法で処理する場合，単一の商品勘定に商品繰越高，仕入高および売上高を記入することになる。この方法は単純で総括的ではあるが，商品売買取引の記帳管理の点で欠点が多い。そこで商品勘定の分割が行われる。

　商品勘定の分割は，商品売買取引に含まれる次の記入内容に対応して，各種分割法がある。

　① 　商品の前期繰越と次期繰越
　② 　商品の仕入
　③ 　商品の売上
　④ 　仕入戻しと売上戻り
　⑤ 　仕入値引と売上値引
　⑥ 　仕入割戻しと売上割戻し

　商品勘定の各種分割法を示せば，**図表５－２**のとおりである。

図表５－２　**商品勘定の分割法**

分割法	勘定科目
二分法	商品仕入，商品売上
三分法	繰越商品，仕入，売上
四分法	繰越商品，仕入，売上原価，売上
五分法	繰越商品，仕入，売上，仕入戻し値引，売上戻り値引
七分法	繰越商品，仕入，売上，仕入値引，売上値引，仕入戻し，売上戻り
八分法	繰越商品，仕入，売上，仕入値引，売上値引，仕入戻し，売上戻り，仕入諸掛り

　商品勘定の分割によっても商品売買取引に伴う商品販売益は，各勘定からはただちに明らかにされない。いずれの分割法でも，決算期末に期末商品棚卸高

を把握した上で売上原価と商品販売益を算定する記帳手続が必要である。

上記の各種分割法は，基本的には商品仕入と商品売上の両勘定から分岐したものである。決算にあたって商品販売益を算定するためには，これらの各勘定に分割記入された金額を集計しなければならない。このうち四分法では，繰越商品，仕入および売上の3勘定に加えて売上原価勘定を設定する。この場合は期首・期末の商品棚卸高と純仕入高を売上原価勘定に振り替えて，売上原価勘定の上で売上原価を算定し損益勘定に振り替える手続となる。

2　三分法による記帳

商品売買取引の記帳は，一般には商品勘定を3分割する三分法が広く採用されている。三分法では，繰越商品勘定，仕入勘定および売上勘定の3勘定が設定され，商品売買に伴うすべての記帳処理を行う。

これら3勘定への記入は，次のようになる。

① 繰越商品勘定には，期首に前期繰越高（期首商品棚卸高）を借方記入し，また，期末には次期繰越高（期末商品棚卸高）を貸方記入する。繰越商品勘定では期中の記入はない。繰越商品勘定は資産に属する勘定である。

② 仕入勘定には，商品の仕入時に原価で借方記入し，仕入戻しや仕入値引があった場合には貸方記入する。仕入勘定の借方残高は当期の純仕入高を示す。仕入勘定は費用に属する勘定である。

③ 売上勘定には，商品の売上時に売価で貸方記入し，売上戻りや売上値引があった場合には借方記入する。売上勘定の貸方残高は当期の純売上高を示す。売上勘定は収益に属する勘定である。

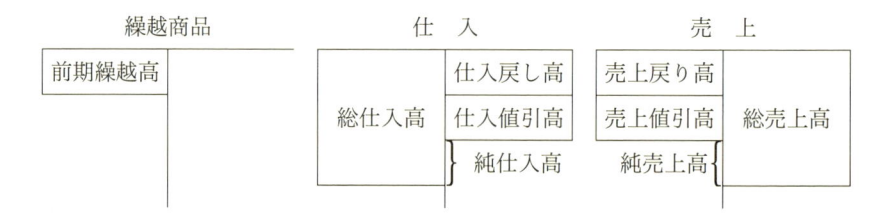

繰越商品	仕　入		売　上	
前期繰越高	総仕入高	仕入戻し高	売上戻り高	総売上高
		仕入値引高	売上値引高	
		純仕入高	純売上高	

次の例題によって，三分法による商品売買取引の処理を説明しよう。

8月5日 板戸商店から商品を仕入れ，代金¥200,000（@¥1,000×200個）は掛とした。
　10日 上記の仕入商品のうち15個については注文品と違ったため，板戸商店に返品した。
　15日 上記の商品80個を桜坂商店に@¥1,300で販売し，代金のうち¥30,000は現金で受け取り，残りは掛とした。
　20日 桜坂商店から上記売上商品のうち11個については，不良品につき値引の要求があったので，1個当たり¥100の売上値引を行った。

上記の商品売買取引について，三分法により仕訳と勘定記入を示せば，次のとおりである。

8/5	（借）	仕	入	200,000	（貸）	買	掛	金	200,000
10	（借）	買	掛	金	15,000	（貸）	仕	入	15,000
15	（借）	現	金	30,000	（貸）	売	上	104,000
		売	掛	金	74,000				
20	（借）	売	上	1,100	（貸）	売	掛	金	1,100

現　　金
―――――――――――――――
8/15 売　上　30,000 |

買掛金
―――――――――――――――
8/10 仕　入　15,000 | 8/5 仕　入　200,000

売掛金
―――――――――――――――
8/15 売　上　74,000 | 8/20 売　上　1,100

仕　　入
―――――――――――――――
8/5 買掛金 200,000 | 8/10 買掛金 15,000

売　　上
―――――――――――――――
8/20 売掛金　1,100 | 8/15 諸　口 104,000

3　売上原価と商品販売益の計算

三分法では，決算時に商品の期末棚卸高を把握して，次の算式によりまず当期の売上原価（費用）を計算する。

> 売上原価 ＝ （期首商品棚卸高 ＋ 当期商品純仕入高）－ 期末商品棚卸高

期末商品棚卸高は，単価×棚卸数量で計算されるが，期末棚卸数量の算定方法には，期末での実地棚卸に基づく棚卸計算法（実地棚卸法）と継続的な帳簿記録に基づく継続記録法（帳簿棚卸法）の2つがある。三分法は棚卸計算法に基づき期末商品棚卸数量を把握することを前提としている。

実地棚卸によって期末商品棚卸高が算出されると，上記の算式によって売上原価が計算されるが，勘定記入上は売上原価を算定する手続として，次の3つの方法がある。

① 仕入勘定で売上原価を算定する方法
② 新たに売上原価勘定を設けて算定する方法
③ 期首・期末の商品棚卸高および商品純仕入高を損益勘定に個別に振り替えて算定する方法

①の方法では，まず繰越商品勘定から期首商品棚卸高を仕入勘定の借方に振り替え，次に期末商品棚卸高を繰越商品勘定の借方と仕入勘定の貸方に記入する。

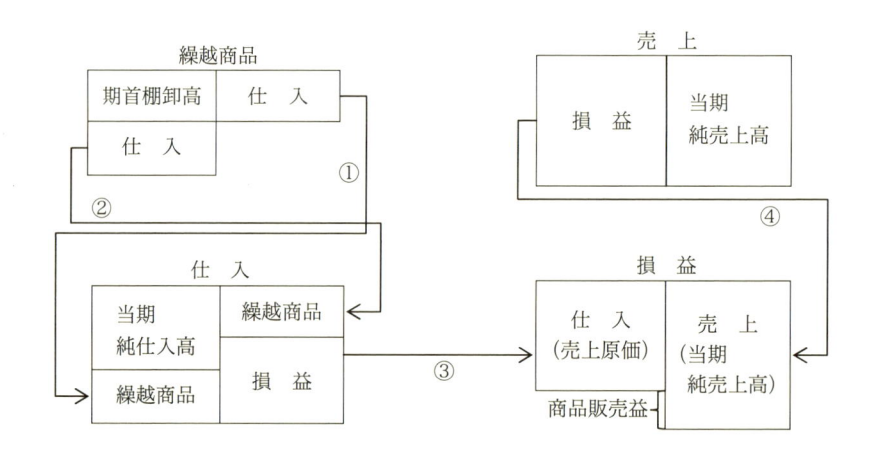

②の方法では，新たに売上原価勘定を設けて，繰越商品勘定と仕入勘定から期首・期末商品棚卸高と当期純仕入高を売上原価勘定に振り替える。

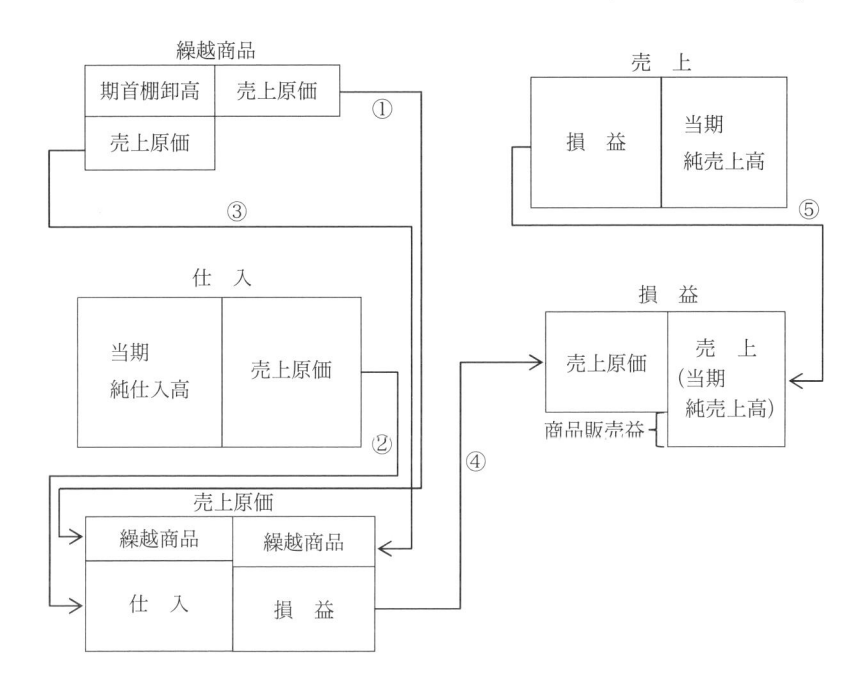

③の方法では，商品売買関係の3勘定での記入内容をそれぞれ直接に損益勘定に振り替え，損益勘定の中で売上原価の集計計算が行われる。

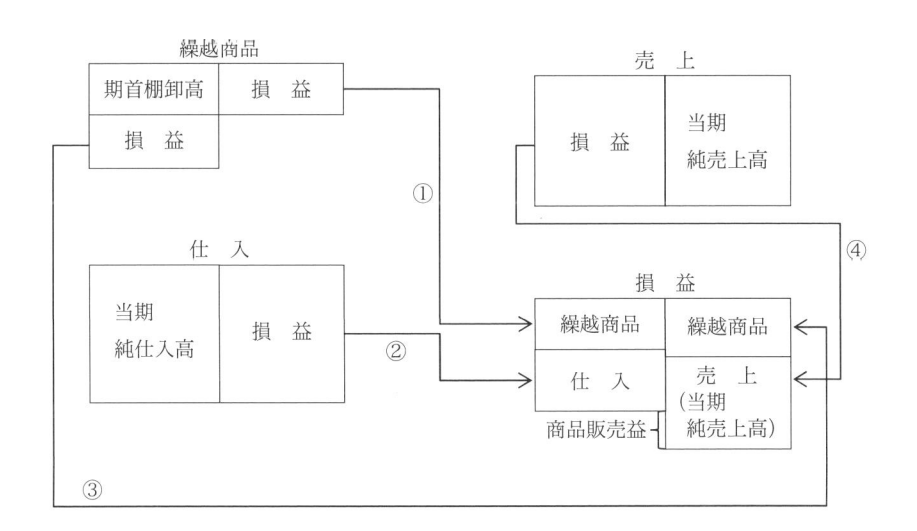

第4節　仕入帳と売上帳

1　商品売買取引の補助簿記入

　複式簿記の構造を支える基本的な帳簿組織は，単一仕訳帳・元帳制である。このシステムでは，取引を単一の仕訳帳に仕訳記入し，これから単一の元帳に転記することで記帳目的は達成されることになる。

　しかしながら，特定の取引について仕訳帳や元帳の記入を補うために，必要に応じて補助簿が作成されることについては先に述べたとおりである。商品売買取引の記帳においては，商品の仕入については仕入帳が，また，商品の販売については売上帳が補助簿として用いられる。仕入帳と売上帳への記入によって，それぞれの取引の内容が詳細に記録管理されることになる。

　仕入帳および売上帳は同一の帳簿形式であり，次のとおりである。

仕　入　帳（売上帳も同じ）

日付	摘　　　要	内　訳	金　額

　仕入帳および売上帳には，日付，取引先，商品名，数量，単価，支払方法，代金などの明細が記入される。日付欄の次に「送り状 No.」欄を設け，送り状（インボイス，納品書のこと）との照合ができるようにすることもある。

　仕入帳および売上帳の作成にあたっては，次の諸点に注意しなければならない。
① 　同じ日付で複数の商品取引があった場合は，種類ごとに代金を内訳欄に記入すること
② 　商品代金の値引や商品の戻し・戻りについては赤字で記入すること
③ 　仕入諸掛りは仕入帳へ区別して記入し，取引ごとに仕入代金と合計して記入すること
④ 　帳簿の締切りは，金額欄の合計額から商品代金値引高および商品戻し高・

戻り高を控除して純仕入高または純売上高を計上する手続によること

なお，仕入帳と売上帳を用いている場合には，商品売買の明細はこれらの帳簿でわかるので，仕訳帳の摘要欄に取引内容を小書する必要はない。ただし，掛売買の場合には相手先のみ小書するのが慣例である。

2　仕入帳の記帳

商品の仕入取引について，次の例によって仕入帳への記入手続を示そう。

6月4日　陶器・磁器販売業を営んでいる金谷商店は，石田商店から商品の陶器20箱（@¥21,000）を仕入れ，代金は掛にした。
　　11日　山形商店から商品の陶器10箱（@¥23,000）と磁器15箱（@¥36,000）を仕入れ，代金は掛にした。
　　15日　上記の山形商店から仕入れた磁器の中に注文品と違うものがあり，3箱を返品した。
　　19日　松山商店から陶器15箱（@¥25,000）を仕入れ，¥125,000は現金で支払い，残りは掛にした。なお，引取運賃¥4,500は現金で支払った。
　　21日　上記の松山商店から仕入れた陶器に不良品が2箱あったため値引を要求したところ，1箱につき¥1,000の値引を受けた。値引額は買掛金から差し引くことにした。

以上の取引は仕訳帳に仕訳記入するが，同時に補助記入帳の仕入帳にも取引の明細が記入され，仕入取引の正確な管理が行われる。

まず仕訳を示せば，次のとおりである。

6/4	(借)	仕		入	420,000	(貸)	買　掛　金		420,000
11	(借)	仕		入	770,000	(貸)	買　掛　金		770,000
15	(借)	買　掛　金			108,000	(貸)	仕	入	108,000
19	(借)	仕		入	379,500	(貸)	現	金	129,500
							買　掛　金		250,000
21	(借)	買　掛　金			2,000	(貸)	仕	入	2,000

次に金谷商店の仕入取引を仕入帳に記入し帳簿を締め切ると，次のようになる。

仕　入　帳

日付		摘　　　要		内　訳	金　額
6	4	石田商店　　　　　　　　　　　　掛			
		陶　器　20 箱　@￥21,000			420,000
	11	山形商店　　　　　　　　　　　　掛			
		陶　器　10 箱　@￥23,000		230,000	
		磁　器　15 箱　@￥36,000		540,000	770,000
	15	山形商店　　　　　　　　　　掛返品			
		磁　器　3 箱　@￥36,000			108,000
	19	松山商店　　　　　　　　現金および掛			
		陶　器　15 箱　@￥25,000		375,000	
		引取運賃現金払い		4,500	379,500
	21	松山商店　　　　　　　　　　掛値引			
		陶　器　2 箱　@￥1,000			2,000
			総仕入高		1,569,500
			仕入戻し・値引高		110,000
			純仕入高		1,459,500

（注）太字は赤字記入を示す。

3　売上帳の記帳

商品の販売取引について，次の例によって売上帳への記入手続を示そう。

6月7日　陶器・磁器販売業を営んでいる金谷商店は，藤沢商店へ原価@￥21,000 の陶器 13 箱を @￥27,000 で販売し，代金は掛にした。

　　10日　上記藤沢商店へ販売した陶器に破損品が2 箱あり，1 箱につき￥2,000 の代金の値引を承諾した。

　　16日　神戸商店へ原価 @￥21,000 の陶器 7 箱を @￥27,000 で，また，原価 @￥36,000 の磁器 11 箱を @￥43,000 で販売し，代金は掛にした。なお，商品の発送費用￥6,200 は現金で支払った。

　　20日　上記神戸商店へ販売した磁器 2 箱が品違いにより返品されてき

た。

24日　大山商店へ原価@¥23,000の陶器10箱を@¥28,000で販売し，代金のうち半額は現金で受け取り，残り半額は掛にした。

26日　藤沢商店へ原価@¥25,000の陶器12箱を@¥31,000で販売し，代金は掛にした。なお，商品の発送費用¥5,600は現金で支払った。

以上の商品販売取引の仕訳を示せば，次のとおりである。

6/7	(借)	売	掛	金	351,000	(貸)	売	上	351,000
10	(借)	売		上	4,000	(貸)	売 掛	金	4,000
16	(借)	売	掛	金	662,000	(貸)	売	上	662,000
		発	送	費	6,200		現	金	6,200
20	(借)	売		上	86,000	(貸)	売 掛	金	86,000
24	(借)	現		金	140,000	(貸)	売	上	280,000
		売	掛	金	140,000				
26	(借)	売	掛	金	372,000	(貸)	売	上	372,000
		発	送	費	5,600		現	金	5,600

次に金谷商店の販売取引を売上帳に記入し，帳簿を締め切ると，次のようになる。

売 上 帳

日付		摘　　要	内　訳	金　額
6	7	藤沢商店　　　　　　　　　　掛		
		陶　器　13箱　@￥27,000		351,000
	10	藤沢商店　　　　　　　　　掛値引		
		陶　器　2箱　@￥2,000		**4,000**
	16	神戸商店　　　　　　　　　　掛		
		陶　器　7箱　@￥27,000	189,000	
		磁　器　11箱　@￥43,000	473,000	662,000
	20	神戸商店　　　　　　　　　掛返品		
		磁　器　2箱　@￥43,000		**86,000**
	24	大山商店　　　　　　　　現金および掛		
		陶　器　10箱　@￥28,000		280,000
	26	藤沢商店　　　　　　　　　　掛		
		陶　器　12箱　@￥31,000		372,000
		総売上高		1,665,000
		売上戻り・値引高		90,000
		純売上高		1,575,000

(注) 太字は赤字記入を示す。

第5節　商品有高帳

1　商品の帳簿管理

　商品の継続的な帳簿管理のために，補助簿（補助元帳）として商品有高帳が作成される。商品有高帳には商品の種類ごとに，その受入れ，払出しおよび残高について数量，単価，金額が記録される。単価と金額はすべて原価で記入される。

　この帳簿への記録で常に商品の手許有高が明らかになるので，商品の在庫管理に用いられる。さらに，商品の仕入原価と払出価額が記入されるため，決算期末において商品の期末棚卸高と売上原価を計算する際に役立つ。

　商品有高帳の帳簿形式を示せば，次のとおりである。

商品有高帳
(品名) ×××

日付	摘要	受入			払出			残高		
		数量	単価	金額	数量	単価	金額	数量	単価	金額

商品有高帳の作成にあたっては，次の点に注意しなければならない。
① 受入欄には前期繰越高および仕入高を，払出欄には売上原価をそれぞれ記入すること
② 仕入戻しや仕入値引は払出欄に記入すること（受入欄に赤字で記入する方法もある）
③ 売上戻りは受入欄に記入すること(払出欄に赤字で記入することもある)
④ 売上値引は商品有高と関係がないので記入しないこと
⑤ 帳簿の締切りは，残高欄の最後の数量，単価，金額を払出欄に赤字で繰越記入し，受入欄と払出欄の数量と金額が一致することを確認すること

なお，商品有高帳は決算期末に締め切って商品の期末棚卸高と売上原価（売上純払出原価）を算出すればよいが，商品管理をきめ細かく行うため毎月末に締め切ることもある。

2　棚卸計算と払出単価

商品有高帳で商品の受入れと払出しを記入して商品管理を行うためには，商品の数量記録と金額計算が必要となる。商品有高は「単価×数量」として計算されるからである。

まず，商品の数量を把握する方法（棚卸方法という）には，継続記録法（帳簿棚卸法）と棚卸計算法（実地棚卸法）の2つがある。継続記録法は，商品の品目別に受入数量と払出数量を継続的に記録することで，帳簿上の棚卸数量を把握する方法である。この場合の期末棚卸数量の計算は次のようになる。なお，当期払出数量は帳簿記録から直接把握することができる。

（期首棚卸数量 ＋ 当期受入数量）－ 当期払出数量 ＝ 期末帳簿棚卸数量

これに対して棚卸計算法は，商品の受入数量だけを記録し，期中の払出数量については商品の実地棚卸によって間接的に計算する方法である。この場合の当期払出数量の計算は，次のようになる。

（期首棚卸数量 ＋ 当期受入数量）－ 期末実地棚卸数量 ＝ 当期払出数量

棚卸計算法の場合はもとより，継続記録法にあっても商品の実地棚卸は必要である。実施棚卸数量を把握することで商品保管中に生じた商品の減耗（紛失や目減りなど）を明らかにすることができる。

次に，商品の払出金額や残高金額を計算するためには，商品単価が確定しなければならない。品目ごとの仕入原価が単一であれば問題はないが，実際には仕入のつど（仕入口または仕入単位という）単価が異なるのが通常である。この場合には，どのような払出単価の決定方法を採用するかを決定しなければならない。

払出単価の決定方法には，次のようなものがある。
① 個別原価法（実際原価法ともいう）
② 口別原価法　ⅰ）先入先出法　ⅱ）後入先出法
③ 平均原価法　ⅰ）単純平均法　ⅱ）移動平均法　ⅲ）総平均法
④ 最終仕入原価法
⑤ 売価還元法（小売棚卸法ともいう）

個別原価法とは，個々の商品の受入れ時の実際単価をもって払出単価を決定し，期末棚卸高の計算に用いる方法である。商品の個別管理が可能な特定の商品もしくは業種にのみ適用される。

口別原価法の先入先出法（Fifo）とは，商品の流れを，先に受け入れた商品から順に払い出されると仮定して払出単価を決定し，期末棚卸高の計算に用いる方法で，買入順法ともいわれる。一方，後入先出法（Lifo）とは，商品の流れを，後に受け入れた商品から先に払い出されると仮定して払出単価を決定し，期末

棚卸高の計算に用いる方法で，買入逆法ともいわれる。

　平均原価法とは，複数の仕入原価を平均して払出単価を決定し，期末棚卸高の計算に用いる方法である。そのうち単純平均法は単価の合計を単純に平均して払出単価を決定する方法，移動平均法は単価の異なる商品の受入れのつど合計数量で合計金額を割って払出単価を決定する方法，そして総平均法は一定期間中の受入総数量で合計金額を割って払出単価を決定する方法である。

　最終仕入原価法とは，期末棚卸高の計算に最終の仕入商品の単価を用いる方法である。また，売価還元法とは，多種類の商品を扱う業種で用いられる一種の簡便法で，一定の商品グループごとに期末商品の売価合計額に原価率（仕入原価÷売価）を掛けることにより期末棚卸高を計算する方法である。

3　商品有高帳の記帳

　次の簡単な商品売買取引例について，先入先出法および移動平均法による商品有高帳への記帳手続を示そう。ここでは会計期間を1ヵ月と仮定し，帳簿を締め切り，期末残高の繰越記入を行うこととする。

7月1日	前期繰越	100個	@¥1,200	
5日	仕入	200個	@¥1,200	
8日	仕入戻し	10個	@¥1,200	
12日	売上	150個	@¥1,500	（売価）
15日	仕入	100個	@¥1,320	
20日	売上	140個	@¥1,700	（売価）
25日	仕入	100個	@¥1,290	
30日	売上	80個	@¥2,400	（売価）

① 先入先出法

商品有高帳
商品A

日付		摘要	受入			払出			残高		
			数量	単価	金額	数量	単価	金額	数量	単価	金額
7	1	前期繰越	100	1,200	120,000				100	1,200	120,000
	5	仕入	200	1,200	240,000				300	1,200	360,000
	8	仕入戻し				10	1,200	12,000	290	1,200	348,000
	12	売上				150	1,200	180,000	140	1,200	168,000
	15	仕入	100	1,320	132,000				{ 140	1,200	168,000
									100	1,320	132,000
	20	売上				140	1,200	168,000	100	1,320	132,000
	25	仕入	100	1,290	129,000				{ 100	1,320	132,000
									100	1,290	129,000
	30	売上				80	1,320	105,600	{ 20	1,320	26,400
									100	1,290	129,000
	31	次期繰越				{ 20	1,320	26,400			
						100	1,290	129,000			
			500		621,000	500		621,000			
8	1	前期繰越	{ 20	1,320	26,400				{ 20	1,320	26,400
			100	1,290	129,000				100	1,290	129,000

(注)仕入戻しは受入欄に赤字で記入する方法もある。返品は仕入の修正とみなし，受入欄でのマイナス項目とするのである。

② 移動平均法

商品有高帳
商品A

日付		摘要	受入			払出			残高		
			数量	単価	金額	数量	単価	金額	数量	単価	金額
7	1	前期繰越	100	1,200	120,000				100	1,200	120,000
	5	仕入	200	1,200	240,000				300	1,200	360,000
	8	仕入戻し				10	1,200	12,000	290	1,200	348,000
	12	売上				150	1,200	180,000	140	1,200	168,000
	15	仕入	100	1,320	132,000				240	1,250	300,000
	20	売上				140	1,250	175,000	100	1,250	125,000
	25	仕入	100	1,290	129,000				200	1,270	254,000
	30	売上				80	1,270	101,600	120	1,270	152,400
	31	次期繰越				120	1,270	152,400			
			500		621,000	500		621,000			
8	1	前期繰越	120	1,270	152,400						

先入先出法および移動平均法による商品有高帳の記帳から，決算に必要な売上原価と期末棚卸高の金額は，それぞれ次のようになる。ただし，売上原価は払出金額の合計から仕入戻し高を控除して算出する。

払出単価の計算方法	売上原価	期末棚卸残高
先入先出法	¥453,600	¥155,400
移動平均法	¥456,600	¥152,400

第 6 章

現金・預金の処理

第1節　現金の範囲と記帳

1　現金の管理と範囲

　現金は，企業の経営活動の過程で支払手段として重要な役割を果たす資産である。現金の受取りや支払いを伴う取引は日常的に多数発生するため，その正確な記帳が不可欠である。また，現金の保管中の不正や盗難を防止するため，その有効な管理が必要とされる。

　現金という場合には，一般的には法定通貨のことを指す。しかしながら，企業活動においては取引の決済手段として通貨以外に各種の証券類が利用されている。これらの通貨代用証券には，他人振出の当座小切手，送金小切手，送金為替手形，郵便為替証書，振替貯金払出証書，配当金領収書，支払期限の到来した公債・社債の利札などがある。

　一覧払いの通貨代用証券は，いつでもただちに現金化できる有価証券であるため，経済的実質を処理対象とする簿記では法定通貨と各種代用証券は同じ現金として処理する。

　小切手は，振出人（発行人）が取引銀行に当座預金を開設して，小切手記載の金額の支払いを委託した証券である。小切手の所有者が銀行窓口で呈示した場合には，いつでも発行人に代わって現金を支払う一覧払いの証券であるところから，これを受け取ったときは現金として扱うのである。

　保有する会社の株式について配当金領収書が送られてきたときや，公債・社

債の利払日が到来したときは，いつでも指定銀行にこれらの領収書や利札を呈示して現金を受け取ることができる。

　送金為替手形や郵便為替証書は，取扱銀行や郵便局に持参すれば現金を受け取ることができるので，記帳にあたっては通貨と同じく現金として扱うことになる。

　企業は，現金の保管に伴うリスクを回避し，入金・出金の事務コストを削減する目的で，できるだけ手持ちの現金を少なくするように努めている。現金による受払いに代えて銀行振込や小切手を利用するのが一般的である。ただし，頻繁に発生する少額の支払いのために，一定額の小口現金を支払担当者が管理する方式が採られている。

2　現金勘定の処理

　簿記上，現金を受け入れたときには現金勘定の借方に記入し，現金を支払ったときには現金勘定の貸方に記入する。現金勘定は資産に属する勘定であるため，常に借方に残高が生じる。したがって，現金勘定の借方残高が現金の手許有高を示すことになる。

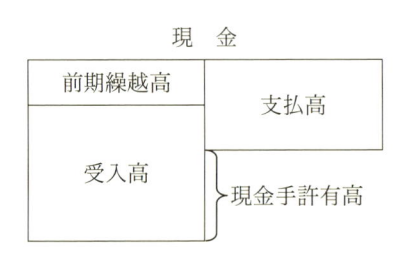

```
            現　金
    ┌─────────┬─────────┐
    │ 前期繰越高 │         │
    │         │  支払高   │
    │         ├─────────┤
    │  受入高  │         │
    │         │→現金手許有高│
    └─────────┴─────────┘
```

設例6−1

　次の各取引を仕訳し，現金勘定への記入を示しなさい。

4月2日　三浦商店から商品を仕入れ，代金￥45,000のうち￥25,000は現金で支払い，残りは掛にした。

　　5日　山本商店から売掛金￥30,000を送金小切手で受け取った。

　　10日　収入印紙￥12,000と郵便切手￥8,600を買い入れ，代金は現金で

　　　　支払った。
　15日　長谷川商店に商品￥78,000を販売し，代金のうち￥50,000は同店振出の小切手で受け取り，残りは掛とした。
　20日　関西商事への売掛金￥25,000を，先に当店が横浜商店宛てに振り出した小切手で回収した。
　25日　三浦商店に対する買掛金￥20,000を現金で支払った。

(解 答)

　上記取引の仕訳は，次のとおりである。

4/2	(借)	仕　　　入	45,000	(貸)	現　　　金	25,000		
					買　掛　金	20,000		
5	(借)	現　　　金	30,000	(貸)	売　掛　金	30,000		
10	(借)	租 税 公 課	12,000	(貸)	現　　　金	20,600		
		通　信　費	8,600					
15	(借)	現　　　金	50,000	(貸)	売　　　上	78,000		
		売　掛　金	28,000					
20	(借)	当 座 預 金	25,000	(貸)	売　掛　金	25,000		
25	(借)	買　掛　金	20,000	(貸)	現　　　金	20,000		

　現金勘定への記入を示せば，次のようになる。ここでは4月1日を期首とし，現金の前期繰越残高は￥65,000と仮定する。

現　金

4/1	前期繰越	65,000	4/2	仕　　入	25,000
5	売　掛　金	30,000	10	諸　　口	20,600
15	売　　上	50,000	25	買　掛　金	20,000

　現金の受払いに小切手を利用する場合，簿記上は，他人振出の小切手を受け取ったとき現金の増加とするが，自己振出の小切手を受け取ったときは当座預金の増加として扱う。郵便切手は通貨代用証券には含まれないので，現金の増加ではなく通信費の発生として処理する。また，領収書等に貼り付ける収入印紙は印紙税の支払いであり，租税公課として計上する。

3　現金出納帳の記入

　現金取引は，仕訳帳で仕訳記入され元帳の現金勘定に転記される。現金の受払いと手許有高の記録管理のために，現金取引の明細を補助簿の現金出納帳に記入する。現金出納帳には日付順に収入と支出を記入するとともに，常に残高が明示されるようになっている。また，取引内容は摘要欄に詳細に記入される。
　現金出納帳の帳簿形式は，次のとおりである。

現金出納帳

日　付	摘　　　要	収　入	支　出	借/貸	残　高

　通常，現金出納帳は，記入漏れ・誤りや現金の盗難・紛失を防止もしくは発見する目的で，1ヵ月ごとに集計して月末残高を次月に繰り越して帳簿締切を行うこととしている。

設例6-2

　次の現金取引を現金出納帳に記入しなさい。
　5月1日　現金の前月繰越高は¥66,800である。
　　　5日　川口商店から商品を仕入れ，代金¥45,000は現金で支払った。
　　　8日　山崎商店から売掛金¥35,000を同店振出の小切手で受け取った。
　　 14日　松本商店に買掛金¥28,000を現金で支払った。
　　 17日　後藤商店に商品を売り上げ，代金¥42,500は現金で受け取った。
　　 22日　手持の他人振出小切手2枚¥24,000を銀行に預け入れた。
　　 24日　月山商事から売掛金¥46,000を現金で受け取った。
　　 25日　5月分の給料¥38,000を現金で支払った。
　　 28日　消耗品を購入し，代金¥6,000を現金で支払った。
　　 30日　今月分の家賃¥25,000を現金で支払った。
　　 31日　現金の帳簿残高と手許有高が一致していることを確認した。

解 答

現金出納帳

日付		摘　　　要	収　入	支　出	借/貸	残　高
5	1	前月繰越高	66,800			66,800
	5	川口商店に仕入代金を支払う		45,000		21,800
	8	山崎商店から売掛金を小切手で受け取る	35,000			56,800
	14	松本商店に買掛金を支払う		28,000		28,800
	17	後藤商店から売上代金を受け取る	42,500			71,300
	22	手持の小切手2枚を銀行に預入れ		24,000		47,300
	24	月山商事から売掛金を受け取る	46,000			93,300
	25	5月分の給料を支払う		38,000		55,300
	28	消耗品を購入し，代金を支払う		6,000		49,300
	30	今月分の家賃を支払う		25,000		24,300
	31	次月繰越高		24,300		
			190,300	190,300		
6	1	前月繰越高	24,300			24,300

現金出納帳の月末の締切手続は，次のような方法で行うこともできる。

5	30	今月分の家賃を支払う		25,000		24,300
	31		190,300	166,000		
	〃	次月繰越高		24,300		
			190,300	190,300		
6	1	前月繰越高	24,300			24,300

第2節　現金過不足の処理

1　現金過不足の発生

　現金の増減については現金勘定に記録されると同時に，その明細は補助簿たる現金出納帳に正確に記入される。したがって，元帳の勘定残高と出納帳の残高は常に一致すべきであり，また，これらの帳簿残高と手許有高が一致しなければならない。

　しかしながら，ときに現金の帳簿残高と手許有高が一致しない場合がある。両者が一致しない場合には，その原因を調査しなければならない。不一致の発生原因としては，主に次のようなことが考えられる。

　①　現金の受払いについての記入漏れがあった場合
　②　現金の保管中に紛失・盗難等があった場合
　③　帳簿記入にあたっての記入ミスがあった場合

　現金の手許有高が帳簿残高と一致しない事態は，a）手許有高が帳簿残高より多いケースと，b）手許有高が帳簿残高より少ないケースの2つがある。前者は現金過剰といい，後者は現金不足という。

　調査の結果，帳簿残高と手許有高の不一致の原因が判明した場合には，ただちに記録の修正を行う必要がある。例えば，現金の手許有高が¥92,000不足であることが発見されたが，その原因を調べた結果，①通信費¥12,000を支払っていたのに記入漏れであったことと，②経理課金庫に保管中の現金¥80,000が盗難に遭っていたことがわかった場合，これらの修正仕訳記入を示せば，次のとおりである。

　①　（借）通　信　費　　12,000　（貸）現　　　金　　12,000
　②　（借）雑　　　損　　80,000　（貸）現　　　金　　80,000

　手許現金の過剰もしくは不足が発見されて，調査してもただちにはその一部または全部について発生原因が不明であった場合，期中においては一時的に未決算処理を行うことにする。この場合，基本的には帳簿残高を手許有高に修正する方法で記帳処理を行うことになる。

2　現金過不足の記帳処理

　現金の手許有高が帳簿残高を上回る現金過剰と逆に下回る現金不足の事態を一括して，簿記上は現金過不足の発生ととらえて適切な記帳処理を行う。

　いうまでもなく現金の管理にあたっては，帳簿残高と手許有高とを毎日照合してミスや不正が生じないようにしなければならない。業務の都合で毎日のチェックが無理なら，少なくとも週単位もしくは月単位での残高照合が求められる。残高照合時に両者の不一致が発見され，しかもその原因がただちには判明しない場合には，その原因が明らかになるまで手許現金の過剰・不足の事実を一時的に「現金過不足勘定」に記帳して管理する。

　現金過不足勘定は一種の未決算勘定（金額や科目名が未確定のため，確定するまで暫時的に処理する仮勘定のこと）であるが，その期中の記帳は次のようになる。

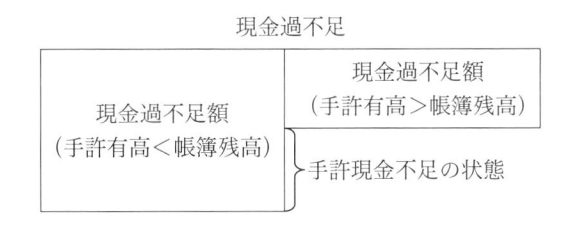

現金過不足

現金過不足額 （手許有高＜帳簿残高）	現金過不足額 （手許有高＞帳簿残高）
	手許現金不足の状態

　上記の現金過不足勘定は借方残高となっているが，これは現金の手許有高が不足している状態を示している。逆に手許有高が過剰な場合には，現金過不足勘定は貸方残高を示すことになる。次の取引例で現金過不足の記帳処理を示そう。

設例6－3

　月末に手許の現金を実査したところ，以下のことが判明したため必要な記帳処理を行った。
① 手許有高が会計帳簿の残高より¥38,000不足していることが明らかとなった。

②　その後の調査で，上記現金不足額のうち¥18,000は交通費の記入漏れであることがわかった。
③　さらに従業員のクリーニング代の¥11,000の立替払い分が記入忘れとなっていることが判明した。
④　出張中の従業員が帰任後精算した仮払金の支出のうち，支払手数料¥43,000を誤って¥34,000と記帳してあったことが判明した。

解答

①	(借)	現 金 過 不 足	38,000	(貸)	現　　　　金	38,000
②	(借)	交 通 費	18,000	(貸)	現 金 過 不 足	18,000
③	(借)	立 替 金	11,000	(貸)	現 金 過 不 足	11,000
④	(借)	支 払 手 数 料	9,000	(貸)	現 金 過 不 足	9,000

3　現金過不足の期末処理

　現金過不足については，手許現金の過剰額は現金過不足勘定の貸方に，不足額は現金過不足勘定の借方にそれぞれ記入しておき，原因が判明した場合にはそのつど修正処理を行って正しい記録にしなければならない。しかしながら，決算期末に至ってもなお原因が不明な場合は，過剰額は雑益勘定に，不足額は雑損勘定に振り替えて処理する。

　実務上，現金管理の厳正さを維持するためには，手許現金の過剰時の金額で不足時の金額を相殺して，帳簿残高の調整を行うことがあってはならない。なぜなら，現金の簿外保管（簿外現金という）を生ずることとなり，会計不正の介入する余地を残すからである。

　現金過不足勘定の記入と期末処理の帳簿手続を図解して示せば，**図表6－1**のとおりである。

図表6-1　現金過不足の記帳処理

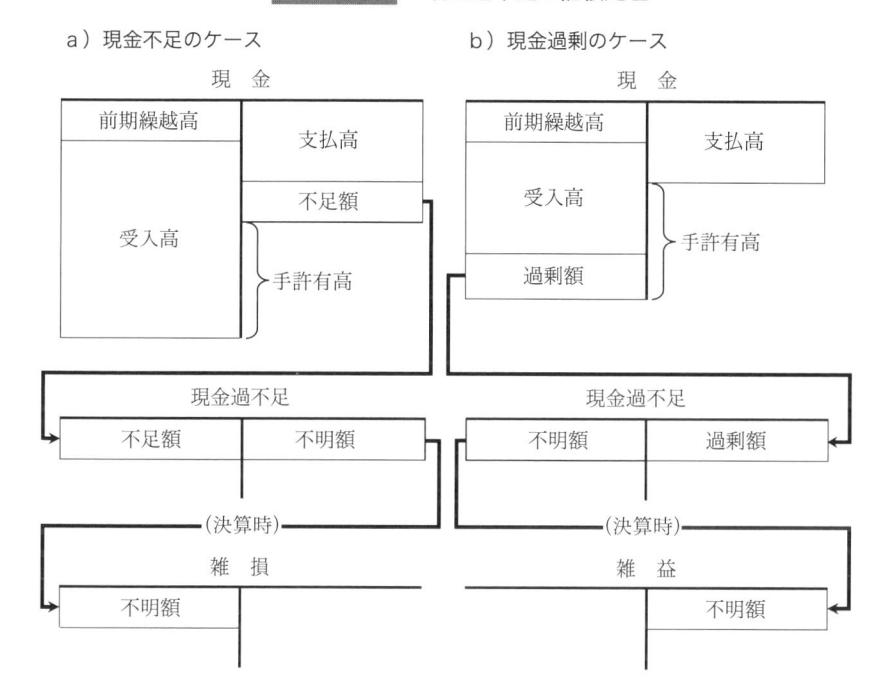

a) 現金不足のケース

現　金

前期繰越高	支払高
受入高	不足額
	手許有高

↓

現金過不足

不足額	不明額

（決算時）↓

雑　損

不明額	

b) 現金過剰のケース

現　金

前期繰越高	支払高
受入高	手許有高
過剰額	

↓

現金過不足

不明額	過剰額

（決算時）↓

雑　益

	不明額

設例6-4

次の①と②のそれぞれのケースについて，仕訳を示しなさい。

① 現金の手許有高が，帳簿残高よりも￥28,500超過していたので現金過不足勘定で記帳してあったが，そのうち￥20,000は受取家賃の未記入分と判明し，残りは原因の究明ができなかったので，期末処理を行った。

② 現金の手許有高が，帳簿残高よりも￥10,600不足していたので現金過不足勘定で記帳してあったが，その原因が不明のまま決算を迎えたので，期末処理を行った。

解答

① （借）現金過不足　28,500　（貸）受取家賃　20,000
　　　　　　　　　　　　　　　　　雑　益　　8,500

② (借) 雑　　　　損　　10,600　　(貸) 現 金 過 不 足　　10,600

第3節　預金の種類と記帳

1　預金の意義と種類

　企業は，銀行や郵便局などの金融機関に取引口座を開設し，現金の預入れや引出し，代金の振込みや小切手振出しなどの業務を行っている。このような銀行などの預金と郵便局の貯金の種類をまとめると，**図表6－2**のようになる。

図表6－2　預金・貯金の種類

```
銀行預金 ─┬─ 普通預金              郵便貯金 ─┬─ 普通郵便貯金
          ├─ 当座預金                          ├─ 定額郵便貯金
          ├─ 通知預金                          ├─ 定期郵便貯金
          ├─ 別段預金                          └─ 積立郵便貯金
          ├─ 定期預金
          ├─ 譲渡性預金
          └─ 外国通貨預金
```

　普通預金は，いつでも預入れと払戻しができる預金で，預金通帳かキャッシュカードによる利用がなされる。当座預金は，企業の取引活動を円滑に推進することに関連して重要な役割を担っている。当座預金は，企業の取引活動に伴う代金の受払いを銀行に代行させるために利用される。

　通知預金は，一定額以上の預入れを必要とし，払戻しは2日以前に通知が必要な預金のことである。別段預金は，未決済または未整理の一時的な預金のことで，株主配当金などを内容とするものである。定期預金は一定期間預入れ，契約期間が満了するまで，原則として払戻しが認められない預金のことである。

　譲渡性預金 (CD) は，自由に譲渡可能な期日指定方式の預金で，預金証書が発行される。金利は相対で自由に決めることが認められている。また，外国通貨預金は，国内における米ドルや EU ユーロなどの外国通貨による預金であり，外貨預金と略称される。

　なお，ここでいう預金・貯金には金銭信託も含まれる。金銭信託は，投資者

（委託者）が投資資金（信託資産）の運用を信託銀行（受託者）に委託してその運用益を獲得することを目的とするものである。

2　預金取引の処理

　上にあげた預金・貯金の取引については，預金・貯金の種類別に勘定口座を設けて記帳し，必要に応じて預金・貯金別に出納帳（補助簿）を作成してそれぞれの明細を記入する。例えば，当座預金出納帳や譲渡性預金出納帳などがある。ただし，預金・貯金の種類が多くない場合には，一括して諸預貯金勘定に記帳することもできる。

設例6－5

　次の各取引を仕訳しなさい。
11月5日　現金¥120,000を読山銀行横浜支店の普通預金に預け入れた。
　　10日　電気料金¥47,000，ガス料金¥35,000および電話料金¥29,400が普通預金から指定日に引き落とされた旨の通知が，取引先銀行よりあった。
　　15日　普通預金から¥1,500,000を引き出して，1年契約の定期預金に預け入れた。
　　20日　山王郵便局窓口で同業種組合の午会費¥50,000を郵便貯金からの振替えで支払った。
　　25日　ステイツ銀行東京支店でUSドルによる外国通貨預金（期間は1年）を開設し，普通預金より引き出した円貨を外貨に交換してUS＄30,000を預け入れた。（為替相場はUS＄1＝¥100）
　　30日　関内銀行戸塚支店に預け入れてある定期預金¥1,800,000が満期日となり，利息¥108,000とともに現金で受け取った。
12月1日　普通預金より¥2,000,000を引き出し，新規発行の譲渡性預金（証券）（額面金額¥3,000,000）を取得した。預入れ期間は6ヵ月，利率は年2％である。

【解答】

11/5	(借)	普 通 預 金	120,000	(貸)	現 金	120,000
10	(借)	水 道 光 熱 費	82,000	(貸)	普 通 預 金	111,400
		通 信 費	29,400			
15	(借)	定 期 預 金	1,500,000	(貸)	普 通 預 金	1,500,000
20	(借)	会 費	50,000	(貸)	郵 便 貯 金	50,000
25	(借)	外 国 通 貨 預 金	3,000,000	(貸)	普 通 預 金	3,000,000
30	(借)	現 金	1,908,000	(貸)	定 期 預 金	1,800,000
					受 取 利 息	108,000
12/1	(借)	譲 渡 性 預 金	2,000,000	(貸)	普 通 預 金	2,000,000

　従来は代金の決済にあたって小切手による支払いが一般的であったが，近年，銀行振込みや自動振替えによる決済方式が多くなってきている。銀行振込みは，取引先の指定する銀行預金口座へ買掛金の代金などの振込みを依頼することにより決済する方法である。自動振替えは，自己の銀行預金から電力料金や電話料金などを指定の日に自動的に引き落として支払う方法である。

　なお，代金決済にあたって，普通預金と定期預金を組み合わせた総合口座を利用する方法もある。

3　当座預金勘定と小切手

　企業の取引活動に伴って発生する債権・債務の決済処理は，今日では一般に現金を直接受渡しする方法ではなく，取引先銀行に開設した預金口座，とりわけ当座預金を利用する方法によって行われている。具体的には，銀行との間に当座預金契約を結び，現金の受払いや保管を当座預金口座を介して委託することになる。

　企業は現金を受け入れた場合，ただちに当座預金に預け入れ各種取引の決済にあてる。取引の決済や資金の管理を銀行に委託するため，当座預金は他の預金と異なり無利息となっている。当座預金を利用して買掛金などの支払いを行う場合は，もっぱら小切手の振出しによるか，あるいは口座振替えによる。

　小切手は，振出人（発行者）が当座預金を開設している銀行に対して，持参

人（受取人）の呈示に応じて記載金額を支払うことを委託した有価証券である。企業は通常，当座契約した銀行より当座小切手帳を購入し，支払いにあたってはこの小切手を相手方に交付することによって現金と同様の支払いがなされる。この小切手は，一定の法的形式（法定の記載要件）を備えた証券であり，**図表6－3**のような様式になっている。

図表6－3 小切手の様式

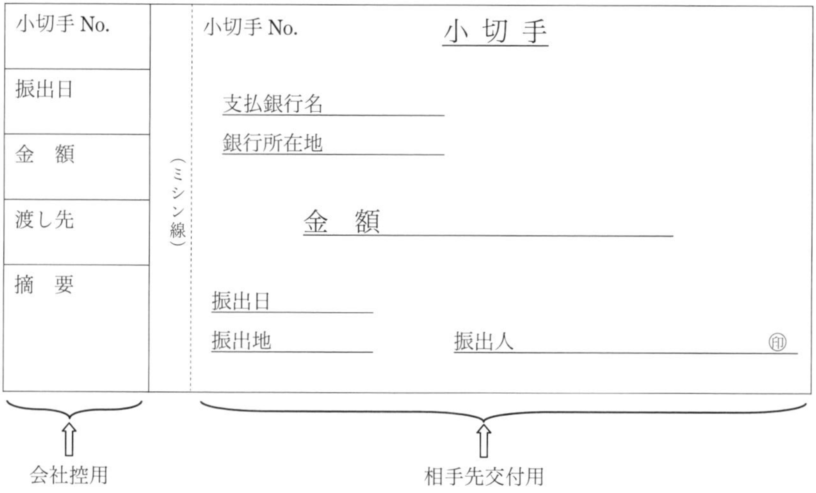

（会社控用）
小切手No.
振出日
金　額
渡し先
摘　要

（ミシン線）

（相手先交付用）
小切手No.
小　切　手
支払銀行名
銀行所在地
金　額
振出日
振出地　　　　　　　振出人　　　　　　㊞

小切手の表面には，金額記載の下に「上記の金額をこの小切手と引替えに持参人へお支払い下さい」旨の記載があり，小切手の呈示があれば銀行はいつでも記載金額の支払いに応じなければならない。

現金の預入れや小切手の受払いなどの当座預金取引を記帳するために，当座預金勘定を開設する。現金や小切手などを預け入れたときは当座預金勘定の借方に記入し，逆に小切手を振り出して決済にあてたときは当座預金勘定の貸方に記入する。

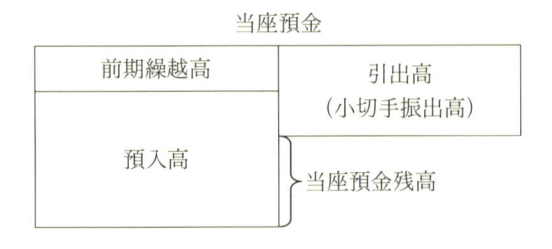

```
              当座預金
┌─────────────┬──────────────┐
│  前期繰越高  │    引出高    │
│             │ (小切手振出高)│
│             ├──────────────┤
│   預入高    │              │
│             │ ┐当座預金残高│
└─────────────┴──────────────┘
```

　当座預金契約では，小切手の振出しなどによる当座預金の払戻しは，預金残高を超えて行うことはできない。企業が当座預金残高を超えて小切手を振り出した場合，その小切手が窓口で呈示されても銀行は支払いを拒絶する。したがって，当座預金勘定は常に借方残高となる。

第4節　当座取引の記帳

1　当座借越の処理

　企業が当座預金の残高を超えて振り出した小切手について，銀行により支払いが拒絶されることを小切手の不渡りといい，不渡りとなった小切手のことを不渡小切手という。6ヵ月間に続けて2回不渡小切手を発行した企業は，以後2年間全国のすべての銀行と取引ができなくなる。これを全国銀行協会による銀行取引停止処分という。このような企業は，以後小切手の利用ができなくなるばかりか，企業の信用が失墜し事実上倒産という事態を招く。
　このような資産運営上のリスクを回避するため，小切手の振出管理を注意深く行うとともに，銀行との間で小切手などの決済資金について，あらかじめ一定の限度額まで預金残高を超えて自動的に支払いに応じる契約を結ぶことができる。このような契約を当座借越契約という。この場合，預金残高を超えて振り出された小切手金額を銀行が支払った分は銀行からの一時的な借入れであり，通常は株式などの有価証券を担保（根抵当）として差し入れる。約定により利息の支払いも当然に伴う。
　当座借越契約を結んでいる場合の当座預金取引の記帳処理には，二勘定制と一勘定制の2つの方法がある。

① 二勘定制

この処理法は，当座預金勘定（資産勘定）のほかに当座借越勘定（負債勘定）の二勘定を設けて，この勘定に残高超過額（当座借越高）が発生した場合の記帳を行う方法である。二勘定制では，預金残高を超えた場合，当座借越の増加を当座借越勘定の貸方に，その減少を借方に記入する。

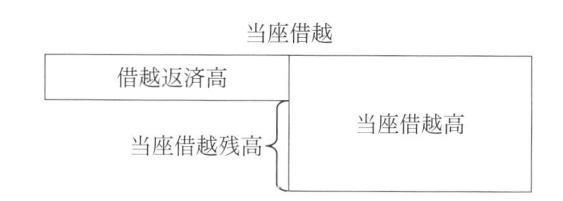

```
                 当座借越
       ┌─────────────┬─────────────┐
       │  借越返済高  │             │
       ├─────────────┤  当座借越高  │
       │当座借越残高 │             │
       └─────────────┴─────────────┘
```

当座借越の場合は，当座預金への預入れが行われたとき自動的に返済に充当されるので，借越残高がゼロになるまでは当座借越勘定の借方に記入される。

② 一勘定制

この処理法は，当座預金と当座借越の取引を当座勘定のみに記帳する方法である。一勘定制では，預入れや引出しのつど当座借越が発生しているかどうかを区別する必要はなく，したがって記帳の一括処理が可能となる。

この方法では，当座預金の増加と当座借越の減少を当座勘定の借方に，逆に当座預金の減少と当座借越の増加は当座勘定の貸方に記入する。

(a) 借方残高の場合

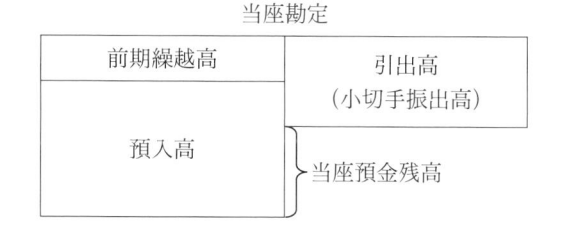

```
                 当座勘定
       ┌─────────────┬─────────────┐
       │  前期繰越高  │    引出高   │
       │             │ （小切手振出高）│
       ├─────────────┼─────────────┤
       │             │             │
       │   預入高    │当座預金残高 │
       └─────────────┴─────────────┘
```

(b) 貸方残高の場合

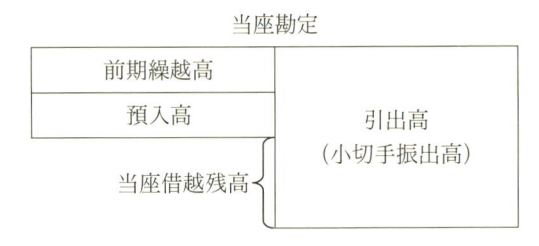

当座勘定	
前期繰越高	引出高 (小切手振出高)
預入高	
当座借越残高	

　当座勘定が(a)借方残高のときは当座預金残高を表し，(b)貸方残高のときは当座借越残高を表す。

2　当座取引の記帳処理と当座預金出納帳

　当座預金と当座借越の取引（両者を一括して当座取引という）の記帳処理については，上述のとおりである。当座取引を二勘定制で処理する場合には，当座預金勘定が借残のとき当座借越勘定の残高はゼロとなり，逆に当座借越勘定が貸残のとき当座預金勘定の残高はゼロとなる。また，一勘定制で処理する場合には，当座勘定の残高は借残または貸残のいずれかとなる。

設例6-6

　次の各取引を仕訳し，当座預金勘定および当座借越勘定への記入を示しなさい。
10月1日　相模銀行町田支店と当座預金契約を結び，現金￥500,000を預け入れた。
　　4日　上原商店から商品を仕入れ，代金￥440,000は2枚の小切手♯01/￥270,000，♯02/￥170,000）を振り出して支払った。
　　11日　厚木商店から売掛金￥150,000を同店振出の小切手♯21で受け取り，ただちに当座預金に預け入れた。
　　16日　取引銀行の相模銀行町田支店より札幌商店から売掛金￥190,000が当座預金に振り込まれた旨の通知があった。
　　18日　足立商事に商品を売り上げ，代金￥270,000のうち￥100,000は

同店振出の小切手♯32で受け取り，ただちに当座預金に預け入れ，残りは掛とした。
22日　石田商店に対する買掛金￥430,000を小切手♯03を振り出して支払った。なお，本日相模銀行町田支店と新たに当座借越契約を結んだ。借越限度額￥500,000，利率年5.4％，根抵当としてA社株式100株（時価＠￥1,000）を差し入れた。
26日　藤沢商事に商品を売り上げ，代金￥520,000のうち￥170,000は先に上原商店に手渡した当店振出の小切手♯02を受け取り，残りは掛とした。
27日　上原商店から商品を仕入れ，代金￥380,000は小切手♯04を振り出して支払った。
30日　岩手商店から売掛金￥310,000を同店振出の小切手♯43で受け取り，ただちに当座預金に預け入れた。

解　答

10/1	（借）当　座　預　金	500,000	（貸）現　　　　　金	500,000
4	（借）仕　　　　　入	440,000	（貸）当　座　預　金	440,000
11	（借）当　座　預　金	150,000	（貸）売　　掛　　金	150,000
16	（借）当　座　預　金	190,000	（貸）売　　掛　　金	190,000
18	（借）当　座　預　金	100,000	（貸）売　　　　　上	270,000
	売　　掛　　金	170,000		
22	（借）買　　掛　　金	430,000	（貸）当　座　預　金	430,000
26	（借）当　座　預　金	170,000	（貸）売　　　　　上	520,000
	売　　掛　　金	350,000		
27	（借）仕　　　　　入	380,000	（貸）当　座　預　金	240,000
			当　座　借　越	140,000
30	（借）当　座　借　越	140,000	（貸）売　　掛　　金	310,000
	当　座　預　金	170,000		

当座預金		当座借越	
10/1 現　　金 500,000	10/4 仕　　入 440,000	10/30 売掛金 140,000	10/27 仕　　入 140,000
11 売掛金 150,000	22 買掛金 430,000		
16 売掛金 190,000	27 仕　　入 240,000		
18 売　　上 100,000			
26 売　　上 170,000			
30 売掛金 170,000			

上記の記帳は，当座預金勘定と当座借越勘定の二勘定制で処理した場合であるが，当座勘定で一括して処理する一勘定制の場合の勘定記入は，次のようになる。

当　　座	
10/1 現　　金 500,000	10/4 仕　　入 440,000
11 売掛金 150,000	22 買掛金 430,000
16 売掛金 190,000	27 仕　　入 380,000
18 売　　上 100,000	
26 売　　上 170,000	
30 売掛金 310,000	

当座勘定は，10月27日には一時的に当座借越（貸方残高）となるが，10月30日の預入れにより当座貸越（借方残高）となる。

預金取引については，現金と同様，仕訳帳および元帳に記入するとともに，その明細を補助簿たる出納帳に記入する必要がある。特に当座預金については小切手振出しの管理上も重要である。当座預金の預入れや引出しの明細を記入するため，当座預金出納帳（当座勘定を使っている場合には当座勘定出納帳となる）が作成される。複数の銀行と当座預金契約をしている場合には，銀行ごとに当座預金出納帳が必要になる。

当座預金出納帳もしくは当座勘定出納帳の帳簿形式は，次のとおりである。記入の要領は現金出納帳の場合と同様である。

当座預金出納帳

日 付	摘　　　要	預　入	引　出	借/貸	残　高

(注) 摘要欄には小切手♯も記載しておく。また，通常は「借または貸」欄は「借」となるが，当座借越の場合には「貸」となる。

3　銀行勘定調整表の作成

　預金取引の記帳および残高の確認は企業にとって重要な業務である。一般に預金取引には，企業の担当者による預入れや引出しによって増減するものと，銀行からの通知によって増減の事実を知り，それに基づき担当者が記帳するものとがある。後者は，主として銀行振込みによる預金の増加と預金口座からの自動引落しによる預金の減少がある。

　企業の預金勘定の残高と銀行の残高証明とは，本来一致しなければならないが，ときに預金増減の未記入や取引事実の未通知などにより一致しない場合がある。普通預金は普通預金通帳への記帳で確認でき，定期預金は定期預金証書に示されている。また，銀行預金の残高は銀行の発行する残高証明書を，随時入手することで管理することができる。

　しかしながら，当座預金については，小切手による引出しについてのタイム・ラグなどにより，帳簿残高と銀行残高（残高証明書上の残高）は一致しないことが多い。両者の不一致の原因は，誤記入がない場合，次の4つのケースが考えられる。

　① 企業では預入れの記帳をしたが，銀行では未記入の場合
　② 企業では引出しの記帳をしたが，銀行では未記入の場合
　③ 銀行では預入れの記入をしたが，企業では未記帳の場合
　④ 銀行では引出しの記入をしたが，企業では未記帳の場合

　このような残高の不一致の原因を分析し，企業側での必要な修正記帳を行うために，銀行勘定調整表（銀行勘定照合表ともいう）を作成する。銀行勘定調整表の作成方法には，次の3つの方法があり，(3)の方法が一般的に用いられている。

（1）企業の帳簿残高を基礎として調整し，これを銀行の残高に一致させる方法

（2）銀行の残高を基礎として調整し，これを企業の帳簿残高に一致させる方法

（3）企業の帳簿残高と銀行の残高をそれぞれ加減修正して調整し，両者の残高を一致させる方法

設例6－7

愛知商店の12月31日（決算期末）の当座預金勘定の残高は￥894,500となっているが，銀行から入手した残高証明書の残高は￥951,000である。不一致の原因を調べたところ，次の事実が判明した。そこで修正に必要な仕訳を行い，銀行勘定調整表を作成しなさい。

① 得意先のA商店から売掛金￥246,000が銀行に振り込まれたが，その通知が当店に届いていない。

② 仕入先のB商店に買掛金￥155,000を小切手を振り出して支払ったが，銀行でまだ引き出されていない。

③ 得意先のC商店から売掛金￥298,200を当座預金に振り込んだ旨の通知があったため記帳したが，銀行にはまだ入金されていない。

④ 送金手数料￥12,000と借入金利息￥34,300が当座預金から引き落とされたが，その通知が当店に届いていない。

解答

（修正仕訳）
① （借）当 座 預 金　246,000　（貸）売　掛　金　246,000
④ （借）支 払 手 数 料　12,000　（貸）当 座 預 金　46,300
　　　　支 払 利 息　34,300

(銀行勘定調整表の作成)

〈(3)の方法による場合〉

銀行勘定調整表
平成○年12月31日

当座預金勘定残高	¥894,500	銀行残高証明書残高	¥951,000	
加算：①当座預金振込未記入分	〃 246,000	加算：④当座預金振込未記入分	〃 298,200	
減算：③自動引落未記入分	〃 46,300	減算：②振出小切手未引出分	〃 155,000	
	¥1,094,200		¥1,094,200	

なお，参考までに他の2つの方法で作成した銀行勘定調整表を示そう。

〈(1)の方法による場合〉

銀行勘定照合表
平成○年12月31日

当座預金勘定残高		¥894,500
加算：①当座預金振込未記入分	¥246,000	
②振出小切手未引出分	〃 155,000	〃 401,000
減算：③自動引落未記入分	¥ 46,300	
④当座預金振込未記入分	〃 298,200	〃 344,500
銀行残高証明書残高		¥951,000

〈(2)の方法による場合〉

銀行勘定照合表
平成○年12月31日

銀行残高証明書残高		¥951,000
加算：③自動引落未記入分	¥ 46,300	
④当座預金振込未記入分	〃 298,200	〃 344,500
減算：①当座預金振込未記入分	¥246,000	
②振出小切手未引出分	〃 155,000	〃 401,000
当座預金勘定残高		¥894,500

第5節　小口現金の処理

1　小口現金制度の意義と処理

　企業は現金の受払事務を軽減し，現金の保管に伴う紛失や盗難等のリスクを回避するために，原則として現金はすべて銀行に預け入れ，支払いは小切手振出しにより行うのが一般的である。

　しかしながら，各業務セクションで日常的に発生する少額の支払経費（小口経費という）を迅速に処理するためには，一定限度の現金（小口現金もしくは小払資金という）を手許に保管しておき，支出の管理を特定の担当者（用度係もしくは小口現金係という）に委ねることが効率的である。このように用度係に小口現金を前渡しして，日常の小口経費の支払いにあてる方式を小口現金制度と呼ぶ。

　小口現金制度を採用している場合，当座預金を管理する会計係は一定期間（例えば1ヵ月単位）の小口経費を見積もり，その金額を小切手で用度係に前渡ししておく。用度係は小切手を現金化して諸経費の支払いにあてる。そして，用度係は実際の支払状況を会計係に定期的に報告し，支払額と同額の小口現金を小切手で受け取るという手続となる。

　小口現金の受払いについては，通常の現金勘定とは区別して設定される小口現金勘定で処理する。会計係は，用度係に小切手を振り出して小口現金を前渡ししたときや，支払額と同額を補給したときに小口現金勘定の借方に記入し，また，用度係からの支払報告を受けて支払経費の内容を把握できたときに小口現金勘定の貸方に記入する。

　小口現金勘定の記帳は，原理的には小口現金の前渡し時に借方に記入し，定期末の支払報告時に貸方に記入するのが正規の手続である。しかしながら，実務上は用度係からの支払報告があったとき，同時に支払額と同額の小切手で補給がなされるので，あたかも補給された小切手（当座預金）で直接に諸経費の支払いを行ったかのような簡便な処理方法がとられる。

第6章 現金・預金の処理

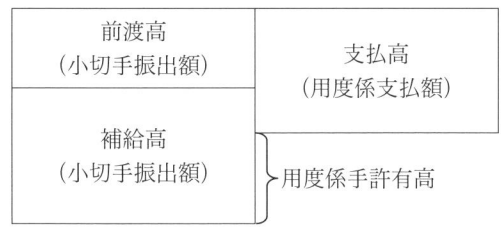

```
           小口現金
┌─────────────────┬─────────────────┐
│    前渡高        │    支払高        │
│ (小切手振出額)    │ (用度係支払額)   │
├─────────────────┼─────────────────┤
│    補給高        │                 │
│ (小切手振出額)    │ ⎫ 用度係手許有高  │
└─────────────────┘ ⎭                │
```

設例6-8

用度係から9月分の小口経費の支払いについて，次のような報告があった。ただちにこれらの支払額と同額の小切手を振り出して補給した。この取引を仕訳で示しなさい。

　交通費　¥17,510　　通信費　¥23,440　　消耗品費　¥10,300
　雑　費　¥6,420

【解答】

（借）	交　通　費	17,510	（貸）当座預金　57,670
	通　信　費	23,440	
	消耗品費	10,300	
	雑　　費	6,420	

上の仕訳は，次の2つの仕訳を1つにしたもので，小口現金の仕訳処理について実務上一般に採用されている簡便法である。

（借）	交　通　費	17,510	（貸）小口現金　57,670
	通　信　費	23,440	
	消耗品費	10,300	
	雑　　費	6,420	
（借）	小口現金	57,670	（貸）当座預金　57,670

2　小口現金の支給方式

　小口現金制度の運用は，どのような資金の支給方式を採用するかでその特徴が異なる。一般に，小口現金制度には次の2つのシステムがある。
　①　定額資金前渡制度
　②　随時資金補給制度
　①の定額資金前渡制度は，小口経費の支払いに備えて一定額を用度係に前渡しして，その支払報告のあった金額を定期的に補給する方法である。用度係への支給は現金を直接渡すことをせず，小切手を振り出してそれを銀行で換金する方法がとられる。
　これに対して，②の随時資金補給制度は，用度係への資金の補給時期や金額を定めず，用度係の手許小口現金が少なくなったときに，請求により随時必要な資金を補給する方法である。小口現金の受払いの管理と責任の明確化の点から，通常は定額資金前渡制度が採用されている。

設例6-9

　1ヵ月を単位とする定額資金前渡制度を採用している場合，次の取引を仕訳し，小口現金勘定に記入しなさい。
　9月1日　9月分の小口経費の支払いにあてるため，用度係に小切手
　　　　　¥30,000を振り出して前渡しした。
　　30日　月末につき用度係から今月分の小口現金の支払明細が，次のとおり報告された。

　　　　　交通費　　¥14,380　　通信費　¥7,560
　　　　　消耗品費　¥ 4,120　　雑　費　¥2,690

　　〃日　用度係の支払報告に基づき，同日付で同額の小切手を振り出して小口現金の補給を行った。

解　答

9/1　(借) 小　口　現　金　30,000　(貸) 当　座　預　金　30,000

30	（借）	交	通	費	14,380	（貸）	小　口　現　金		28,750
		通	信	費	7,560				
		消	耗	品	費	4,120			
		雑		費	2,690				
30	（借）	小	口	現	金	28,750	（貸）	当　座　預　金	28,750

小口現金

9/1 当座預金 30,000	9/30 諸　口	28,750
30 当座預金 28,750		

　上記の仕訳は，9月30日の2つの仕訳（小口現金勘定の貸借記入）を1つにまとめて当座預金勘定の貸方に記入する簡便法でもよいことについては，前述のとおりである。ただし，定額補給の時期が支払報告を受けた日ではなく，例えば翌月の初日である場合にはこの簡便法をとることができない。なお，実務で一般に用いられている簡便法では，小口現金勘定の増減取引が帳簿上で記録されないこととなり，必ずしも妥当な仕訳とはいえない。

3　小口現金出納帳の記入

　用度係は，小口現金の受払いの明細を明らかにするために補助簿を作成し，継続的に記入する。用度係が記入管理する補助簿を小口現金出納帳という。この小口現金出納帳の記録に基づいて小口現金の支払明細を作成し，会計係に定期的に報告して資金の補給を受ける。

　小口現金出納帳には，資金の前渡しや補給を受けたとき受入欄に記入し，諸経費の支払いについては日付順に支払欄に記入すると同時に，支払経費の内訳を特別欄に記入する。小口現金出納帳の基本様式を示せば，次のとおりである。

小口現金出納帳

受　入	日付	摘　要	支　払	内　訳（例）				残　高
				交通費	通信費	消耗品費	雑　費	

設例6-10

次の取引を小口現金出納帳に記入しなさい。ただし,資金の補給は翌月1日である。

9月1日　会計係より9月分の小口経費の支払いにあてるため,¥30,000の小切手を受け取って銀行で換金した。
　6日　タクシー代¥5,820を支払った。
　10日　郵便切手代¥4,000を支払った。
　13日　事務用封筒代¥2,100を支払った。
　17日　バス回数券代¥8,560を支払った。
　23日　茶菓子代¥2,690を支払った。
　27日　弔電代¥3,560を支払った。
　29日　トイレットペーパー代¥2,020を支払った。

【解答】

小口現金出納帳

受入	日付		摘要	支払	内訳				残高
					交通費	通信費	消耗品費	雑費	
30,000	9	1	小切手受入						30,000
		6	タクシー代	5,820	5,820				24,180
		10	郵便切手代	4,000		4,000			20,180
		13	事務用封筒代	2,100			2,100		18,080
		17	バス回数券代	8,560	8,560				9,520
		23	茶菓子代	2,690				2,690	6,830
		27	弔電代	3,560		3,560			3,270
		29	ペーパー代	2,020			2,020		1,250
				28,750	14,380	7,560	4,120	2,690	
		30	次月繰越	1,250					
30,000				30,000					
1,250	10	1	前月繰越	1,250					1,250
28,750		〃	小切手受入	28,750					30,000

第7章

債権・債務の処理

第1節　掛債権・債務

1　掛取引と人名勘定

　商品を仕入れまたは売り上げた後，一定期間後に代金の決済を行う取引を掛取引という。掛取引があった場合の記帳についてはすでに説明したとおり，掛取引によって発生した債権および債務は，売掛金勘定および買掛金勘定によって処理する。

　すなわち，掛で商品を仕入れたときは，次の仕訳となる。

　　（借）仕　　　　入　×××　（貸）買　掛　金　×××

また，掛で商品を売り上げたときには，次の仕訳となる。

　　（借）売　掛　金　×××　（貸）売　　　　上　×××

そして，代金が決済されたときは，それぞれ次の仕訳により記帳される。

　　（借）買　掛　金　×××　（貸）現　　　　金　×××

　　（借）現　　　　金　×××　（貸）売　掛　金　×××

　売掛金勘定および買掛金勘定には，売掛金および買掛金の増加と減少が記入されるとともに，商品戻し・商品戻り，売上値引・仕入値引および売上割戻・仕入割戻が記入される。ただし，売上割引・仕入割引は現金による期日前決済に対する金融上の報奨であり，売掛金および買掛金には関係ない取引である。

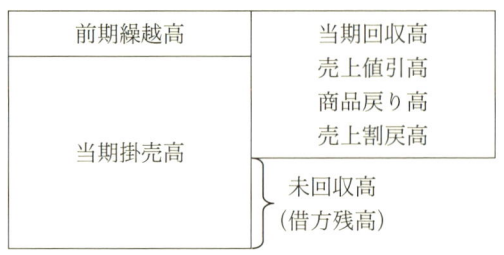

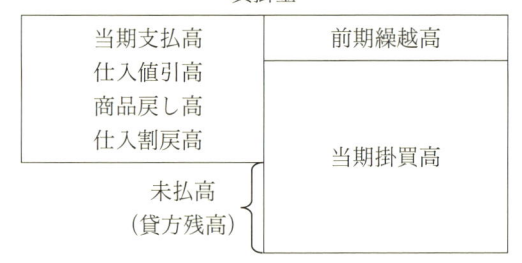

```
                    売掛金
┌─────────────────┬─────────────────┐
│   前期繰越高      │   当期回収高      │
│                 │   売上値引高      │
│                 │   商品戻り高      │
│   当期掛売高      │   売上割戻高      │
│                 ├─────────────────┤
│                 │   未回収高        │
│                 │   (借方残高)      │
└─────────────────┴─────────────────┘

                    買掛金
┌─────────────────┬─────────────────┐
│   当期支払高      │   前期繰越高      │
│   仕入値引高      │                 │
│   商品戻し高      │                 │
│   仕入割戻高      │                 │
├─────────────────┤   当期掛買高      │
│   未払高          │                 │
│   (貸方残高)      │                 │
└─────────────────┴─────────────────┘
```

　売掛金勘定および買掛金勘定は，売掛金および買掛金の増加・減少・残高を総額で示すことができるが，得意先および仕入先ごとの明細は勘定記入では明らかにされないため，債権・債務の個別管理を行う上では不便である。そこで，売掛金や買掛金の代わりに，得意先や仕入先の人名（商店名）を勘定科目として設定するのが便利である。

　例えば，佐藤商店から商品￥80,000を掛で仕入れたとき，買掛金勘定に代えて佐藤商店勘定を用いて，次のように仕訳する。

　　（借）仕　　　　入　　80,000　　（貸）佐　藤　商　店　　80,000

　また，山口商店へ商品￥110,000を掛で売り上げたとき，売掛金勘定に代えて山口商店勘定を用いて，次のように仕訳する。

　　（借）山　口　商　店　110,000　　（貸）売　　　　上　　110,000

　このような人名を用いた勘定を人名勘定という。ここでの佐藤商店勘定は買掛債務を記入するもので，貸方残高となる。山口商店勘定は売掛債権を記入するもので，借方残高となる。

2 売掛金と売掛金元帳

　得意先の人名を用いて売掛債権を記帳する人名勘定は，掛売りを行う得意先が少ない場合には有用であるが，取引先が多い場合には記帳が複雑になるばかりか，売掛債権の総額把握に手間がかかる。

　そこで，主要簿の総勘定元帳に売掛金勘定を設けるとともに，補助簿として売掛金元帳（得意先元帳ともいう）を作成し，人名勘定別に売掛債権についての詳細な記入を行う方式が一般にとられる。売掛金元帳は売掛金勘定の内訳（得意先別の売掛金の発生と消滅およびその残高）を示す帳簿である。

　例えば，9月5日に山崎商店へ商品￥260,000を掛売りしたとき，仕訳帳で仕訳記入した後，転記にあたっては総勘定元帳の売掛金勘定に借方記入すると同時に，売掛金元帳の山崎商店勘定にも借方記入するのである。そして，9月10日に売掛金の一部￥150,000を回収したときには，売掛金勘定の貸方に記入すると同時に，売掛金元帳の山崎商店勘定にも貸方記入する。

　仕訳帳から総勘定元帳および売掛金元帳への転記にあたっては，仕訳帳の元帳欄に両元帳への転記が行われたかどうかを表示する必要がある。ここで売掛金勘定の口座番号を5とし，山崎商店勘定のそれを2として仕訳帳での記入面を示せば，次のとおりである。なお，現金勘定と売上勘定の口座番号はそれぞれ1と16と仮定する。

仕　訳　帳

日付		摘　　　要	元丁	借　方	貸　方
9	5	（売　掛　金）	5/売2	260,000	
		（売　　　上）	16		260,000
		山崎商店へ掛売上			
	10	（現　　　金）	1	150,000	
		（売　掛　金）	5/売2		150,000
		山崎商店より小切手で回収			

　転記が行われた後の両元帳の勘定面を示せば，次のとおりである。

```
            総勘定元帳
              売掛金                    5
  9/5  売   上   260,000 | 9/10 現  金  150,000

            売掛金元帳
              山崎商店                   2
  9/5  売   上   260,000 | 9/10 現  金  150,000
```

売掛金元帳は売掛金勘定の内訳を示すため，売掛金勘定の借方残高は，売掛金元帳の各人名勘定の借方残高合計と一致する。この関係から，総勘定元帳の売掛金勘定のことを各人名勘定の統制勘定（統括勘定ともいう）と呼ぶ。

3　買掛金と買掛金元帳

掛買いを行う仕入先が多い場合には，総勘定元帳にすべての人名勘定を設けて，それぞれに買掛債務の発生と消滅，およびその残高を記入する方法は煩雑であるばかりではなく誤りも多い。そこで売掛債権の場合と同様，総勘定元帳に買掛金勘定を設けて統制勘定とするとともに，買掛金元帳に各人名勘定を設けて買掛債務の詳細を記入する方法がとられる。

例えば，9月15日に神戸商店より商品¥480,000を掛買いしたとき，仕訳帳で仕訳記入した後，転記にあたっては総勘定元帳の買掛金勘定に貸方記入すると同時に，買掛金元帳の神戸商店勘定にも貸方記入するのである。また，9月20日に仕入値引¥14,000を受けたときは，買掛金勘定の借方に記入すると同時に，買掛金元帳の神戸商店勘定にも借方記入する。そして，9月25日に神戸商店に買掛金の一部¥266,000を小切手で支払ったとき，買掛金勘定の借方に記入すると同時に，買掛金元帳の神戸商店勘定にも借方記入する。

この例で，仕訳帳から総勘定元帳の買掛金勘定と買掛金元帳の神戸商店勘定への転記を示せば，それぞれの記入面は次のとおりである。なお，買掛金勘定の口座番号を8とし，神戸商店勘定のそれを1とする。なお，当座預金勘定と仕入勘定の口座番号はそれぞれ2と12と仮定する。

仕 訳 帳

日付		摘　　　　要	元丁	借　方	貸　方
9	15	（仕　　　入）	12	480,000	
		（買　掛　金）	8/買1		480,000
		神戸商店より掛仕入			
	20	（買　掛　金）	8/買1	14,000	
		（仕　　　入）	12		14,000
		神戸商店より仕入値引			
	25	（買　掛　金）	8/買1	266,000	
		（当座預金）	2		266,000
		神戸商店に小切手で支払い			

総勘定元帳
買掛金　　　　　　　　　8

9/20	仕　　入	14,000	9/15	仕　　入	480,000
25	当座預金	266,000			

買掛金元帳
神戸商店　　　　　　　　1

9/20	仕　　入	14,000	9/15	仕　　入	480,000
25	当座預金	266,000			

　買掛金元帳は買掛金勘定の内訳を示すため，買掛金勘定の貸方合計，借方合計および貸方残高は，買掛金元帳のすべての人名勘定のそれぞれの合計と一致することになる。総勘定元帳の統制勘定である買掛金勘定と買掛金元帳の各人名勘定との有機的な関係を示すものである。

　総勘定元帳の売掛金勘定および買掛金勘定への記入と，売掛金元帳および買掛金元帳の各人名勘定への記入が正しく行われているかどうかを検証するために，売掛金明細表および買掛金明細表を作成することがある。これらの明細表は，売掛金および買掛金の取引先別の残高を一覧表示し，それぞれの正確性を検証するものである。

図表7-1　売掛金明細表と買掛金明細表

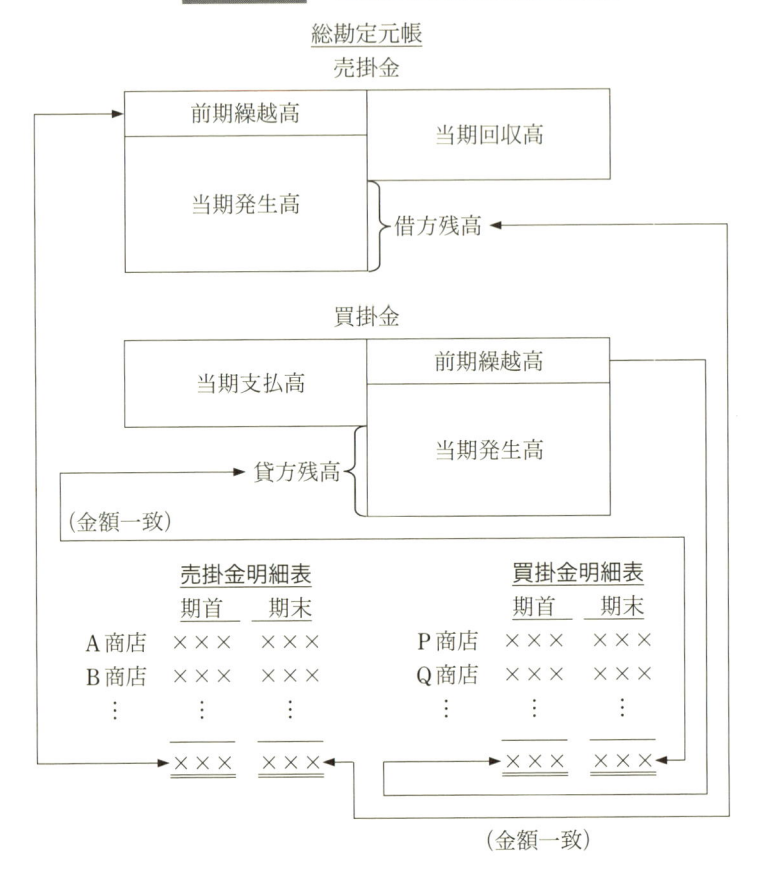

総勘定元帳

売掛金

| 前期繰越高 | 当期回収高 |
| 当期発生高 | 借方残高 |

買掛金

当期支払高	前期繰越高
	当期発生高
貸方残高	

（金額一致）

売掛金明細表

	期首	期末
A商店	×××	×××
B商店	×××	×××
⋮	⋮	⋮
	×××	×××

買掛金明細表

	期首	期末
P商店	×××	×××
Q商店	×××	×××
⋮	⋮	⋮
	×××	×××

（金額一致）

第2節　手形債権・債務

1　手形の意義と種類

　商品を仕入れたり，商品を売り上げたりしたとき，その代金を決済する手段として手形が用いられる。手形とは，一定の金額を将来の一定期日までに一定の場所で支払うことを約束する証券である。

手形は，企業間の経済取引を円滑に推進する上で重要な信用証券であり，その発行や譲渡等に関しては法律によって規制されている。法律上，手形は約束手形と為替手形の2つに分類される。これは，手形に表される債権・債務の発生関係による区別である。

約束手形は，手形の振出人（支払人）が名宛人（受取人）に対し，手形代金（手形券面への記載金額）を支払うことを約束する証券である。約束手形は略して単に「約手」とも称する。約束手形の発行に関係する当事者は2者（振出人と名宛人）であるが，その発行関係を図示すれば，図表7－2のとおりである。

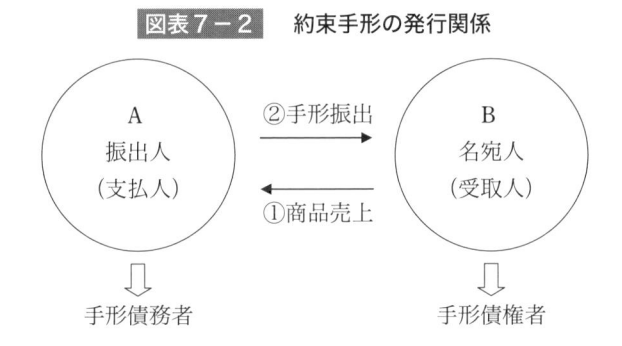

図表7－2　約束手形の発行関係

```
      ②手形振出
  A  ─────────→   B
振出人              名宛人
(支払人) ←─────── (受取人)
      ①商品売上

  ⇩                  ⇩
手形債務者          手形債権者
```

為替手形は，手形の振出人（発行人）が名宛人（支払人・引受人）に対し，名指人（受取人・指図人）への手形代金の支払いを依頼する証券である。振出人は，名宛人に対して手形代金の支払いを引き受けることを依頼し，事前に承諾を得ておくことが通例である。為替手形は略して「為手」と称することもある。

為替手形の発行に関係する当事者は3者（振出人，名宛人および名指人）であるが，手形債権・債務の発生関係は約束手形の場合と異なっている。為替手形の発行関係を図示すれば，図表7－3のとおりである。

図表7-3　為替手形の発行関係

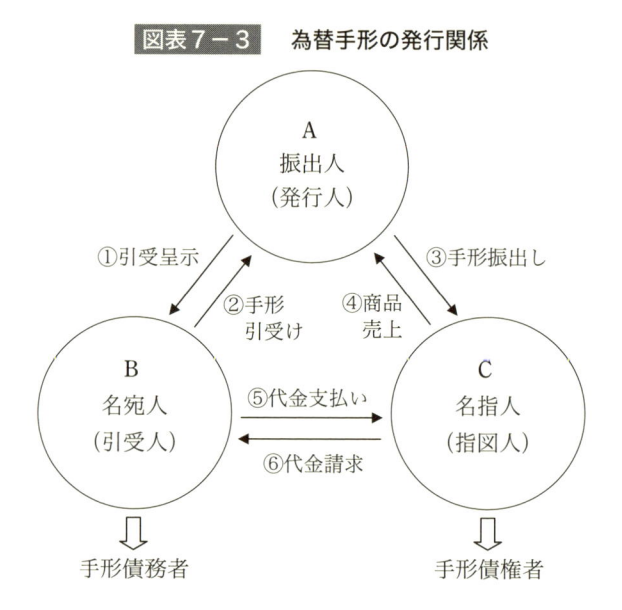

```
                    A
                   振出人
                  (発行人)
        ①引受呈示 ↗    ↖ ③手形振出し
                ②手形    ④商品
                引受け    売上
        B                    C
       名宛人  ←⑤代金支払い→ 名指人
      (引受人) →⑥代金請求→ (指図人)
        ⇩                    ⇩
      手形債務者            手形債権者
```

なお，為替手形の発行には上記の基本為替手形のほかに，自己を名宛人（支払人）として振り出す自己宛為替手形や，自己を名指人（受取人）として振り出す自己指図為替手形のような特殊為替手形がある。

2　受取手形と支払手形

手形は法律上，約束手形と為替手形に分類されるが，経済上は手形の発生原因によって商業手形と金融手形に分類される。商業手形は，商品の売買取引に伴って発行される約束手形や為替手形のことである。これに対して，金融手形は，もっぱら金融を目的として発行される約束手形や為替手形のことである。

手形取引の簿記処理にあたっては，約束手形や為替手形という法律上の形態に関係なく，商業手形についての手形債権を受取手形勘定（資産）で，手形債務を支払手形勘定（負債）で処理する。すなわち，①取引によって約束手形や為替手形を受け取ったとき受取手形勘定の借方に記入し，②受け取った手形の代金回収や裏書譲渡があったときは貸方に記入する。また，③約束手形を振り出したり，為替手形を引き受けたとき支払手形勘定の貸方に記入し，④手形代金を支払ったときは借方に記入する。

以上の仕訳処理は，次のようになる。

① （借）受 取 手 形 ×××　（貸）売　　　　上 ×××
② （借）現　　　　金 ×××　（貸）受 取 手 形 ×××
③ （借）仕　　　　入 ×××　（貸）支 払 手 形 ×××
④ （借）支 払 手 形 ×××　（貸）現　　　　金 ×××

受取手形

約束手形受取り	手形代金回収
為替手形受取り	手形裏書譲渡
自己指図為手振出	

支払手形

手形代金支払い	約束手形振出し
	為替手形引受け
	自己宛為手振出

なお，受取手形と支払手形の増減の明細を記録するために，補助簿として受取手形記入帳と支払手形記入帳が用いられる。

設例7－1

次の手形取引に関する仕訳を示しなさい。

7月1日　和光商店に商品を販売し，その代金¥740,000は同店振出の約束手形♯15（支払期日：7月31日，支払場所：町田銀行角橋支店）で受け取った。

　12日　千葉商店から売掛金¥580,000の支払いとして，同店振出の約束手形♯24（支払期日：9月30日，支払場所：海浜銀行市谷支店）を受け取った。

　31日　和光商店から受け取った約束手形♯15 ¥740,000を取引銀行で取り立て，当座預金に預け入れた旨の通知があった。

【解　答】

7/1　（借）受 取 手 形　740,000　（貸）売　　　　上　740,000

12	(借)	受	取	手	形	580,000	(貸)	売　　掛　　金	580,000
31	(借)	当	座	預	金	740,000	(貸)	受　取　手　形	740,000

設例7-2

次の手形取引に関する仕訳を示しなさい。

7月6日　松浦商店から商品￥450,000を仕入れ，代金は約束手形＃32（支払期日：8月5日，支払場所：神田銀行木下支店）を振り出して支払った。

　　18日　桑原商店に対する買掛金￥310,000について同店振出，福原商店受取りの為替手形＃28（支払期日：9月17日，支払場所：神田銀行木下支店）の引受けを行った。

8月5日　松浦商店受取りで振り出した約束手形＃32￥450,000を小切手を振り出して支払った。

【解答】

7/6	(借)	仕　　　　　　入	450,000	(貸)	支　払　手　形	450,000
7/18	(借)	買　　掛　　金	310,000	(貸)	支　払　手　形	310,000
8/5	(借)	支　払　手　形	450,000	(貸)	当　座　預　金	450,000

3　手形の譲渡と不渡り

　手形の所持人が，仕入代金等の支払いにあてるため，手形の支払期日（満期日）前にその手形を他人に譲渡することがある。手形の譲渡にあたっては，その手形の裏面に記名押印する方法がとられるので，これを手形の裏書譲渡という。

　手形を裏書譲渡すれば手形債権が他人に移るので，受取手形勘定の貸方に記入する。反対に裏書譲渡によって手形を受け取ったときは受取手形勘定の借方に記入する。この場合の仕訳は次のようになる。

　　　（借）仕　　　　　　入　×××　（貸）受　取　手　形　×××
　　　（借）受　取　手　形　×××　（貸）売　　　　　　上　×××

また，手形の所持人が，手形の満期日前に資金の融通を受けるため，銀行にその手形を買い取ってもらうことがある。これは銀行を相手とする手形の裏書譲渡の形態であるが，特にこれを手形の割引という。手形の割引は広く行われているが，通常の手形の譲渡と違って割引日から満期日までの利息が手形割引料として差し引かれるため，手形を割り引いた側はその差額を受け取ることになる。

　手形を割り引いた場合には，受取手形勘定の貸方に記入すると同時に，期日前までの割引額は手形売却損勘定（費用）の借方に記入する。この場合の仕訳は次のようになる。

　　　（借）当 座 預 金　×××　（貸）受 取 手 形　×××
　　　　　　手 形 売 却 損　×××

　手形の支払人（約手の振出人や為手の名宛人）は，当然に支払期日に手形代金を支払う義務を負っている。しかし，時に支払人の資金不足や倒産などの事情で，支払期日に手形代金の支払いができなくなることがある。このような事態を手形の不渡りという。不渡りとなった手形は不渡手形といい，通常の手形と区別するため不渡手形勘定（資産）の借方に振り替える。その仕訳は次のようになる。

　　　（借）不 渡 手 形　×××　（貸）受 取 手 形　×××

　手形が不渡りになったとき，手形の受取人（約手の名宛人や為手の名指人）は，不渡手形の振出人または裏書譲渡人に対して手形代金を償還請求することができる。これを手形の遡求というが，そのために支払った支払拒絶証書の作成費や通信費などの費用は満期日以後の利息とともに請求することができるので，不渡手形勘定の借方に含めて記入する。

　この場合の仕訳は次のようになる。

　　　（借）不 渡 手 形　×××　（貸）受 取 手 形　×××
　　　　　　　　　　　　　　　　　　　現　　　　金　×××

第3節　商品受渡債権・債務

1　前払金と前受金

　商品の売買取引において，その代金の一部または全部を商品受渡し前に授受することがある。これを手付金（通俗で内金ともいう）という。手付金は，商品の売買契約を締結する際，その契約履行を保証するために買主もしくは注文主から売主に交付する金銭のことである。

　商品売買にあたって商品受渡し前に代金の授受があった場合の債権・債務は，前払金勘定および前受金勘定で処理する。すなわち，買主にあっては商品代金を前払いしたとき，前払金勘定の借方に記入する。また，売主にあっては前払金を受け取ったとき，前受金勘定の貸方に記入する。

　この場合の仕訳は，次のとおりである。

　　（借）前　払　金　×××　（貸）現　　　金　×××
　　（借）現　　　金　×××　（貸）前　受　金　×××

　前払金と前受金は，将来契約した商品を受渡しする権利と義務を表すものであり，金銭の授受を約束したものではない。したがって，後日買主が商品を受取った場合は，前払金勘定の貸方に記入する。また，売主が商品を引き渡した場合は，前受金勘定の借方に記入する。

　この場合の仕訳は，次のとおりである。

　　（借）仕　　　入　×××　（貸）前　払　金　×××
　　（借）前　受　金　×××　（貸）売　　　上　×××

前払金	
商品代金を前払いしたとき	商品を受け取ったとき

前受金	
商品を引き渡したとき	商品代金を前受けしたとき

前払金と前受金が契約上の手付金として授受されることが明らかな場合は、そのことを勘定で明示する目的でそれぞれ支払手付金勘定および受取手付金勘定で処理されることがある。なお、前払金勘定は前渡金勘定としてもよい。

設例7－3

次の取引を仕訳しなさい。
10月7日　藤沢商店は浜松商店に商品¥550,000を注文し、手付として¥250,000を小切手で支払った。
　21日　藤沢商店は浜松商店から商品を受け取り、前払いした手付金との差額は掛とした。

解　答

（買主：藤沢商店の仕訳）

10/7	(借)	前　払　金	250,000	(貸)	当　座　預　金	250,000
21	(借)	仕　　　入	550,000	(貸)	前　払　金	250,000
					買　掛　金	300,000

（売主：浜松商店の仕訳）

10/7	(借)	現　　　金	250,000	(貸)	前　受　金	250,000
21	(借)	前　受　金	250,000	(貸)	売　　　上	550,000
		売　掛　金	300,000			

2　当店発行の商品券

デパートや大型スーパーなどでは、商品と引き換えることのできる商品券を発行している。商品券は顧客が後日商品を購入する際に、現金の代わりに支払いにあてられる証券である。

商品券を金銭と引換えに発行した場合、商品券勘定の貸方に記入する。商品券は後日顧客からの提示があった場合に、券面額相当の商品を引き渡す義務を表すものであり、したがって商品券勘定は負債勘定となっている。

顧客が商品券を使って商品を購入したとき、商品券勘定の借方に記入すると

同時に，売上勘定の貸方に記入する。商品券の処理に関する仕訳処理は次のようになる。

（商品券の発行時）
　（借）現　　　金　×××　（貸）商　品　券　×××
（商品の販売時）
　（借）商　品　券　×××　（貸）売　　　上　×××

ここで注意しなければならないのは，商品券の発行（販売）は商品の「売上」ではないということである。顧客が商品券で実際に商品を購入した時点で，その購入分が商品の売上として記入されるのである。

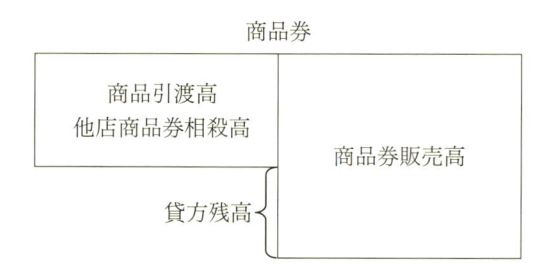

```
                    商品券
        ┌─────────────┬─────────────┐
        │  商品引渡高  │             │
        │他店商品券相殺高│ 商品券販売高 │
        ├─────────────┤             │
        │  貸方残高   │             │
        └─────────────┴─────────────┘
```

商品券勘定の貸方残高は，発行済みの商品券のうち未使用分を表している。この債務が金銭の支払いを目的とするものではなく，将来に商品を引き渡す義務を示していることは繰り返すまでもない。

設例 7 – 4

次の取引を仕訳しなさい。
10月5日　関東百貨店は商品券¥200,000を発行し，現金を受け取った。
　　10日　商品¥28,000を販売し，その代金として商品券¥30,000を受け取り，釣銭は現金で渡した。
　　15日　商品¥240,000を販売し，代金は商品券¥170,000と現金¥70,000で受け取った。

【解　答】

10/5　（借）現　　　金　200,000　（貸）商　品　券　200,000

10	(借)	商　品　券	30,000	(貸)	売		上	28,000
					現		金	2,000
15	(借)	商　品　券	170,000	(貸)	売		上	240,000
		現　　　金	70,000					

3　他店発行の商品券

　商品券には当店で発行したものだけでなく，提携店相互間や地域商店会などで共通に使用できる商品券などがある。このように他店が発行した商品券を商品販売時に受け取った場合には，当店発行の商品券とは区別し，他店商品券勘定に借方記入する。これは当該商品券を発行した他店に対する債権を表すものである。

　後日他店と精算されて現金を受け取ったときその債権は消滅するので，他店商品券勘定の貸方に記入される。なお，精算にあたって他店保有の当店商品券があれば，相互に交換（相殺）した上で差額を現金等で決済することになる。

　他店商品券の発生と消滅の仕訳処理は，次のようになる。
（他店商品券の受取り時）
　　（借）他店商品券　　×××　（貸）売　　　　上　　×××
（他店との商品券精算時）
　　（借）商　品　券　　×××　（貸）他店商品券　　×××
　　　　　現　　　金　　×××

　後者の仕訳は，当店保有の他店商品券が他店保有の当店商品券を上回っている場合の現金による差額処理を示している。逆の場合には現金の貸方記入が行われる。

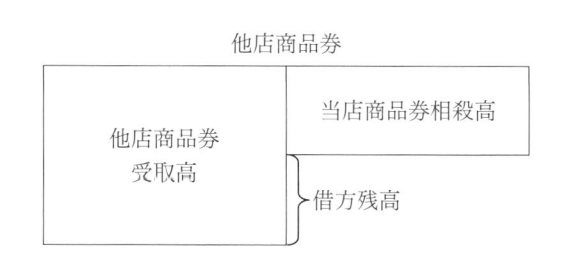

他店商品券

| 他店商品券
受取高 | 当店商品券相殺高 |
| | 借方残高 |

他店商品券は，他店ごとに一定期間で他店保有の当店商品券と相殺し，差額を現金などで精算することになるが，ある時点での他店商品券勘定の借方残高は未精算の他店商品券を保有している状態を示している。

設例7－5

次の取引を仕訳しなさい。
10月20日　商品¥80,000を販売し，その代金は提携先の横浜百貨店発行の商品券で受け取った。
　　30日　商品券の精算にあたり，当店保有の横浜百貨店発行商品券¥80,000と横浜百貨店保有の当店商品券¥60,000とを交換して差額を現金で受け取った。

【解答】

10/20	(借)	他店商品券	80,000	(貸)	売上	80,000	
30	(借)	商品券	60,000	(貸)	他店商品券	80,000	
		現金	20,000				

第4節　営業外債権・債務

1　未収金と未払金

主たる営業活動である商品売買以外の物品（備品，建物，土地など）の売却や購入によって発生する債権・債務は，未収金勘定（または未収入金勘定）と未払金勘定で処理する。

例えば，備品を売却してその代金を一定期間後に受け取る取引があった場合は，未収金勘定の借方に記入する。そして，代金の支払いを受けたとき，未収金勘定の貸方に記入する。また，土地を購入してその代金を後日払いにした場合は，未払金勘定の貸方に記入する。そして，未払い分を支払ったときは，未払金勘定の借方に記入する。

商品以外の物品の信用売買の発生と決済についての仕訳記入は，次のようになる。

(売却の場合)
　(借) 未 収 金　×××　(貸) 備　　　品　×××
　(借) 現　　　金　×××　(貸) 未　収　金　×××
(購入の場合)
　(借) 土　　　地　×××　(貸) 未　払　金　×××
　(借) 未　払　金　×××　(貸) 現　　　金　×××

未収金と未払金には，商品以外の物品の売却代金未収額と購入代金未払額が記入されるばかりでなく，用役（サービス）に対する代金の未収と未払いについても記入される。例えば，貸付金や借入金に対する利息の期限到来後の未収額や未払額，修繕費や運賃などの未払額も，それぞれ次のように仕訳記入される。

　(借) 未　収　金　×××　(貸) 受 取 利 息　×××
　(借) 支 払 利 息　×××　(貸) 未　払　金　×××
　(借) 修　繕　費　×××　(貸) 未　払　金　×××
　(借) 支 払 運 賃　×××　(貸) 未　払　金　×××

未収金

未収高	回収高
	未回収高

未払金

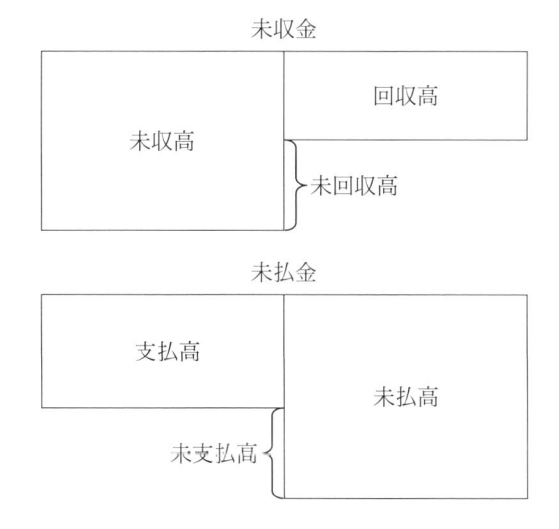

支払高	未払高
未支払高	

設例7－6

次の取引を仕訳しなさい。
11月2日　下関商店は，山口商店に陳列棚・キャビネット等の備品一式を売却し，その代金￥650,000（簿価と同額）を月末に受け取ることにした。
　13日　下関商店は，金沢不動産から駐車場建設用に隣接土地を購入し，その代金￥8,000,000のうち￥3,000,000は小切手を振り出して支払い，残りは来月末に支払うことにした。
　30日　下関商店は，山口商店より備品売却代金を同店振出の小切手で受け取り，ただちに当座預金に預け入れた。

解答

11/2	（借）	未　収　金	650,000	（貸）	備　　　品	650,000	
13	（借）	土　　　地	8,000,000	（貸）	当　座　預　金	3,000,000	
					未　払　金	5,000,000	
30	（借）	当　座　預　金	650,000	（貸）	未　収　金	650,000	

2　立替金と預り金

　従業員や取引先などが支払うべき金額を一時的に立て替えた場合には，立替金勘定で処理する。また，従業員などから一時的に金銭を預かった場合には，預り金勘定で処理する。

　例えば，従業員個人のクリーニング代や購読雑誌代などを立替払いしたとき，立替金勘定の借方に記入する。そして，返済を受けたとき，立替金勘定の貸方に記入する。すなわち仕訳は次のようになる。

　　　（借）立　替　金　×××　（貸）現　　　金　×××
　　　（借）現　　　金　×××　（貸）立　替　金　×××

　次に，雇用主たる企業は，従業員に給料を支払う際に，従業員が負担すべき所得税分を控除して手取額を支給する。これを所得税の源泉徴収というが，この所得税分は預り金として処理し，翌月の納期限までに従業員本人に代わって国に納付する。また，社会保険料の従業員負担分を給料から控除して支給する

場合も，一時的に預り金として記帳する。

このように従業員負担の所得税や社会保険料を給料からの控除によって預かったとき，預り金勘定の貸方に記入する。そして，預り分を国に納付したとき，預り金勘定の借方に記入する。すなわち仕訳は次のようになる。

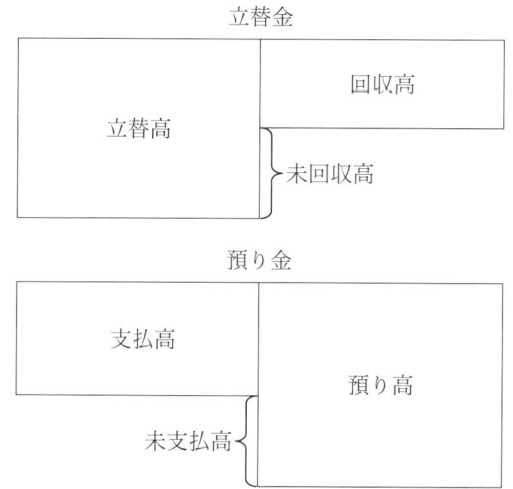

（借）給　　　　料　×××　（貸）預　り　金　×××
　　　　　　　　　　　　　　　　現　　　　金　×××
（借）預　り　金　×××　（貸）現　　　　金　×××

立替金

立替高	回収高
	未回収高

預り金

支払高	
	預り高
未支払高	

立替金については，従業員に関するものを他と区別するために従業員立替金勘定を用いることがある。また，預り金については，従業員に関するものを区別して従業員預り金勘定とするか，さらにはその内容によって所得税預り金勘定や社会保険料預り金勘定などとする場合もある。

設例7－7

次の取引を仕訳しなさい。
9月10日　従業員個人の注文書籍5冊が届いたので，その代金¥16,000を立て替えて支払った。
　　25日　本日給料の支払いにあたり，従業員の給料¥380,000から先に

立替払いした書籍代¥16,000と源泉所得税¥38,000を控除し，¥326,000を現金で支払った。
10月10日　従業員から先月源泉徴収した所得税預り分¥38,000を現金で納付した。

【解答】

9/10	(借)	立　替　金	16,000	(貸)	現　　　金	16,000		
25	(借)	給　　　料	380,000	(貸)	立　替　金	16,000		
					預　り　金	38,000		
					現　　　金	326,000		
10/10	(借)	預　り　金	38,000	(貸)	現　　　金	38,000		

※　立替金は従業員立替金，預り金は従業員預り金もしくは所得税預り金でもよい。

3　貸付金と借入金

取引先などに対して借用証書により現金を貸し付けたり，あるいは銀行などから借用証書により現金を借り入れる場合がある。現金を貸し付けたとき，貸付金勘定の借方に記入する。そして，それを回収したとき，貸付金勘定の貸方に記入する。すなわち仕訳は次のようになる。

　　(借)　貸　付　金　×××　(貸)　現　　　金　×××
　　(借)　現　　　金　×××　(貸)　貸　付　金　×××

また，現金を借り入れたとき，借入金勘定の貸方に記入する。そして，それを返済したとき，借入金勘定の借方に記入する。すなわち仕訳は次のようになる。

　　(借)　現　　　金　×××　(貸)　借　入　金　×××
　　(借)　借　入　金　×××　(貸)　現　　　金　×××

貸付金勘定の残高は常に借方に生じ，貸付金の未回収高を示す。これに対して，借入金勘定の残高は常に貸方に生じ，借入金の未返済高を示す。

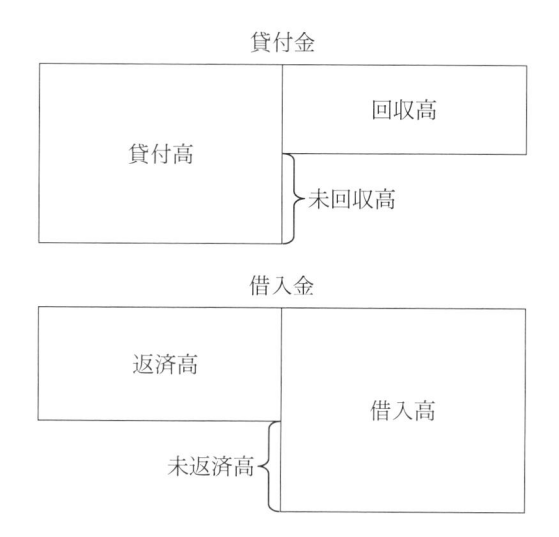

```
              貸付金
┌─────────────────┬─────────────────┐
│                 │    回収高       │
│    貸付高       ├─────────────────┤
│                 │ ├ 未回収高      │
└─────────────────┴─────────────────┘

              借入金
┌─────────────────┬─────────────────┐
│                 │                 │
│    返済高       │    借入高       │
├─────────────────┤                 │
│ 未返済高 ┤      │                 │
└─────────────────┴─────────────────┘
```

現金の貸借にあたって，借用証書の代わりに手形（主として約束手形）を使用することがある。このような金融を目的とする手形を金融手形ということについてはすでに説明した。貸手は現金を借手に貸し付け，同時に借手の発行する約束手形を受け取る。この場合，貸手側の債権は手形貸付金勘定で処理し，反対に借手側の債務は手形借入金勘定で処理する。

それぞれの仕訳を示せば，次のとおりである。
(資金の貸手側)
　　（借）手 形 貸 付 金　　×××　　（貸）現　　　　　金　　×××
　　（借）現　　　　　金　　×××　　（貸）手 形 貸 付 金　　×××
(資金の借手側)
　　（借）現　　　　　金　　×××　　（貸）手 形 借 入 金　　×××
　　（借）手 形 借 入 金　　×××　　（貸）現　　　　　金　　×××

設例7-8

次の取引を仕訳しなさい。
9月3日　千葉商店は，得意先の群馬商店に対して借用証書により¥1,200,000の小切手を振り出して貸し付けた。

10月8日　川崎商店は，仕入先の大船商店から現金￥500,000を借り入れ，同店を受取人とする約束手形を振り出して交付した。
11月2日　千葉商店は，群馬商店から貸付金の元金￥1,200,000と利息￥4,000を小切手で受け取り，ただちに当座預金に預け入れた。

〔解答〕

9/3	千葉商店：	(借) 貸　付　金	1,200,000	(貸) 当 座 預 金	1,200,000
	群馬商店：	(借) 現　　　　金	1,200,000	(貸) 借　入　金	1,200,000
10/8	川崎商店：	(借) 現　　　　金	500,000	(貸) 手形借入金	500,000
	大船商店：	(借) 手形貸付金	500,000	(貸) 現　　　　金	500,000
11/2	千葉商店：	(借) 当 座 預 金	1,204,000	(貸) 貸　付　金	1,200,000
				受 取 利 息	4,000
	群馬商店：	(借) 借　入　金	1,200,000	(貸) 当 座 預 金	1,204,000
		支 払 利 息	4,000		

第5節　未確定債権・債務

1　仮払金と仮受金

　商品の仕入および売上に対する代金の前払いや前受けについては，すでに述べたように前払金勘定と前受金勘定で処理する。しかしながら，商品の売買に伴う現金の収入や支出を除いて，取引内容もしくは勘定科目が不確定であったり，発生金額が未確定であった場合の現金の収入と支出は，それらが確定するまでの間，仮払金勘定と仮受金勘定で処理する。
　例えば，従業員が出張するにあたり，旅費や営業活動費などを概算で仮払いし，帰任後に使途内容が判明したとき精算する場合に仮払金勘定に記入される。すなわち，旅費等を仮払いしたときに仮払金勘定の借方に記入し，精算により科目や金額が確定したときに仮払金勘定の貸方に記入するとともに，適正な借方勘定に振り替える。
　この場合の仕訳を示せば，次のとおりである。

（借）仮　払　金	×××	（貸）現　　　　金	×××
（借）旅　　　費	×××	（貸）仮　払　金	×××
支払手数料	×××		
現　　　　金	×××		

　また，出張中の従業員から現金の送金や当座預金への振込みがあったが，その理由や内容が不明であったため，後日従業員に確認して適正な処理をする場合に仮受金勘定に記入する。すなわち，現金の送金を仮受金勘定の貸方に記入し，確認により内容が判明したときに仮受金勘定の借方に記入するとともに，適正な貸方科目に振り替える。

　この場合の仕訳を示せば，次のとおりである。

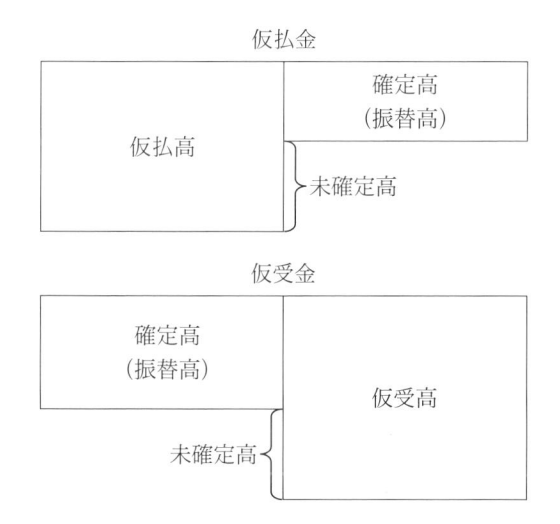

| （借）現　　　　金 | ×××　 | （貸）仮　受　金 | ××× |
| （借）仮　受　金 | ×××　 | （貸）売　掛　金 | ××× |

仮払金

| 仮払高 | 確定高
（振替高） |
| | 未確定高 |

仮受金

| 確定高
（振替高） | 仮受高 |
| 未確定高 | |

設例7-9

　次の取引を仕訳しなさい。
　8月21日　従業員が出張するにあたり，旅費として概算¥180,000を現金で渡した。

23日　出張中の従業員から¥220,000が当座預金に振り込まれたが，その内容が不明である。
25日　従業員が出張から帰任し，旅費の精算を行うとともに，残額¥12,000を現金で受け入れた。
27日　従業員に確認したところ，出張中の¥220,000の振込みは得意先に対する売掛金の回収であることが判明した。

【解答】

8/21	(借)	仮　払　金	180,000	(貸)	現　　　金	180,000
23	(借)	当 座 預 金	220,000	(貸)	仮　受　金	220,000
25	(借)	旅　　　費	168,000	(貸)	仮　払　金	180,000
		現　　　金	12,000			
27	(借)	仮　受　金	220,000	(貸)	売　掛　金	220,000

2　未決算勘定

　取引は発生しているため帳簿への記入を行わなければならないが，現金の収入や支出がなく，処理すべき勘定科目や金額が未確定ということが起きることがある。このような場合には，一時的に未決算勘定で処理する。

　未決算勘定は，ある取引が発生してから未確定事項が確定するまでの中間的計算を示す勘定で，先の仮払金や仮受金などと同様，仮勘定と呼ばれる性質の勘定の一種である。未決算勘定で処理した取引が，後日勘定科目や金額が確定したとき，未決算勘定での貸借反対記入をすると同時に，それを適正な勘定に振り替える。

　未決算勘定で処理されるケースとしては，例えば建物が焼失し，掛けていた保険金の支払いを請求したものの，保険金の支払いやその金額が未確定の場合，決定するまでの間未決算勘定で処理しておく。このような場合の仕訳は，次のとおりとなる。

(借) 未　決　算　×××　(貸) 建　　　物　×××
(借) 未　収　金　×××　(貸) 未　決　算　×××
　　　　　　　　　　　　　　　保 険 差 益　×××

なお，未決算勘定への記入が必要となった原因を明らかにするために，例えば火災未決算勘定などとすることがある。

すでに説明した現金過不足勘定は，手許現金の過剰もしくは不足について，その不一致の原因が判明するまで一時的に処理するための勘定科目であり，仮勘定の一種である。ただし，その内容を科目名の上でも明確にするために単に未決算勘定とせず，現金過不足勘定とするのが通例である。

また，これも先に説明した不渡手形勘定は，不渡りとなった手形についてその回収が不確実であるところから，確定するまでの間一時的に処理するための未決算勘定である。ただし，勘定科目の設定にあたってはその取引源泉を明らかにするために単に未決算勘定とせず，不渡手形勘定とするのが通例である。

設例7－10

次の取引を仕訳しなさい。
8月14日　建物が焼失したので，保険会社に火災保険の支払いを請求した。建物の簿価は¥6,000,000で，¥8,000,000の火災保険を掛けていた。
　29日　保険会社から保険金¥7,000,000を支払う決定を行った旨の通知があった。
9月13日　保険会社から焼失建物に対する火災保険金¥7,000,000が当座預金に振り込まれた。

解答

8/14　（借）未　決　算　6,000,000　（貸）建　　　　物　6,000,000
　29　（借）未　収　金　7,000,000　（貸）未　決　算　6,000,000
　　　　　　　　　　　　　　　　　　　　保　険　差　益　1,000,000
9/13　（借）当　座　預　金　7,000,000　（貸）未　収　金　7,000,000
（注）ここでの未決算勘定は，火災未決算勘定でもよい。

3 仮払法人税等勘定

　個人企業では，企業の1年間の事業活動によって獲得した当期純利益は資本主の所得となり，これに対して所得税が課税される。株式会社では個人企業の所得税に相当するのは法人税である。

　法人税は，法人税法の規定に基づいて，法人の課税所得の計算を行い税額を申告する手続がとられる。法人税の申告（確定申告）は，株主総会で承認された決算（これを「確定した決算」という）に基づいて，決算日の翌日から起算して2ヵ月以内に行わなければならない。

　ところで，会計年度を1年とする株式会社は，確定申告に先立って，半年を経過した中間段階で中間申告をしなければならない。その場合の税額は，前年度法人税額の2分の1か，当年度の経過半年間の当期純利益に基づく法人税額のいずれかを法人が自由に選択することになる。

　中間申告にあたって納付した法人税は，金額が未確定のものであり，確定申告により納付すべき法人税額が確定するまでの間，仮払法人税勘定の借方に記入する。

　ただし，法人税とともに住民税と事業税も課税対象となるので，通常は法人税に合計して処理される。したがって，仮払法人税勘定単独ではなく，仮払法人税等勘定として記帳される。

　中間申告に基づき法人税額を納付したときは，仮払法人税等勘定の借方に記入する。そして，期末決算によって法人税額等が確定すれば，その金額から中間申告に基づいてすでに納付した法人税分を控除した残額を納付する。決算期末では納付すべき法人税等の未払い分は，未払法人税等勘定の貸方に記入しておき，実際に納付した時点で相殺する。

　この一連の仕訳を示せば，次のようになる。

　　　（借）仮 払 法 人 税 等　　×××　　（貸）現　　　　　　金　　×××
　　　（借）法　人　税　等　　×××　　（貸）仮 払 法 人 税 等　　×××
　　　　　　　　　　　　　　　　　　　　　　　未 払 法 人 税 等　　×××
　　　（借）未 払 法 人 税 等　　×××　　（貸）現　　　　　　金　　×××

設例7−11

次の取引を仕訳しなさい。
6月30日 南海株式会社は法人税等の中間申告を行い，前年度法人税額の2分の1に相当する¥2,100,000を現金で納付した。
12月31日 期末決算の結果，今年度の法人税等は¥4,400,000と計算された。
2月28日 確定申告を行い，中間申告分の納付額を控除した残額¥2,300,000を現金で納付した。

解 答

6/30	（借）仮払法人税等 2,100,000	（貸）現　　　金 2,100,000
12/31	（借）法 人 税 等 4,400,000	（貸）仮払法人税等 2,100,000
		未払法人税等 2,300,000
2/28	（借）未払法人税等 2,300,000	（貸）現　　　金 2,300,000

第8章

資産・負債項目の処理

第1節　債権の貸倒処理

1　債権貸倒れの処理

　売掛金や受取手形のような売上債権が，相手先（債務者）の倒産などの理由で回収不能になることがある。このような事態を貸倒れという。貸倒れが発生すると売掛金勘定や受取手形勘定の貸方に記入するとともに，貸倒損失勘定（費用）の借方に記入する。

　この場合の仕訳は次のようになる。
　　（借）貸　倒　損　失　×××　（貸）売　掛　金　×××

　このような貸倒れの処理は，貸倒れが判明した時点で費用計上することを意味する。確かに売上債権が発生した会計期間に貸倒れが生じた場合は，その期間の費用とする処理でよい。しかし，貸倒れは掛取引により売掛金や受取手形が発生した期間内に発生するとは限らない。

　次年度以降に発生する貸倒れについて，その期間の費用として処理した場合，収益と費用の対応関係にズレが生じることになる。つまり，当期の売上（収益）により取得した債権の回収過程で発生した貸倒損失は，費用収益対応の原則からは発生の期間に関係なく，売上のあった期間の収益から控除することが適切である。

　そこで，期末の売上債権残高について，将来の貸倒れを合理的に見積もって，あらかじめ売上のあった期間の費用として計上する処理方法がとられる。将来

の貸倒発生予想額（回収不能見込額）を見積もる方法には，個別評価法と一括評価法の2つの方法がある。

個別評価法は，個々の債権ごとに債務者の財務内容を調査し，貸倒見積額を個別に評価する方法である。この方法は，貸倒れの発生可能性が非常に高い債権（貸倒懸念債権や破産更生債権等）に適用される。

一括評価法は，債権全体または同種・同類の債権ごとに，債権の状況に応じて過去の貸倒実績率等を基準に貸倒見積額を一括して算定する方法である。この方法は，債務者の経営状態に重大な問題が生じていない一般債権に適用されるので，貸倒実績率法または単に実績法とも呼ばれる。

なお，貸倒実績率法に基づいて貸倒見積額を算出する場合には，過去3年間の貸倒実績率の平均値とするのが通例である。例えば，過去3年間の実際の貸倒発生率（売上債権の期末残高に対する貸倒れの割合）が，2％，3％および4％だったとすれば，その平均値3％｛(2％＋3％＋4％)÷3｝が次年度の貸倒見積額の算出に適用される貸倒実績率となる。

2　貸倒引当金の設定

売掛金や受取手形の期末残高のうち次期以降において発生が確実に見積もられる貸倒れについて，前述した見積方法によってあらかじめ費用計上するとともに，これを売掛金や受取手形から控除する処理が行われる。この場合，当期末時点では実際に貸倒れが発生しているわけではないので，貸倒見積額を直接売掛金や受取手形から控除することは妥当ではない。そこで，貸倒引当金勘定を設定して，その貸方に貸倒見積額を記入する。

貸倒引当金勘定の貸倒計上金額は，売掛金勘定や受取手形勘定の借方残高の控除額を示すことになる。貸倒引当金勘定のようにある勘定から控除される性質をもつ勘定を評価勘定という。貸倒引当金勘定は貸方記入となるが，負債項目ではなく売掛金や受取手形の控除を示す勘定である。すなわち，売掛金や受取手形の期末簿価は，貸倒引当金を控除した残高ということになる。

売掛金や受取手形と貸倒引当金の関係を示せば，次のとおりである。

	売掛金借方残高	×××
（控除）	貸倒引当金計上金額	△×××
	売掛金期末簿価	×××

	受取手形借方残高	×××
（控除）	貸倒引当金計上金額	△×××
	受取手形期末簿価	×××

　期末における貸倒見積額の計上は，一方で貸倒引当金勘定の貸方に記入するとともに，他方で貸倒引当金繰入勘定または貸倒引当損勘定（費用）の借方に記入する。貸方の貸倒引当金勘定の相手借方科目は，実際に貸倒れが発生していないので，貸倒引当金繰入勘定とする。

　そして，次期以降において貸倒れが発生した場合には，貸倒引当金勘定の借方に記入すると同時に，当該売上債権の貸方に記入する。この場合は，次の仕訳となる。

　　（借）貸　倒　引　当　金　×××　（貸）売　　掛　　金　×××

　貸倒引当金の計上金額は，あくまで過去の貸倒実績率に基づく見積額であるため，実際の貸倒発生額とは必ずしも一致しない。もし，設定された貸倒引当金が実際の貸倒発生額を下回った場合には，不足額については発生した期間の貸倒損失として処理しなければならない。この場合の仕訳は，次のとおりである。

　　（借）貸　倒　引　当　金　×××　（貸）売　　掛　　金　×××
　　　　　貸　倒　損　失　　×××

3　貸倒引当金の期末調整

　貸倒れの発生が予想を下回った場合には，前期末に設定された貸倒引当金の一部が未使用残高として貸倒引当金勘定の貸方に残ることになる。これは，前期末の貸倒見積額が結果として過大であったということを意味する。この費用の過大計上は，前期の当期純利益の過少計上となっているため，厳密には前期の当期純利益を修正しなければならないということになるが，簿記処理上は次の2つの方法がある。すなわち，洗替法と差額補充法の2つである。

洗替法は，貸倒引当金の期末残高は前期損益修正として全額戻入れの処理を行うとともに，新規に当期末の売上債権に対する貸倒見積額を計上する方法である。戻入れの処理は，貸倒引当金戻入勘定の貸方に記入する方法による。この場合の仕訳は次のようになる。

　　（借）　貸 倒 引 当 金　　×××　　（貸）　貸 倒 引 当 金　　×××
　　（借）　貸 倒 引 当 金 繰 入　×××　　（貸）　貸 倒 引 当 金　　×××

これに対して，差額補充法は，貸倒引当金の期末残高が当期末で計上すべき貸倒見積額を下回っている場合には，その差額を補充して貸倒引当金に繰り入れる方法である。逆に，貸倒引当金の期末残高が貸倒見積額を上回っている場合には，その差額は貸倒引当金戻入勘定の貸方に記入する。この場合の仕訳は，次のようになる。

（期末残高＜貸倒見積額）
　　（借）　貸 倒 引 当 金 繰 入　×××　　（貸）　貸 倒 引 当 金　　×××
（期末残高＞貸倒見積額）
　　（借）　貸 倒 引 当 金　　×××　　（貸）　貸 倒 引 当 金 戻 入　×××

なお，前期以前に貸倒れとして処理された売上債権の一部または全部が当期になって回収されることがある。その場合には，回収された金額は償却債権取立益勘定（収益）の貸方に記入する。仕訳は次のとおりである。

　　（借）　現　　　　　金　　×××　　（貸）　償却債権取立益　　×××

設例 8－1

次の取引の仕訳をしなさい。

12月31日　高木商店は決算にあたり，売掛金残高¥600,000に対して2％の貸倒れを見積もった。ただし，貸倒引当金の期末残高が¥4,000あり，洗替法による処理を行っている。

2月10日　山田商店は前期に貸倒れとして処理した北川商店に対する売掛金のうち¥18,000を当期に現金で回収した。

3月31日　静岡商事は決算にあたり，売掛金の期末残高¥800,000に対して3％の貸倒れを見積もった。ただし，貸倒引当金の期末残高が

¥3,000 あり，差額補充法による処理を行っている。

【解答】

12/31	（借）	貸倒引当金	4,000	（貸）	貸倒引当金戻入	4,000
		貸倒引当金繰入	12,000		貸倒引当金	12,000
2/10	（借）	現　　　　金	18,000	（貸）	償却債権取立益	18,000
3/31	（借）	貸倒引当金繰入	21,000	（貸）	貸倒引当金	21,000

第2節　有価証券の処理

1　有価証券の意義と分類

　企業は，利息や配当金，さらには値上がり益を獲得するため，あるいは他の会社を支配するためなどの各種の目的で有価証券を購入することがある。有価証券とは，私法上の財産権を表す証券であって，その証券によって権利の行使または移転がなされるものである。

　法律上，有価証券には，小切手や手形などの貨幣証券，貨物代表証券や船荷証券などの物品証券，株式，社債，国債，地方債などの資本証券がある。しかし，簿記上，有価証券という場合，株式，国債，地方債などの資本証券に限定される。

　このような有価証券には，市場価格のある有価証券と市場価格のない有価証券とがある。そのうち市場価格のある有価証券は，その保有目的によって大きく5つに分類される。すなわち，①売買目的有価証券，②満期保有目的債券，③子会社株式，④関連会社株式，⑤その他有価証券の5つである

　①の売買目的有価証券とは，時価の変動により利益を得ることを目的として短期間保有する有価証券である。②の満期保有目的債券とは，長期的な利殖を目的として満期まで保有する社債その他の債券である。

　また，③の子会社株式とは，他の企業を支配する目的で保有する株式である。④の関連会社株式とは，他の企業へ重要な影響を及ぼすために保有する株式である。そして，⑤のその他有価証券とは，業務提携など多様な性格や目的を有

する①〜④以外の有価証券である。

以上の有価証券の分類を整理して示すと，図表8－1のとおりである。

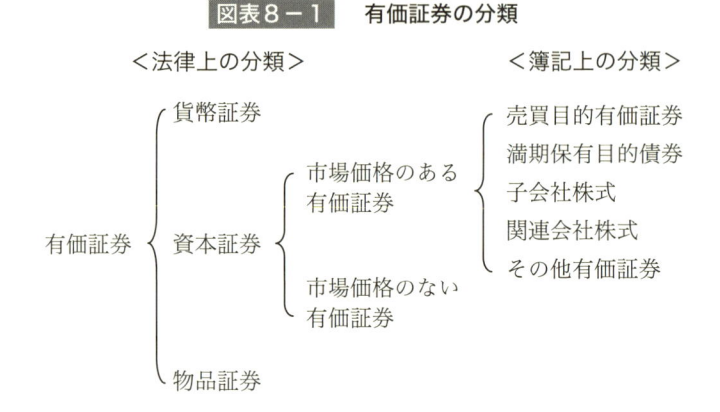

図表8－1　有価証券の分類

```
＜法律上の分類＞                      ＜簿記上の分類＞
        ┌ 貨幣証券                     ┌ 売買目的有価証券
        │         ┌ 市場価格のある      │ 満期保有目的債券
有価証券 ┤ 資本証券 ┤ 有価証券          ┤ 子会社株式
        │         │                   │ 関連会社株式
        │         └ 市場価格のない      └ その他有価証券
        │           有価証券
        └ 物品証券
```

ここでは，有価証券のうち売買目的有価証券についての簿記上の処理を説明する。

2　有価証券の取得と売却

有価証券を取得したとき，それが売買目的で短期保有の場合は売買目的有価証券勘定（資産）を設定して記帳処理する。一方，売買目的の有価証券以外の有価証券は，投資目的で長期保有の有価証券であるため，売買目的有価証券勘定と区別して処理する。すなわち，有価証券の種類ごとに，満期保有目的債券勘定，子会社株式勘定，関連会社株式勘定およびその他有価証券勘定で処理する。ただし，売買目的有価証券勘定は有価証券勘定，それ以外の4つの勘定は投資有価証券勘定としてもよい。

売買目的有価証券を取得したときは，購入代価に手数料等の付随費用を加算して売買目的有価証券勘定の借方に記入する。そして，有価証券を売却したときは，取得原価で売買目的有価証券勘定の貸方に記入すると同時に，売却価格との差額を有価証券売却益勘定（収益）の貸方または有価証券売却損勘定（費用）の借方に記入する。

この場合の仕訳は，次のようになる

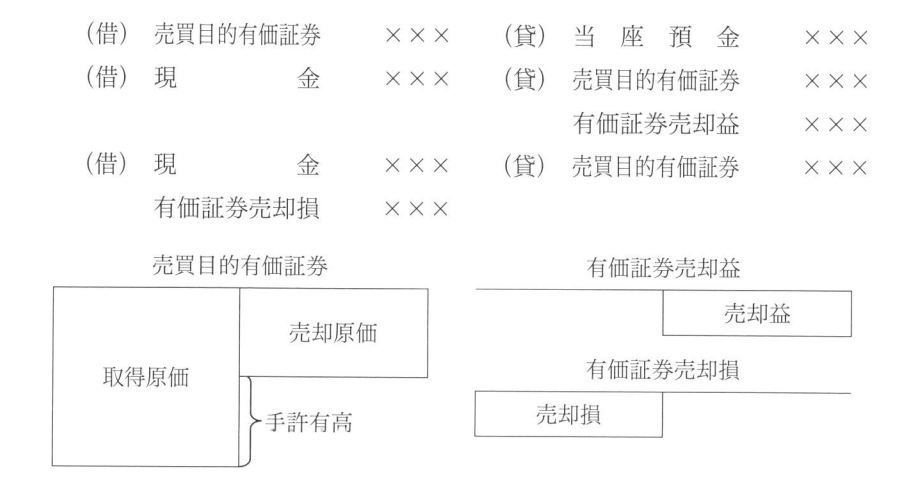

第8章 資産・負債項目の処理　193

(借)	売買目的有価証券	×××	(貸)	当　座　預　金	×××
(借)	現　　　　　金	×××	(貸)	売買目的有価証券	×××
				有価証券売却益	×××
(借)	現　　　　　金	×××	(貸)	売買目的有価証券	×××
	有価証券売却損	×××			

売買目的有価証券

取得原価 ／ 売却原価
　　　　　＼手許有高

有価証券売却益
　　　　　売却益

有価証券売却損
　売却損

設例8－2

次の取引を仕訳しなさい。

9月8日　新宿商店は，㈱松田商会の株式500株を@￥1,000で購入し，買入手数料￥9,000とともに小切手を振り出して支払った。

　15日　山川商店は短期保有目的で額面￥250,000の国債を￥245,000（1口￥98）で購入し，代金は現金で支払った。

　22日　新宿商店は，㈱松田商会の株式300株を@￥1,150で売却し，代金は月末に受け取ることにした。

　30日　成城商事は所有している愛知工業㈱の株式について，株式配当金領収書￥180,000を受け取った。

解　答

9/8	(借)	売買目的有価証券	509,000	(貸)	当　座　預　金	509,000
15	(借)	売買目的有価証券	245,000	(貸)	現　　　　　金	245,000
22	(借)	未　　収　　金	345,000	(貸)	売買目的有価証券	305,400
					有価証券売却益	39,600
30	(借)	現　　　　　金	180,000	(貸)	受　取　配　当　金	180,000

3　有価証券の期末評価

　有価証券を期末に保有している場合，有価証券の種類に応じて時価の変動を有価証券の価額に反映させる処理が必要となる。この手続を有価証券の期末評価といい，評価に基づいて有価証券の帳簿価額を増額または減額することを評価替えという。

　評価の方法には，基本的に原価法と時価法の2つがある。原価法は，時価に関係なく取得原価で評価する処理法である。これに対して，時価法は，有価証券の時価に一致させるために取得原価を修正する処理法である。株式のように取引所などで取引される有価証券の時価は，株価などの市場価格を指す。

　売買目的有価証券の期末評価には，時価法が適用される。すなわち時価が取得原価より高いときは売買目的有価証券の増額修正となり，反対に時価が取得原価より低いときは減額修正となる。その結果，時価と取得原価との差額は，時価が上回ったとき有価証券評価益勘定（収益）の貸方に記入し，時価が下回ったとき有価証券評価損勘定（費用）の借方に記入する。

　有価証券の評価替えを仕訳で示せば，次のとおりである。

　　（借）有　価　証　券　×××　　（貸）有価証券評価益　×××
　　（借）有価証券評価損　×××　　（貸）有　価　証　券　×××

　なお，有価証券勘定に記入された当初の取得原価は，評価益または評価損の計上によって修正されるが，この金額は帳簿価額（または略して簿価）と呼ばれる。

```
  売買目的有価証券              有価証券評価益
┌─────────────┐              
│  取得原価   │              ┌─────────┐
│             │ ┐ 期末帳簿価額 │  評価益 │
├─────────────┤ │            └─────────┘
│  評価益     │ ┘
└─────────────┘
```

設例8−3

次の取引を仕訳しなさい。

10月30日　福本商事は，決算にあたり，売買目的で保有している㈱高崎商店の株式300株（取得原価＠¥700）の時価が＠¥450に下落したので評価替えを行った。

12月31日　石田商店は㈱河合商店の株式1,500株の時価が＠¥650となったため，簿価＠¥500との差額を増額修正した。

解答

10/30	（借）	有価証券評価損	75,000	（貸）	売買目的有価証券	75,000
12/31	（借）	売買目的有価証券	225,000	（貸）	有価証券評価益	225,000

第3節　固定資産と減価償却

1　固定資産の取得

　企業が保有する資産は，財務流動性の観点から大きく流動資産と固定資産に分けられる。流動資産は，短期投資の支払手段となる貨幣資産や，営業サイクル内で販売または消費される目的で保有する棚卸資産などをいう。具体的には，現金，預金，売掛金，受取手形，有価証券，商品，貯蔵品などが含まれる。

　これに対して固定資産は，企業の経営活動のために長期間にわたって使用される経営資産や，投資目的等のために長期間保有する投資資産などをいう。固定資産はその形態により，有形固定資産，無形固定資産，および投資その他の資産の3つに分類される。

具体的には，有形固定資産には，建物，機械，車両運搬具，備品，土地などが含まれる。無形固定資産には，特許権，商標権，知的財産権，のれんなどの法律上および経済上の権利が含まれる。投資その他の資産には，投資有価証券，長期貸付金などが含まれる。

ここでは固定資産のうち主として有形固定資産について説明する。まず，固定資産を取得したとき，備品，機械，建物などの各勘定の借方に取得原価で記入する。取得原価は，当該固定資産の購入価額に付随費用（引取運賃，据付費，買入手数料など）を加算した合計額である。ただし，購入によらず自家建設，交換，贈与などの方法で固定資産を取得した場合には，それぞれに応じて適切な評価額で取得原価を決定する。

固定資産を取得したときの仕訳は，次のとおりである。

（借）備　　　品　×××　（貸）当 座 預 金　×××
（借）土　　　地　×××　（貸）当 座 預 金　×××
　　　　　　　　　　　　　　　未　払　金　×××

固定資産の取得後に改良を加えて，その経済価値が増加し，または経済的利用年数が延びる場合には，その支出額は当該固定資産の取得原価に加える。このような支出を資本的支出という。これに対して，通常の保守・修繕によって固定資産の原状を維持する場合には，その支出額は修繕費として費用処理する。このような支出を収益的支出という。

設例8-4

次の取引を仕訳しなさい。
4月5日　建物を¥12,000,000で購入し，代金は小切手で支払った。なお，買入手数料¥1,800,000と登録料等¥600,000は現金で支払った。
11月20日　建物を改築し，代金2,300,000は小切手を振り出して支払った。改築の内容は，外壁の塗替え¥800,000と増築¥1,500,000であった。

(解答)

4/5	(借)	建	物	14,400,000	(貸)	当 座 預 金	12,000,000
						現　　　　金	2,400,000
11/20	(借)	建	物	1,500,000	(貸)	当 座 預 金	2,300,000
		修　繕　費		800,000			

2　減価償却費の計算

　備品，機械，建物などの有形固定資産（ただし，土地および建設途中の建設仮勘定を除く）は，利用もしくは時の経過に伴ってその経済価値が減少する性質の資産である。この価値の減少を減価というが，決算時には当該期間の減価分を合理的な計算方法で算定し，一方で当期の費用として計上するとともに，他方で当該有形固定資産の取得原価を減額させる処理を行う。この手続を減価償却といい，減価分に相当する費用を減価償却費と呼ぶ。

　減価償却費を計算するためには，取得原価，残存価額および耐用年数の3つの計算要素が必要である。取得原価は減価償却費計算の基礎価額であり，耐用年数は有形固定資産の経済的利用可能年数である。また，残存価額は耐用年数経過後の見積処分価額である。

　さて，減価償却費の計算方法には，定額法，定率法，級数法，生産高比例法などがあり，定額法と定率法が広く行われている。定額法は，毎期一定額の減価償却費を計上する方法で，次の算式で求められる。

$$減価償却費　=　（取得原価　-　残存価額）　÷　耐用年数$$

　定率法は，固定資産の期首の簿価（期首の未償却残高）に一定の償却率を乗じた額を毎期の減価償却費とする方法で，次の算式で求められる。

$$減価償却費　=　未償却残高　×　償却率$$

　なお，税法上は2007年4月1日以降に取得した有形固定資産の残存価額をゼロとすることとなったため，新しい定率法が導入された。新しい定率法で適

用される償却率の算式を示すと，次のとおりである。

$$償却率 = 1/耐用年数 \times 2.5$$

設例8－5

取得原価¥8,000,000，耐用年数10年，残存価額は取得原価の10％である機械装置（2006年4月1日取得）の毎期の減価償却費を，定額法で計算しなさい。

解答

定額法による減価償却費 $= \dfrac{¥8,000,000 - ¥800,000}{10年} = \dfrac{¥7,200,000}{10年} = ¥720,000$

よって，毎期の減価償却費は¥720,000となる。

設例8－6

2013年3月31日の決算にあたり，取得原価¥3,000,000，耐用年数6年，残存価額ゼロの営業用車両（2011年4月1日取得）の減価償却費を，定額法と定率法で計算しなさい。

なお，定率法の償却率は0.417（1/6年×2.5）である。円未満の額については四捨五入して求めること。

解答

- 定額法による減価償却費 $= \dfrac{¥3,000,000 - ¥0}{6年} = ¥500,000$

 よって，当期末の減価償却費は¥500,000となる。
- 定率法による減価償却費 $= (¥3,000,000 - ¥1,251,000) \times 0.417 = ¥729,333$

 よって，当期末の減価償却費は¥729,333となる。なお，前期末の減価償却費は¥1,251,000（¥3,000,000×0.417）であった。

3　減価償却の記帳

　期末における減価償却の記帳は，借方の減価償却費勘定に対して，貸方の勘定科目記入をどのように行うかによって，直接法と間接法の2つの方法がある。

　直接法は，減価償却費の計上額を当該固定資産勘定の貸方に記入し，固定資産の簿価を直接減額する記帳方法である。直接法は，直接控除法とも呼ばれる。例えば，備品について減価償却を行った場合の仕訳は，次のとおりである。

　　（借）　減 価 償 却 費　　×××　　（貸）　備　　　　　品　　×××

　間接法は，減価償却費の計上額を減価償却累計額勘定の貸方に記入する記帳方法である。この方法は，当該固定資産の簿価を直接減額せず，固定資産の評価勘定たる減価償却累計額勘定への貸方記入を通じて間接的に減額する記帳方法である。間接法は間接累計法とも呼ばれる。やはり備品についての例でこの場合の仕訳を示せば，次のようになる。

　　（借）　減 価 償 却 費　　×××　　（貸）　備品減価償却累計額　×××

　直接法による場合には，記帳の方法としては簡単であるが，固定資産の取得原価や償却費計上額の累計が勘定面からは明らかとならない。一方，間接法による場合には，固定資産の取得原価が毎期繰り越されると同時に，各期の減価償却費が減価償却累計額勘定に累加記入されるので，記録管理の面で便利である。そのため一般に間接法による記帳が行われる。

　直接法によれば，減価償却の行われる固定資産勘定の借方残高が，ただちに簿価（未償却残高）を示すのに対して，間接法のもとでは，固定資産勘定の借方残高（取得原価）から減価償却累計額勘定の貸方残高（減価償却累計額）を控除した金額が，当該固定資産の簿価となる。

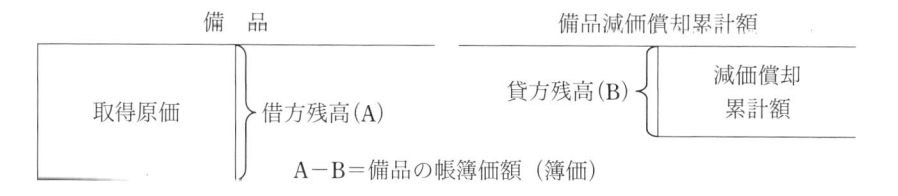

```
         備　品                備品減価償却累計額
┌──────────┐           ┌──────────┐
│          │           │          │ 減価償却
│ 取得原価 │借方残高(A) │ 貸方残高(B)│ 累計額
│          │           │          │
└──────────┘           └──────────┘
         A－B＝備品の帳簿価額（簿価）
```

　固定資産は長期間使用することを目的として保有するが，不要・買換えその

他の理由により途中で売却することがある。

　固定資産を売却した場合，売却価額と帳簿価額との差額は，固定資産売却益勘定（収益）または固定資産売却損勘定（費用）で処理する。売却価額が帳簿価額より大きい場合の仕訳例を示すと，次のとおりである。

（直接法の場合）
　　（借）現　　　　金　×××　（貸）備　　　　品　×××
　　　　　　　　　　　　　　　　　　固定資産売却益　×××

（間接法の場合）
　　（借）現　　　　金　×××　（貸）備　　　　品　×××
　　　　　備品減価償却累計額　×××　　　　固定資産売却益　×××

設例8-7

> 次の取引を仕訳しなさい。
> 3月31日　決算にあたり，建物（2005年4月1日取得，取得原価¥12,000,000，耐用年数30年，残存価額は取得原価の10％）について定額法により減価償却を行った。なお，減価償却は間接法で処理している。
> 6月30日　取得原価¥700,000，減価償却累計額¥420,000の備品を¥250,000で売却し，代金は小切手で受け取った。なお，減価償却は間接法で処理している。

【解　答】

3/31	（借）減 価 償 却 費	360,000	（貸）建物減価償却累計額	360,000
6/30	（借）現　　　　　金	250,000	（貸）備　　　　　品	700,000
	備品減価償却累計額	420,000		
	固定資産売却損	30,000		

第4節　社債の処理

1　社債の意義と種類

　大規模な資金を必要とする株式会社は，株式の発行以外に各種の資金調達方法を選択採用する。その1つに社債の発行がある。すなわち，株式会社が，証券市場を通じて広く一般の投資者に対して，社債券と呼ばれる証券を発行することによって長期資金を調達する方法である。

　社債券の発行によって資金を調達する行為は，証券投資者からの長期借入れを意味するので，発行会社にとってはいずれ返済しなければならない金銭債務である。簿記上は，このような会社の債務を社債として処理する。

　社債は，会社法の規定に基づきその発行の要件が定められているもので，社債の購入者（社債権者という）に対して一定の利息（社債利息）を支払うとともに，満期日（社債償還日）に社債の額面金額（社債券面に記載された金額のこと）を返済することを約束した長期債務である。

　社債発行の仕組みを図示すれば，**図表8－2**のとおりである。

図表8－2　社債発行の仕組み

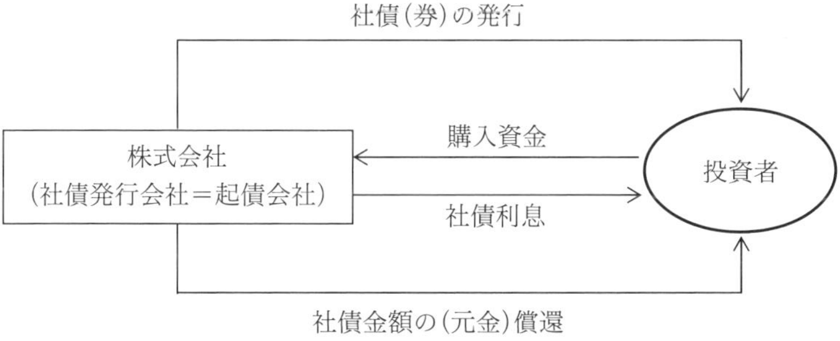

```
           社債(券)の発行
         ┌──────────────→
  株式会社          購入資金          投資者
(社債発行会社    ←──────────────
  ＝起債会社)      社債利息
         ──────────────→
           社債金額の(元金)償還
         ←──────────────
```

　このような社債は，いくつかの観点から分類することができる。まず，社債債務の返済を保証するために物的担保（抵当権や質権など）がついているか否かにより，担保付社債と無担保社債に分類される。また，社債券面に社債権者

の氏名が記載されているか否かにより，記名社債と無記名社債に区別される。

また，社債発行による資金調達を容易にするなどの理由で，株式への転換権や新株購入の予約権などの特別の権利を社債に付与する場合がある。起債会社の株式への転換権が一定の条件で認められた転換社債と，新株が発行される場合にあらかじめ定められた価額で新株を購入できる権利を付与された新株予約権付社債がある。これらを特殊社債とすれば，このような特別の権利を付与されていない通常の社債を普通社債という。

なお，会社法上は，従来の転換社債と新株引受権付社債はともに新株予約権付社債として統合された。これにより，簿記上も社債（負債）と新株予約権（純資産）として取り扱うこととしている。

2　社債の発行

社債の発行方法には，直接発行と間接発行の2つの方法がある。直接発行は，起債会社が自ら社債の発行手続を行い，直接投資者に社債の引受けを募る方法である。これに対して，間接発行は，社債の発行手続を，外部の証券会社に有償で委託して募集する方法である。

一般的に行われている間接発行は，さらに募集の方法によって委託募集，引受募集および総額引受の3つに分類される。委託募集は受託会社（証券会社など）に募集業務を委託する方法，また，引受募集は受託会社に募集業務を委託するとともに，社債の一部を引き受けてもらう方法，そして，総額引受は引受会社に社債の全額を引き受けてもらう方法である。

社債を発行した場合には，社債勘定の貸方に額面金額で記入すると同時に，受け入れた代金は当座預金勘定の借方に記入する。その場合の仕訳は，次のとおりである。

　　　　　（借）当　座　預　金　×××　（貸）社　　　　債　×××

社債の額面金額は，通常￥100を単位（一口と呼ぶ）として取引される。社債の発行形態には，平価発行（額面発行），割引発行および打歩発行の3つがある。社債の発行価額と額面金額との関係は，次のとおりである。わが国では社債の発行は割引発行が一般的である。

① 平価発行：発行価額＝額面金額

② 割引発行：発行価額＜額面金額
③ 打歩発行：発行価額＞額面金額

　社債を平価発行したときは社債勘定の貸方に額面金額で記入することは前述したが，社債を割引発行または打歩発行した場合は，発行価額（払込価額）で社債勘定に記入すると同時に，発行価額と額面金額との差額は，その社債の償還期間にわたって毎期一定の方法で，毎決算期末に社債の帳簿価額に加減する処理を行う。このような社債の期末評価方法を償却原価法という。社債の償却原価法には，利息法と定額法があるが，利息法によることが原則となっている。

　また，社債を発行するために要した社債券の印刷費や証券会社等への支払手数料などは，社債発行費勘定の借方に記入する。社債発行費は全額費用として一括処理することもできるが，後述する繰延資産として計上して数期間にわたって一定額ずつ償却（費用処理）することも認められている。決算期末において社債発行費の償却を行った場合には，社債発行費償却勘定（費用）の借方に記入すると同時に，社債発行費勘定（資産）の貸方に記入する。この場合の仕訳は次のようになる。

　　（借）社 債 発 行 費　×××　（貸）現　　　　金　×××
　　（借）社債発行費償却　×××　（貸）社 債 発 行 費　×××

3　社債の償還

　発行した社債に対しては，約定により利息を支払わなければならない。社債の利息は，通常半年経過ごとの年２回払いとなっている。社債の発行会社が利息を支払ったときは，社債利息勘定の借方に記入する。銀行などからの借入金に対する利息は支払利息勘定で処理するが，社債の利息はこれと区別するため社債利息勘定を設けて処理する。

　これを仕訳で示すと，次のとおりである。

　　（借）社 債 利 息　×××　（貸）当 座 預 金　×××

　社債の発行によって調達した資金（額面金額）を返済することを，社債の償還という。償還の形態には，その時期や方法によって各種のものがある。

　まず，償還の範囲によって一括償還と分割償還の２つに分けられる。そして，償還の時期によって一括償還はさらに満期償還と繰上償還に，分割償還はさら

に定時償還と随時償還にそれぞれ細分される。満期償還は社債の満期日に全額を一括償還する方法であり，繰上償還は当初の償還日を繰り上げて全額を一括償還する方法である。

　また，定時償還は社債の一定額を抽選償還の方法により定期的に償還する方法であり，随時償還は不特定の社債を発行市場において買入償還の方法により随時償還する方法である。

　社債を償還した場合には，額面金額で社債勘定の借方に記入する。ただし，買入償還の方法で市場から時価で社債を随時償還したときは，額面金額と買入価額が異なるのが通例である。

　帳簿価額と買入価額との差額は，社債償還益勘定（収益）の貸方または社債償還損勘定（費用）の借方に記入して処理する。社債償還損の場合の仕訳処理を示せば，次のとおりである。

（借）社　　　　　債	×××	（貸）当 座 預 金	×××
（借）社　　　　　債	×××	（貸）当 座 預 金	×××
社 債 償 還 損	×××		

設例8−8

次の取引を仕訳しなさい。
4月1日　山崎商事株式会社は，額面総額¥30,000,000の社債を＠¥97で発行し，全額の払込みが完了した。払込金は当座預金とした。なお，この社債の発行に要した諸費用¥280,000は小切手を振り出して支払った。社債発行費は繰延資産として処理する。
9月30日　上記社債の利払日（年2回）につき利息を小切手を振り出して支払った。ただし，利率は年1％となっている。

解　答

4/1	（借）当 座 預 金	29,100,000	（貸）社　　　　　債	29,100,000
	社 債 発 行 費	280,000	当 座 預 金	280,000
9/30	（借）社 債 利 息	150,000	（貸）当 座 預 金	150,000

第5節　繰延資産と引当金

1　繰延資産

　すでに代価の支払いが完了するかまたは支払義務が確定し，これに対応する役務の提供を受けたにもかかわらず，その効果が将来にわたって発現すると期待される費用については，支出の発生した期間に全額費用計上する処理は妥当な方法とはいえない。なぜなら，期間損益計算を適正に行うためには，収益との対応関係で費用を計上する必要があるからである。

　そのために，将来の期間に影響を及ぼすこのような特定の費用は，その効果の及ぶ数期間に配分するため，経過的に資産として計上する方法で処理する。このような資産項目を繰延資産という。繰延資産は，貸借対照表の資産の部に，流動資産および固定資産の次に区分表示される。

　繰延資産として処理される項目は，株式交付費，社債発行費等，創立費，開業費および開発費の5項目である。株式交付費と社債発行費等は，新株の発行や社債の発行等に係る特別の費用である。創立費と開業費は，企業の設立や開業準備等に係る特別の費用である。

　繰延資産として計上する特定の費用は，当該勘定科目の借方に支出額で記入する。例えば，創立費を計上する場合には，次のような仕訳になる。

　　　（借）創　　立　　費　　×××　　（貸）当　座　預　金　　×××

　また，繰延資産は換金価値をもたないため，早期に償却（費用化）することが保守的経理の観点から求められる。創立費を例にとれば，制度上は会社の設立のときから5年以内に定額法により償却しなければならない。創立費の償却は，決算期末に次のように仕訳処理される。

　　　（借）創　立　費　償　却　　×××　　（貸）創　　立　　費　　×××

> **設例8－9**
>
> 次の取引を仕訳しなさい。
> 10月10日　山吹商事は、九州地方での新市場を開拓するための広告宣伝費として￥8,000,000を小切手を振り出して支払った。当社では、この支出を繰延資産として処理することとし、5年以内の均等額償却を行うこととした。
> 12月31日　山吹商事は、決算に際し、上記開発費のうち￥1,600,000を償却した。

〔解　答〕

10/10　（借）開　　発　　費　8,000,000　（貸）当　座　預　金　8,000,000
12/31　（借）開 発 費 償 却　1,600,000　（貸）開　　発　　費　1,600,000

2　引当金

　企業の経済活動によって発生する将来の支出または損失のうち、当期の収益に負担させることが合理的な項目がある。このような項目が引当金である。

　引当金とは、①将来の特定の費用または損失であって、②その発生が当期以前の事象に起因し、③発生の可能性が高く、かつ④その金額を合理的に見積もることができる場合に設定される貸方項目のことである。引当金が設定されたとき、「○○○引当金繰入勘定」（または「○○○引当損勘定」）の借方に記入すると同時に、「○○○引当金勘定」の貸方に記入する。

　引当金には、資産の控除たる評価性引当金と、負債の性質たる負債性引当金の2種類がある。このうち評価性引当金には、すでに説明した貸倒引当金がある。他方、負債性引当金は、①法律上の条件付債務たる引当金と②法律上の債務でない引当金に分類される。

　製品保証引当金、賞与引当金、退職給付引当金などは、①の条件付債務たる性格をもつ引当金である。また、修繕引当金、特別修繕引当金、債務保証損失引当金などは、②の法的債務たる性格をもたない引当金である。これらの引当金の分類を図示すれば、**図表8－3**のとおりである。

図表8－3　引当金の分類

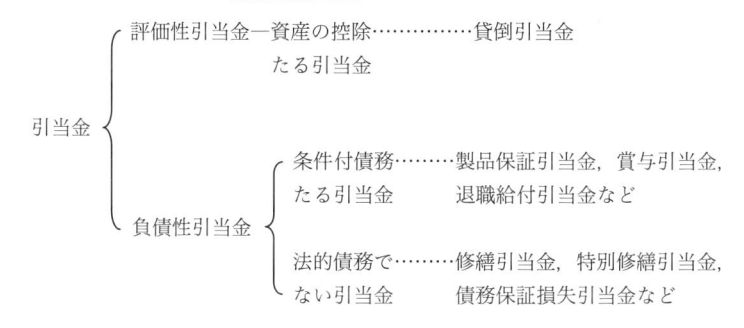

```
        ┌ 評価性引当金─資産の控除……………貸倒引当金
        │             たる引当金
引当金 ─┤
        │             ┌ 条件付債務………製品保証引当金，賞与引当金，
        │             │ たる引当金       退職給付引当金など
        └ 負債性引当金┤
                      │ 法的債務で………修繕引当金，特別修繕引当金，
                      └ ない引当金       債務保証損失引当金など
```

　ここでは退職給付引当金と修繕引当金について説明する。退職給付引当金は，将来の退職時に従業員に支給される退職金の企業負担分を，毎期の決算期末に計上するための貸方科目である。当期の負担に属する金額を退職給付引当金繰入勘定（または退職給付費用勘定）の借方に記入し，同時に退職給付引当金勘定の貸方に記入する。

　次に，修繕引当金は，機械や建物などの固定資産に対して通常行われる修繕が，事情により当該期間中に行われず次期以降に繰り延べられた場合，その修繕に必要な費用を合理的に見積もって決算期末に計上するための貸方科目である。

　当期の負担に属する金額を修繕引当金繰入勘定の借方に記入し，同時に修繕引当金勘定の貸方に記入する。なお，次期以降に実際に修繕が行われた場合には，修繕引当金勘定の借方に記入して取り崩す。修繕引当金の残高と実際の発生額が異なるときは，修繕費勘定の借方（残高不足）または修繕引当金戻入勘定の貸方（残高超過）に記入する。

設例8－10

　次の取引を仕訳しなさい。
3月31日　川上工業は，決算にあたり，当期中に行うべきであった工場の
　　　　　機械修繕費用￥750,000を見積もり計上した。
4月20日　前期より繰り延べられた機械の修繕を行ったが，修繕費用は前

期末での見積金額を上回って¥880,000であった。代金は小切手を振り出して支払った。

解答

3/31	(借)	修繕引当金繰入	750,000	(貸)	修 繕 引 当 金	750,000
4/20	(借)	修 繕 引 当 金	750,000	(貸)	当 座 預 金	880,000
		修　繕　費	130,000			

3　資本金

　個人企業では，資産から負債を控除した差額の資本（純資産）は資本金勘定で処理する。すなわち，個人企業では，資本主の出資（開業元入と追加元入）および当期純利益の計上は資本金の増加となるため，資本金勘定の貸方に記入する。また，資本主の資本引出しおよび当期純損失の計上は資本金の減少となるため，資本金勘定の借方に記入する。

　まず，資本主の出資（元入れおよび追加）および当期純利益の計上があった場合の仕訳は，次のようになる。

　　　（借）当 座 預 金　×××　（貸）資　　本　　金　×××
　　　（借）損　　　　益　×××　（貸）資　　本　　金　×××

他方，資本主の私用のための資本引出や所得税等の支払いの場合の仕訳は，次のようになる。

　　　（借）資　　本　　金　×××　（貸）現　　　　金　×××

また，帳簿決算での当期純損失の計上の場合の仕訳は，次のようになる。

　　　（借）資　　本　　金　×××　（貸）損　　　　益　×××

資本金

資本引出	開業元入
当期純損失	追加元入
	当期純利益

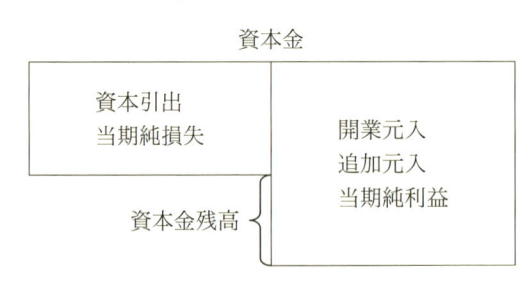

資本金残高

資本主による資本の引出しが頻繁に行われる場合には、資本金勘定の借方記入が煩雑になる。そこで資本金勘定の記入管理と資本引出しの一括把握を行うため、資本金勘定の評価勘定となる引出金勘定を別に設けて記入することがある。

この場合には、期中において資本の引出しがあったときは引出金勘定の借方に記入しておき、決算期末にその合計額を資本金勘定の借方に振り替える方法がとられる。資本金勘定への振替えが完了した引出金勘定は、貸借が一致して消滅することになる。

引出金勘定への仕訳記入を示せば、次のとおりである。

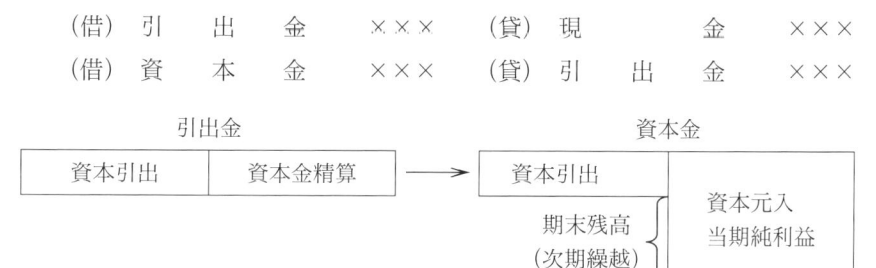

(借) 引　出　金　×××　(貸) 現　　　　金　×××
(借) 資　本　金　×××　(貸) 引　出　金　×××

```
      引出金                          資本金
┌─────────┬─────────┐       ┌─────────┬─────────┐
│ 資本引出 │ 資本金精算 │  →    │ 資本引出 │ 資本元入 │
└─────────┴─────────┘       │ 期末残高 │ 当期純利益│
                              │(次期繰越)│         │
                              └─────────┴─────────┘
```

設例8−11

次の一連の取引を仕訳しなさい。

10月5日　個人企業の橋田商店の橋田社長が家族旅行費用として現金¥240,000を引き出した。引当金勘定を用いている。

11月1日　資本主の橋田社長は、¥5,000,000を追加元入した。

11月30日　今月分の家賃¥180,000を現金で支払った。ただし、家賃の2分の1は橋田社長一家の私的使用分である。

12月31日　決算にあたり、引出金勘定の残高を資本金勘定に振り替えて精算した。また、決算の結果、当期純利益¥1,200,000が計上された。

(解答)

| 10/ 5 | (借) 引　出　金 | 240,000 | (貸) 現　　　金 | 240,000 |
| 11/ 1 | (借) 現　　　金 | 5,000,000 | (貸) 資　本　金 | 5,000,000 |

30	（借）	支 払 家 賃	90,000	（貸）	現	金	180,000
		引 出 金	90,000				
12/31	（借）	資 本 金	330,000	（貸）	引 出 金	330,000
		損 益	1,200,000		資 本 金	1,200,000

… 第**9**章

試算表と精算表

第1節　試算表の機能と種類

1　試算表の機能

　取引はすべて仕訳帳に仕訳記入され，転記によって総勘定元帳の諸勘定口座に移記される。そして，期末に元帳記録を集計・計算することによって，誘導的に損益計算書や貸借対照表が作成される。したがって，これらの財務諸表が企業の経営成績や財政状態を適正に表示するためには，元帳記録が正確でなければならない。

　そこで，間違った仕訳記入や元帳転記を正し，また，取引事実の記入漏れを防ぐために，決算本手続に入る前に帳簿記録を正確にする決算予備手続が必要となる。決算予備手続は，第一に，元帳記録および仕訳記入の計算上の正確性を検証する手続と，第二に，期中でまったく記録されていない取引，または記録が事実と異なる取引については，取引事実に基づき期末時点で帳簿記録を修正して内容上の正確性を確保する手続の2つからなる。

　上記第二の帳簿記録の修正記入は決算整理手続と呼ばれるが，これについては第10章で説明する。ここでは，第一の元帳記録の計算上の正確性を検証する手続について説明する。元帳記録および第一次記入の仕訳帳の記録・計算上の正確性を検証するために，試算表が作成される。

　記録の正確性は，仕訳帳の仕訳記入と，それより転記された元帳の諸勘定科目の記録内容を照合することで検証される。すなわち「記録と記録の照合」を

通じて検証するために試算表が作成され，その検証機能を利用する手続である。

試算表の機能は，現代簿記の内包する自己検証機能を利用する。すでに明らかにしたとおり，現代簿記を支える複式簿記では貸借平均の原理に基づき，元帳のすべての勘定科目の借方合計と貸方合計は常に一致する構造となっている。試算表は，この貸借一致のメカニズムを利用して，帳簿への記入ミスや記入漏れをチェックし，記録・計算上の正確性を検証することになる。

試算表は会計帳簿の1つではなく，帳簿上の記録の正確性を検証するための一種の演算表である。元帳のすべての勘定科目に記録された金額を基礎に，帳簿外の試算表に移し替えて貸借金額の一致を確認する。

なお，試算表は，期末には決算予備手続の一環として必ず作成しなければならないが，期中においても日計表や月計表として定期的に作成し，元帳記録の誤りの早期発見に努めることが望ましい。

2 試算表の限界

試算表は，複式簿記の特徴である自己検証機能を通じて元帳記録の正確性を検証する手段である。したがって，貸借平均の原理に基づき取引の貸借記入が正確に行われていれば，元帳記録および仕訳帳記録の正確性は保証されることになる。その結果，試算表における貸借金額はバランス（平均）する。

試算表の貸借金額がアンバランス（不一致）の場合には，単純に試算表の金額計算が間違っていなければ，元帳転記もしくは仕訳帳記入に誤りがあったことを示している。記録に誤りがあるとの確証が得られたら，元帳と仕訳帳の記入について個別に調査・分析を行い，誤りの発見と修正を行わなければならない。

このように試算表にはすぐれた検証能力があるが，一方で一定の限界が認められる。試算表の機能の限界として，次の3点をあげることができる。

① 試算表は，貸借一致により元帳記録に誤りがないことが確認できたとしても，正しい記帳処理が行われたことを保証することはできない。

② 試算表は，借方合計と貸方合計の一致という貸借平均の原理を崩さない誤りについてはただちには発見できない。

③ 試算表は，元帳記録に誤りがあることを明らかにすることはできるが，

元帳記録のどこに誤りがあるかは検索できない。

上記の②で指摘した試算表で発見できない誤りの典型的な例として，次のようなものをあげることができる。

① 金額は正しいが，転記に際して間違った勘定科目に記入した場合。例えば，（借）「現金」¥50,000 とすべきところを，誤って（借）「売掛金」¥50,000 と記入したケース。

② 金額は貸借一致しているが，転記に際して貸借の勘定科目を反対に記入した場合。例えば，（借）「備品」¥850,000－（貸）「未払金」¥850,000 とすべきところを，誤って（借）「未払金」¥850,000－（貸）「備品」¥850,000 と記入したケース。

③ 貸借の勘定科目は正しいが，転記に際して貸借の金額を同額だけ増減記入した場合。例えば，上記②のケースで貸借の金額を¥850,000 とすべきところを，誤って（借）「備品」¥580,000－（貸）「未払金」¥580,000 と記入したケース。

④ 金額について同額の誤記入があったものの，転記に際して貸借どちらかの勘定科目間で相互に相殺される場合。例えば，（貸）「現金」¥240,000，（貸）「買掛金」¥160,000 と転記すべきところを，（貸）「現金」¥160,000，（貸）「買掛金」¥240,000 と記入したケース。

3 試算表の種類

試算表は，元帳の記録内容が正確か否かを検証するための演算表の役割をもつものであるから，試算表上の借方合計と貸方合計が一致することで正否の判定を行うことになる。

試算表上の貸借金額の一致は，次のことを意味する。

① 試算表の上で行われる貸借合計それ自体に計算上のミスがないこと。
② すべての取引が転記によって元帳の各勘定科目の貸借に記録されたということ。
③ 期末時点で各勘定科目の貸借の残高が正しく計算されたということ。

試算表の正確性検証機能を合理的に遂行するために，試算表には一定の形式が必要である。試算表には，合計試算表，残高試算表および合計残高試算表の

3種類がある。

合計試算表は，総勘定元帳に開設されたすべての勘定口座の借方合計と貸方合計を一覧表示し，総合計の貸借一致を確認する試算表である。その形式には，次のとおり片側金額欄式と両側金額欄式の2つがある。

合　計　試　算　表

(片側金額欄式)　　　　　　2013年○月○日

勘定科目	元丁	借　方	貸　方

合　計　試　算　表

(両側金額欄式)　　　　　　2013年○月○日

借　方	元丁	勘定科目	貸　方

残高試算表は，総勘定元帳のすべての勘定科目の貸借差額を算出して一覧表示し，その総合計の貸借一致を確認する試算表である。その形式を両側金額欄式で示せば，次のとおりである。

残　高　試　算　表

2013年○月○日

借　方	元丁	勘定科目	貸　方

合計残高試算表は，合計試算表と残高試算表を1つの計算表にまとめたものであり，両試算表のもつ機能や特徴を同時に満たす試算表となっている。合計残高試算表では，まず貸借合計欄の金額一致を確認し，その後に残高欄の貸借一致を計算することが必要である。

合計残高試算表の形式を両側金額欄式で示せば，次のとおりである。

合　計　残　高　試　算　表
2013年○月○日

借　方		元丁	勘定科目	貸　方	
残高	合計			合計	残高

第2節　合計試算表の作成

1　合計試算表の特徴

　合計試算表は，総勘定元帳の各勘定科目の貸借合計金額を試算表に集計して，総合計の一致を確かめることで元帳記録の正確性を検証するものである。

　簿記では，企業のすべての取引は8つの取引要素の結合関係に分解され，発生順に仕訳帳に仕訳記入される。次に仕訳帳から総勘定元帳の各勘定科目に貸借金額が転記され，期末決算にあたり各勘定科目の借方合計と貸方合計が試算表に集計されるのである。

　各勘定科目への記録は，科目の性質によって借方または貸方がゼロということもあるが，その場合には合計試算表の当該金額欄には記入を要しない（実質上ゼロを表す）。各勘定科目の記入構造と合計試算表の作成の関係を示せば，**図表9－1**のとおりである。

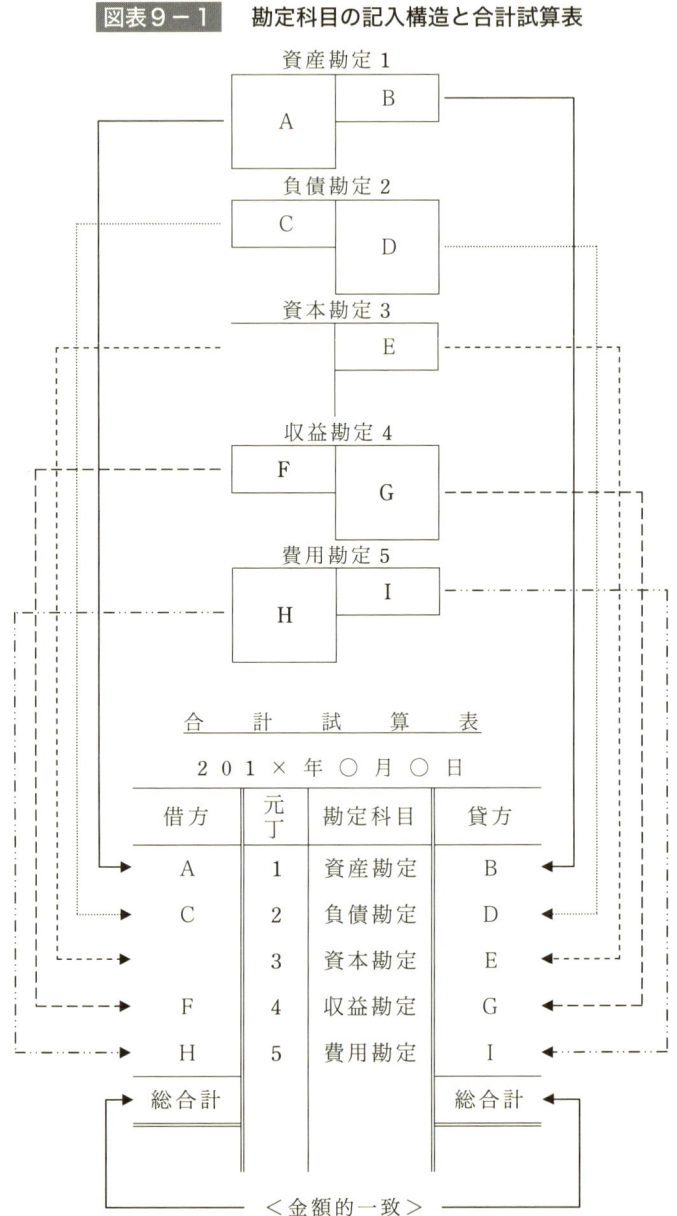

図表9−1 勘定科目の記入構造と合計試算表

資産勘定1
| A | B |

負債勘定2
| C | D |

資本勘定3
| | E |

収益勘定4
| F | G |

費用勘定5
| H | I |

合 計 試 算 表
201×年○月○日

借方	元丁	勘定科目	貸方
A	1	資産勘定	B
C	2	負債勘定	D
	3	資本勘定	E
F	4	収益勘定	G
H	5	費用勘定	I
総合計			総合計

＜金額的一致＞

上記の合計試算表の構造では，資本勘定（個人企業では資本金勘定のみ）の

借方記入がゼロすなわち資本の減少取引(資本金の引出しなど)がなかったケースを例示した。この例では，合計試算表の総合計の貸借一致は，次の算式で表すことができる。

$$A + C + F + H = B + D + E + G + I$$

2　合計試算表の作成

合計試算表を，第4章で例示した香川商店の5月中の取引を用いて作成しよう。次に示す略式の元帳記録は，香川商店の仕訳帳から転記したものである。

現　　金　　　　　　　1				売掛金　　　　　　　2			
5/1	3,000,000	5/7	700,000	5/9	416,000	5/29	380,000
17	135,000	13	350,000	22	308,000		
22	290,000	20	62,000	26	650,000		
28	800,000	25	450,000				
29	380,000	26	70,000	商　　品　　　　　　　3			
		30	28,000	5/4	620,000	5/9	320,000
		31	410,000	15	770,000	22	460,000
						26	400,000

備　　品　　　　　　　4				買掛金　　　　　　　6			
5/3	410,000			5/13	350,000	5/4	620,000
車両運搬具　　　　　　5						15	770,000
5/7	1,900,000						

未払金　　　　　　　7				借入金　　　　　　　8			
5/31	410,000	5/3	410,000			5/28	800,000
		7	1,200,000				

資本金　　　　　　　9				商品販売益　　　　　10			
		5/1	3,000,000			5/9	96,000
受取手数料　　　　　11						22	138,000
		5/17	135,000			26	250,000

	通信費	12		給　料	13
5/20	62,000		5/25	450,000	

	支払家賃	14		消耗品費	15
5/26	70,000		5/30	28,000	

香川商店の上記元帳記録に基づいて合計試算表を作成すれば，次のとおりである。

合計試算表
2013年5月31日

借　方	元丁	勘　定　科　目	貸　方
4,605,000	1	現　　　　　金	2,070,000
1,374,000	2	売　　掛　　金	380,000
1,390,000	3	商　　　　　品	1,180,000
410,000	4	備　　　　　品	
1,900,000	5	車　両　運　搬　具	
350,000	6	買　　掛　　金	1,390,000
410,000	7	未　　払　　金	1,610,000
	8	借　　入　　金	800,000
	9	資　　本　　金	3,000,000
	10	商　品　販　売　益	484,000
	11	受　取　手　数　料	135,000
62,000	12	通　　信　　費	
450,000	13	給　　　　　料	
70,000	14	支　払　家　賃	
28,000	15	消　耗　品　費	
11,049,000			11,049,000

　上の合計試算表の最下行で算出された総合計は，借方と貸方の金額が一致していることを示している。そのことを確認した上で下線に複線を引いて締め切ることで，合計試算表は完成する。

3 合計試算表の検証メカニズム

合計試算表は，次の2つのメカニズムによって元帳記録の正確性を検証することができる。

① 合計試算表の借方総合計と貸方総合計の一致を確認することで，元帳記録の正確性を検証する。
② 合計試算表の借方総合計および貸方総合計と，仕訳帳の借方合計および貸方合計が金額的に一致することを確認することで，元帳への転記の正確性を検証する。

合計試算表には，会計期間に発生したすべての取引についての勘定記入結果が貸借とも総額で表示されるため，実務上はよく利用される。その検証機能は，試算表のもつ基本的なメカニズムである貸借の総合計の一致による正確性の確認のみならず，さらにすぐれた特徴をもっている。

合計試算表の貸借の総合計が仕訳帳の貸借の合計と一致することを確認することで，一方で元帳記録の正確性を確認することができるとともに，他方で仕訳帳からの転記の正確性も検証することができる。

合計試算表と仕訳帳の合計額が一致するメカニズムを図解すれば，**図表9－2**のように示すことができる。

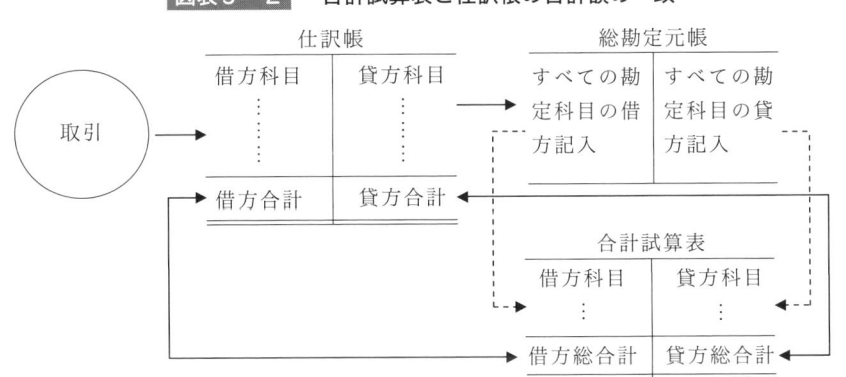

図表9－2　合計試算表と仕訳帳の合計額の一致

先の香川商店の合計試算表では，試算表の貸借の総合計が¥11,049,000で一致していると同時に，仕訳帳の貸借の最終合計¥11,049,000とも一致していることがわかる。ただし，元帳の締切手続は，試算表作成に続く決算本手続の最終作業として行われるので，元帳の各勘定科目の貸借合計は帳簿外でエンピツ計算として集計する必要がある。

第3節　残高試算表の作成

1　残高試算表の特徴

残高試算表は，総勘定元帳の各勘定科目の貸借差額（勘定残高）を試算表に集計して，その総合計の一致を確かめることで元帳記録の正確性を検証するものである。

残高試算表は，合計試算表と違って，すべての取引についての勘定記入結果を反映したものではないが，貸借平均の記入ルールに基づいた帳簿記録の正確性を検証する手段として利用される。一方で，残高試算表に集計された各勘定科目の残高は，期末における収益・費用の総発生高を示し，また，資産・負債・資本の期末財産有高を示している。このことから，残高試算表は，決算本手続に入る前に一期間の経営成績と期末の財政状態の概観を示すものといえる。元帳記録の正確性検証機能とは別に残高試算表がもつこのような概観表示能力は，合計試算表にはないすぐれた特徴である。

元帳の各勘定科目の記入構造と残高試算表の作成の関係を示せば，**図表9－3**のとおりである。

図表9-3 勘定科目の記入構造と残高試算表

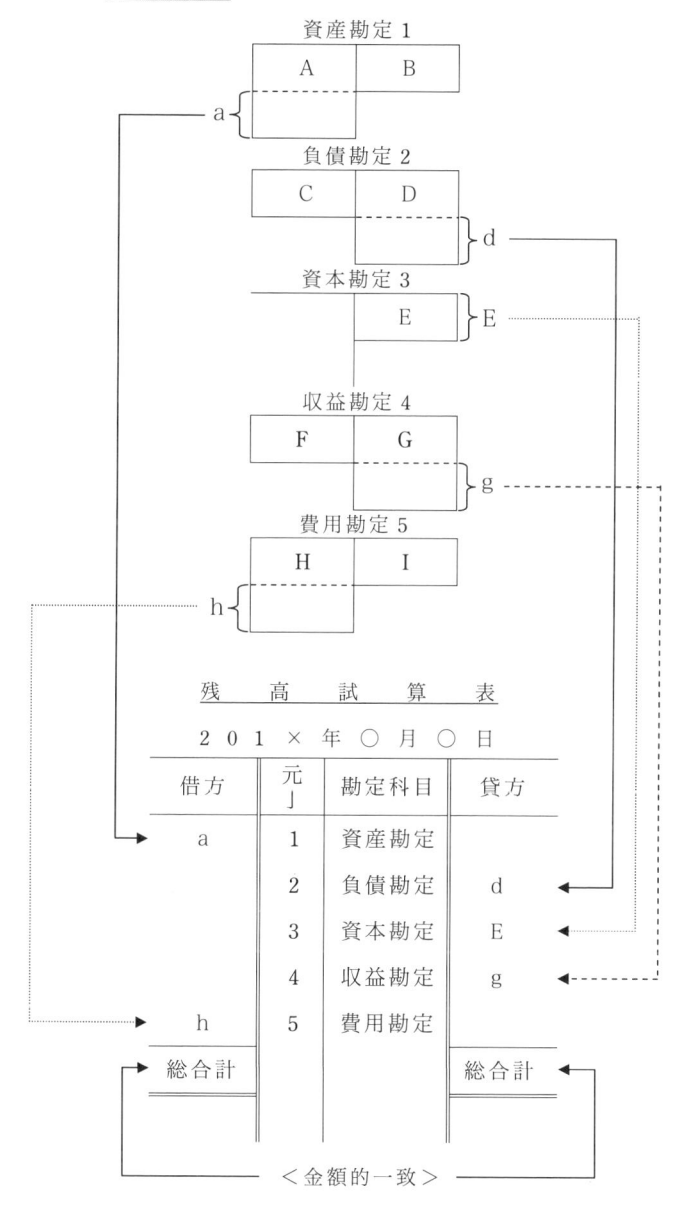

```
          資産勘定1
         ┌───┬───┐
         │ A │ B │
       ┌─┤┄┄┄│   │
      a│ └───┴───┘
       │
       │  負債勘定2
       │ ┌───┬───┐
       │ │ C │ D │
       │ │   │┄┄┄├─┐
       │ └───┴───┘ │d
       │           │
       │  資本勘定3 │
       │ ┌───┬───┐ │
       │ │   │ E ├─┤E
       │ └───┴───┘ │
       │           │
       │  収益勘定4 │
       │ ┌───┬───┐ │
       │ │ F │ G │ │
       │ │   │┄┄┄├─┤g
       │ └───┴───┘ │
       │           │
       │  費用勘定5 │
       │ ┌───┬───┐ │
       │ │ H │ I │ │
       │ ┤┄┄┄│   │ │
       │h└───┴───┘ │
```

残 高 試 算 表				
201×年 ○月 ○日				
借方	元丁	勘定科目	貸方	
------	------	----------	------	
a	1	資産勘定		
	2	負債勘定	d	
	3	資本勘定	E	
	4	収益勘定	g	
h	5	費用勘定		
総合計			総合計	

＜金額的一致＞

上記の残高試算表の構造では，各勘定科目の残高が試算表に集計される。資

本勘定については借方記入がないので，貸方合計 E がそのまま貸方残高として，残高試算表の貸方側に記入される。

この例では，残高試算表の総合計の貸借一致は，次の算式で表すことができる。

$$a + h = d + E + g$$

残高試算表の計算構造を示すこの式は，複式簿記の原理に基づく貸借平均のルールが反映されたもので，左辺と右辺は金額的に一致することを示す等式となっており，一般に試算表等式と呼ばれている。

2　残高試算表の作成

残高試算表は，元帳の各勘定科目の貸借差額（借残または貸残）を算出して，試算表の貸借にそれぞれ記入して作成される。例示した香川商店の5月中の元帳記録の正確性を，残高試算表を作成して検証しよう。

香川商店の元帳の各勘定科目の貸借残高を，説明の便宜上示せば次のとおりとなる。

現　金	1	売掛金	2
2,535,000		994,000	

商　品	3	備　品	4
210,000		410,000	

車両運搬具	5	買掛金	6
1,900,000			1,040,000

未払金	7	借入金	8
	1,200,000		800,000

資本金	9	商品販売益	10
	3,000,000		484,000

受取手数料 11		通信費 12
	135,000	62,000

給　料 13		支払家賃 14
450,000		70,000

消耗品費   15
28,000

　上記の各勘定科目の残高に基づいて残高試算表を作成すれば，次のとおりである。

残 高 試 算 表
2013 年 5 月 31 日

借　方	元丁	勘 定 科 目	貸　方
2,535,000	1	現　　　　　金	
994,000	2	売　　掛　　金	
210,000	3	商　　　　　品	
410,000	4	備　　　　　品	
1,900,000	5	車　両　運　搬　具	
	6	買　　掛　　金	1,040,000
	7	未　　払　　金	1,200,000
	8	借　　入　　金	800,000
	9	資　　本　　金	3,000,000
	10	商　品　販　売　益	484,000
	11	受　取　手　数　料	135,000
62,000	12	通　　信　　費	
450,000	13	給　　　　　料	
70,000	14	支　　払　　家　賃	
28,000	15	消　　耗　　品　費	
6,659,000			6,659,000

　上の残高試算表の最下行で算出された総合計は，借方と貸方の金額が一致していることを確認することで，元帳記録の正確性についての確証を得ることができる。貸借の最終行（総合計）の下線に複線を引いて残高試算表は完成する

ことになる。

3 残高試算表の検証メカニズム

すでに述べたように残高試算表は，借方の総合計と貸方の総合計が一致することを確認することで，元帳記録の正確性を検証する。それには，元帳の各勘定科目の貸借合計を集計して合計試算表を作成した場合，借方総合計と貸方総合計が一致すれば，その貸借残高も一致するという前提が認識されなければならない。

このメカニズムを，先に示した合計試算表と残高試算表の構造を例に説明すれば，次のような算式で示すことができる。

$$\text{合計試算表}: A + C + F + H = B + D + E + G + I$$

この等式を変形すれば，

$$\text{変形後等式}: (A - B) + (H - I) = (D - C) + E + (G - F)$$

この等式の（　）の記号を，それぞれ a, h, d, g に置き換えれば，次の等式に整理できる。

$$\text{残高試算表}: a + h = d + E + g \text{（試算表等式）}$$

残高試算表には，資産および費用の勘定科目については借方側にその残高および純発生高が記入され，また，負債，資本および収益については貸方側にその残高および純発生高が記入されることで，期末時点での企業のすべての財産および損益が一覧表示される。

しかしながら，残高試算表は貸借の総合計と仕訳帳の貸借の合計が一致しないため，合計試算表の検証能力に比べて一定の限界が認められる。そして，そのことのために，次のような仕訳帳からの転記の誤りについては，残高試算表では発見できない。

① 一組の仕訳を転記しなかったことによって，元帳記録から貸借同額の記入漏れがあった場合。例えば，(借)「商品」¥340,000－(貸)「買掛金」¥340,000 の仕訳帳記入が，元帳への転記にあたって同時に記入漏れとなったケース。

② 一組の仕訳を二重に転記したことによって，元帳記録に貸借同額の二重記入があった場合。例えば，上記の(借)「商品」¥340,000－(貸)「買掛金」¥340,000 の仕訳記入を二重に転記して，元帳での記録上，貸借金額がともに¥340,000 だけ多く記入されることとなったケース。

③ 転記すべき貸借金額の桁（数の位取り）を貸借同時に誤って記入した場合。例えば，(借)「支払家賃」¥180,000－(貸)「現金」¥180,000 の仕訳帳記入を，転記にあたって貸借双方の金額の位取りを誤って，(借)「支払家賃」¥18,000－(貸)「現金」¥18,000 と記入したケース。

第4節　合計残高試算表の作成

1　合計残高試算表の特徴

　元帳記録の正確性を検証するために作成される試算表は，基本形としては合計試算表と残高試算表の2種類であり，その検証機能の特徴についてはこれまで詳しく説明したとおりである。

　一方，合計試算表は記録の正確性検証ですぐれた機能をもっており，他方，残高試算表はすべての勘定科目の期末残高を一覧できる能力をもっている。両者の機能もしくは能力を同時に利用する目的で，必要に応じて第三形式の合計残高試算表を作成することができる。

　合計残高試算表は，合計試算表と残高試算表を1つの試算表に組み込んだものであり，取引の貸借総額と勘定の期末残高をあわせて知ることができる。合計残高試算表の構造を，作成手順に従って図解すれば，**図表9－4**のように示すことができる。

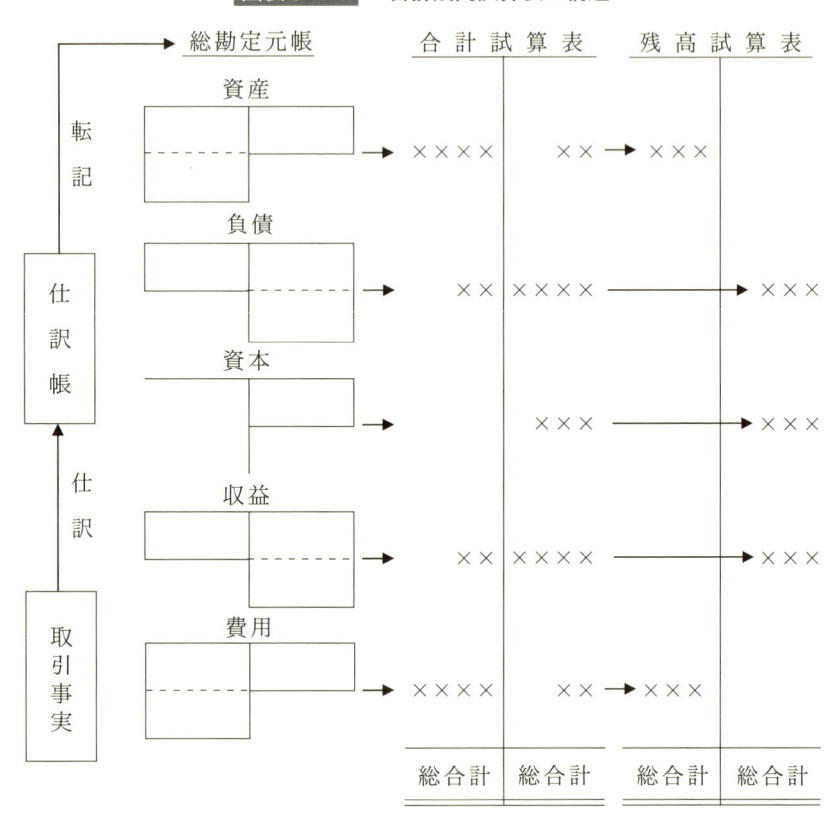

図表9-4　合計残高試算表の構造

```
                総勘定元帳        合計試算表      残高試算表
        ┌──→   資産
        │      ┌───┬───┐
   転   │      │   ┊   │ ──→  ××××    ××─→×××
   記   │      └───┴───┘
        │       負債
        │      ┌───┬───┐
  ┌──┐ │      │   ┊   │ ──→    ××  ××××      ──→×××
  │仕│ │      └───┴───┘
  │訳│ │       資本
  │帳│─┤      ┌───┬───┐
  │  │ │      │   ┊   │ ──→        ×××       ──→×××
  └──┘ │      └───┴───┘
    ↑   │       収益
   仕   │      ┌───┬───┐
   訳   │      │   ┊   │ ──→    ××  ××××      ──→×××
        │      └───┴───┘
  ┌──┐ │       費用
  │取│ │      ┌───┬───┐
  │引│ │      │   ┊   │ ──→  ××××    ××─→×××
  │事│ │      └───┴───┘
  │実│ │              ┌───┬───┬───┬───┐
  └──┘               │総合計│総合計│総合計│総合計│
                     └───┴───┴───┴───┘
```

　合計残高試算表の作成にあたっては，まず総勘定元帳の各勘定科目の貸借合計を算出し，合計試算表欄に記入して総合計の一致を確認する。一致しなければ再度計算し直し，不一致の原因が記入ミスにあるとすれば元帳記録の修正をしなければならない。

　次に，各勘定科目の残高を算出して総合計の一致を確認することで，合計残高試算表を完成させることになる。

2　合計残高試算表の作成

　例示した香川商店の5月中の取引について，すでに作成した合計試算表と残高試算表を1つにまとめて，合計残高試算表を作成すれば次のとおりである。

合計残高試算表
2013年5月31日

借方 残高	借方 合計	元丁	勘定科目	貸方 合計	貸方 残高
2,535,000	4,605,000	1	現　　　　　　金	2,070,000	
994,000	1,374,000	2	売　　掛　　金	380,000	
210,000	1,390,000	3	商　　　　　　品	1,180,000	
410,000	410,000	4	備　　　　　　品		
1,900,000	1,900,000	5	車　両　運　搬　具		
	350,000	6	買　　掛　　金	1,390,000	1,040,000
	410,000	7	未　　払　　金	1,610,000	1,200,000
		8	借　　入　　金	800,000	800,000
		9	資　　本　　金	3,000,000	3,000,000
		10	商　品　販　売　益	484,000	484,000
		11	受　取　手　数　料	135,000	135,000
62,000	62,000	12	通　　信　　費		
450,000	450,000	13	給　　　　　　料		
70,000	70,000	14	支　払　家　賃		
28,000	28,000	15	消　耗　品　費		
6,659,000	11,049,000			11,049,000	6,659,000

上の合計残高試算表の貸借内側の合計試算表欄の総合計の一致を確認した後，貸借外側の残高試算表欄の総合計の一致を確認する。貸借の合計と残高両金額欄のそれぞれの一致が確認できたら，下線に複線を引いて完成させる。

ここでの合計残高試算表は両側金額欄式で作成しているが，勘定科目欄の右側に合計金額欄と残高金額欄を並列する片側金額欄式で作成することができる。香川商店の5月末日の元帳記録について，片側金額欄式で作成すれば次のとおりである。

合計残高試算表
2013年5月31日

勘定科目	元丁	合計 借方	合計 貸方	残高 借方	残高 貸方
現　　　　　金	1	4,605,000	2,070,000	2,535,000	
売　掛　金	2	1,374,000	380,000	994,000	
商　　　品	3	1,390,000	1,180,000	210,000	
備　　　品	4	410,000		410,000	
車両運搬具	5	1,900,000		1,900,000	
買　掛　金	6	350,000	1,390,000		1,040,000
未　払　金	7	410,000	1,610,000		1,200,000
借　入　金	8		800,000		800,000
資　本　金	9		3,000,000		3,000,000
商品販売益	10		484,000		484,000
受取手数料	11		135,000		135,000
通　信　費	12	62,000		62,000	
給　　　料	13	450,000		450,000	
支払家賃	14	70,000		70,000	
消耗品費	15	28,000		28,000	
		11,049,000	11,049,000	6,659,000	6,659,000

3　合計残高試算表の検証メカニズム

　合計残高試算表は，合計試算表と残高試算表のそれぞれの機能をあわせもつもので，元帳記録の正確性検証という本来の試算表機能以外に有用な働きが期待される。

　元帳記録および仕訳帳記入の正確性を検証するメカニズムは，おおむね次のとおりである。

　① 合計試算表欄の総合計の貸借一致を確認する。
　② 残高試算表欄の総合計の貸借一致を確認する。
　③ 合計試算表欄の総合計と仕訳帳の合計との金額的一致を確認する。

　一方，決算本手続に移る前に基礎となる元帳記録の正確性を検証する第一義的な目的のほかに，合計残高試算表には次のような多様な目的もしくは副次的

な利用効果を認めることができる。
① 当該企業の一会計期間（上記の香川商店の例では5月中）のすべての取引の歴史的記録に基づき勘定科目ごとの総額が一覧できる。
② 一会計期間の収益および費用の純発生高とその差額から，決算本手続以前に企業の経営成績を概観することができる。
③ 期末時点での資産，負債および資本の残高（貸借差額）が示されるため，決算本手続以前に企業の財政状態を概観することができる。
④ 一期間の経営成績や期末の財政状態を概観することにより，当該企業の経営管理者にあっては経営業績の評価と経営計画の設定が可能となる。

さて，以上に説明した合計試算表ほかの試算表を作成して元帳記録の計算上の正確性を検証できたら，決算予備手続は次の作業，すなわち元帳記録の内容上の修正（「事実と記録の照合」）に進むことになる。3つの試算表は，それぞれ固有の機能や特徴をもっており，必要に応じてそれらを有効に活用することが望まれる。

第5節　精算表の作成

1　精算表の意義

前節で残高試算表の役割について，元帳記録の正確性を検証する機能と，それ以上に期末時点での損益および財産の状況を概観する能力においてすぐれていることを説明した。特に残高試算表のもつ後者の概観表示能力を利用して，決算本手続および決算報告手続の終了前に，企業の一期間の経営成績と期末の財政状態を明らかにすることができれば便利である。

このような実務上の必要に応えて，決算予備手続である試算表の作成に続いて作成されるのが精算表である。残高試算表に記入された貸借残高を基礎に，そこから収益および費用に属する勘定の残高（純発生高）を切り取って損益計算書を作成し，また，資産，負債および資本に属する勘定の残高（期末在高）を切り取って貸借対照表を作成することができる。

精算表は，このような残高試算表，損益計算書および貸借対照表の3つを1

つの表にまとめたものである。簿記の決算手続は、予備手続の試算表の作成からスタートし、損益計算書および貸借対照表の作成をゴールとする。精算表は、この一連の決算過程を、事前に一覧表に集約したものとみなすことができる。

精算表は、複式簿記の構造上は必ず作成しなければならないものではない。最終の損益計算書や貸借対照表は、精算表から作成されるものではないからである。しかし、決算手続で生じ得る重大な誤りを発見し防止することに役立つとともに、期末の損益および財産の状況を概観する上で便利であり、簿記実務上は広く用いられている。また、精算表は複式簿記全体の仕組みを知る上でも有用であるため、簿記学習の過程でも重要な習得項目となっている。

精算表には、そこに集計される記入内容に対応して設定される金額欄の違いによって、6欄精算表、8欄精算表、10欄精算表の種類がある。一般的には後述する8欄精算表が作成されるが、上で説明した残高試算表、損益計算書および貸借対照表を一覧表示した6欄精算表（各貸借2欄で6金額欄）が最も単純な精算表ということになる。

なお、残高試算表もしくはそれを組み込んだ精算表からも損益計算書および貸借対照表を作成することができるが、正規の簿記手続では仕訳帳から転記された元帳の勘定記入に基づいて、帳簿の上で厳密な集計・計算が行われ、最終的には元帳記録から誘導的に損益計算書および貸借対照表が作成される。

2　精算表の構造

精算表の構造を理解するために、精算表に一覧表示される残高試算表とそれに基づく損益計算書および貸借対照表の関係を図解すれば、**図表9－5**のように示すことができる。

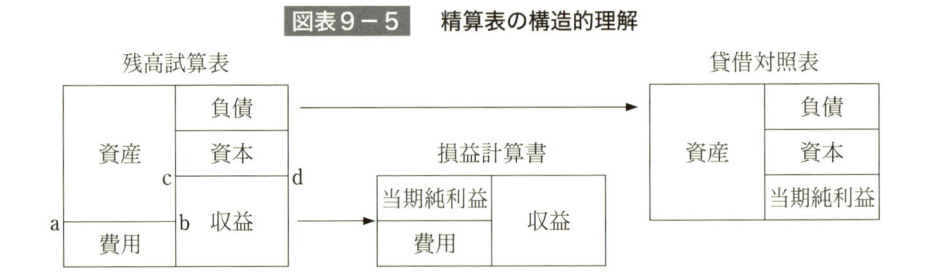

図表9－5　精算表の構造的理解

残高試算表			損益計算書			貸借対照表		
資産	負債					資産	負債	
	資本						資本	
	c	d	当期純利益	収益			当期純利益	
a	b		費用					
費用	収益							

上の図で，残高試算表の線分 ab と線分 cd で切り離した場合，上半分が貸借対照表で，下半分が損益計算書を示す。貸借対照表の貸借差額と損益計算書の貸借差額は，ともに残高試算表での線分 bc に相当する金額で等しい。これは一会計期間の経営成績を表す当期純利益を示す。

すでに説明したことではあるが，複式簿記での期間損益計算（当期純利益または当期純損失の算出）は，財産法と損益法の2つの方法で行われ，両方法の計算結果は一致するという構造となっている。図表9－5は，複式簿記のもつこのような計算構造を図解で明らかにしたものである。両計算法を算式で示せば，次のとおりとなる。

（財産法：貸借対照表上の当期純利益）

$$（資産 － 負債） － （期首）資本 ＝ 当期純利益$$

（損益法：損益計算書上の当期純利益）

$$収益 － 費用 ＝ 当期純利益$$

以上のような計算構造を基盤として，一連の決算手続過程を一覧表示したものが精算表である。精算表では，元帳上のすべての勘定科目を一定の順序（勘定口座番号順）で配列した「勘定科目欄」の右隣に「残高試算表欄」（貸借2欄）を設け，そのうち収益および費用に属する勘定科目を次の「損益計算書欄」（貸借2欄）に移記し，最後に資産，負債および資本に属する勘定科目を「貸借対照表欄」（貸借2欄）に移記する。

当期純利益（または当期純損失）は，精算表の「損益計算書欄」と「貸借対照表欄」の両金額欄に同額で記入される。これによって精算表の各欄の貸借の総合計が一致することになる。

3　精算表の作成

これまでの説明で精算表の機能と仕組みが明らかとなったが，「残高試算表」欄，「損益計算書」欄および「貸借対照表」欄の6金額欄から構成される6欄精

算表の作成方法を示せば，**図表９－６**のとおりである。

図表９－６ ６欄精算表の作成方法

精算表
201×年○月○日

勘定科目	元丁	残高試算表		損益計算書		貸借対照表	
		借方	貸方	借方	貸方	借方	貸方
資産勘定		×××				×××	
負債勘定			×××				×××
資本勘定			×××				×××
収益勘定			×××		×××		
費用勘定		×××		×××			
		×××	×××				
当期純利益				×××			×××
				×××	×××	×××	×××

上の図表に基づいて６欄精算表の作成方法をまとめると，以下のとおりである。

① 残高試算表の記入内容を「残高試算表」欄の該当する勘定科目の貸借金額欄にそのまま書き移す。
② まず，「残高試算表」欄のうち収益および費用に属する各勘定科目の金額を「損益計算書」欄の同じ金額欄に移記する。
③ 次に，「残高試算表」欄のうち資産，負債および資本に属する各勘定科目の金額を「貸借対照表」欄の同じ金額欄に移記する。
④ 当期純利益が算出される場合，「勘定科目」欄の最下行に当期純利益と書き，「損益計算書」欄の借方と「貸借対照表」欄の貸方にその金額を記入することで，それぞれの貸借合計を一致させる。

香川商店の５月末日時点（ここでの説明の都合上，５月の１ヵ月を会計期間と仮定する）での６欄精算表を作成すれば，次のとおりである。

精　算　表
2013 年 5 月 31 日

勘定科目	元丁	残高試算表 借方	残高試算表 貸方	損益計算書 借方	損益計算書 貸方	貸借対照表 借方	貸借対照表 貸方
現　　　　金	1	2,535,000				2,535,000	
売　掛　金	2	994,000				994,000	
商　　　　品	3	210,000				210,000	
備　　　　品	4	410,000				410,000	
車両運搬具	5	1,900,000				1,900,000	
買　掛　金	6		1,040,000				1,040,000
未　払　金	7		1,200,000				1,200,000
借　入　金	8		800,000				800,000
資　本　金	9		3,000,000				3,000,000
商品販売益	10		484,000		484,000		
受取手数料	11		135,000		135,000		
通　信　費	12	62,000		62,000			
給　　　　料	13	450,000		450,000			
支払家賃	14	70,000		70,000			
消耗品費	15	28,000		28,000			
		6,659,000	6,659,000				
当期純利益				9,000			9,000
				619,000	619,000	6,049,000	6,049,000

　精算表は，残高試算表を損益計算書と貸借対照表に分け，その貸借に当期純利益を加算して完成する一覧表である。このことを香川商店の精算表の例を用いて算式で示せば，次のようになる。

① 残高試算表等式：

　　　資産　＋　費用　＝　負債　＋　資本　＋　収益
　　¥6,049,000　¥610,000　¥3,040,000　¥3,000,000　¥619,000

　　この等式の左辺と右辺に当期純利益を加算すると，次の精算表等式が導かれる。

② 精算表等式：

　　　資産　＋　費用　＋当期純利益＝　負債　＋　資本　＋　収益　＋当期純利益
　　¥6,049,000　¥610,000　　¥9,000　　¥3,040,000　¥3,000,000　¥619,000　　¥9,000

この等式を分解すれば，次の2つの等式が導かれる。

③ 損益計算書等式： 　費用　＋　当期純利益　＝　収益
　　　　　　　　　　　¥610,000　　¥9,000　　　¥619,000
④ 貸借対照表等式： 　資産　＝　負債　＋　資本　＋　当期純利益
　　　　　　　　　　　¥6,049,000　¥3,040,000　¥3,000,0000　　¥9,000

上記の①，③および④が精算表の各欄の計算構造を示す等式となっていることがわかる。

第10章

決算整理と帳簿決算

第1節　決算整理の意義と手続

1　決算整理の意義

　簿記上の決算手続は，決算予備手続→決算本手続→決算報告手続のプロセスで行われる。一会計期間の経営成績および期間末の財政状態を計算するための手続は，決算手続の中心である決算本手続である。決算予備手続は，決算本手続が計算上も内容上も正確に行われるための必須のプロセスということになる。
　このような決算予備手続は，次の2つのプロセスからなる。
① まず，帳簿記録の計算上の正確性を検証する。
② 次に，取引事実に基づき帳簿記録の内容上の修正を行う。
　①の計算上の正確性の検証は，手続的には「記録と記録の照合」によって行われる。そのために試算表を作成し，すべての勘定科目の貸借合計または貸借残高の一致を確認する。この試算表の作成については，すでに説明したところである。
　②の内容上の修正手続は，「事実と記録の照合」によって行われる。期中に発生した取引は仕訳帳に記入し，そして総勘定元帳に転記する。しかしながら，期末において帳簿の記録が事実と違っている事項や，期中ではまったく記録されていない取引については，事実に基づいて記録を修正もしくは追加しなければならない。
　決算期末に記録の修正や追加が必要となる事項が発生するのは，現代の企業

会計システムに根ざしている。すなわち，会計帳簿への記入が行われる取引の発生は，現金の収入・支出（もしくは債権・債務の発生）と関係なく経済価値の増減が生起した時点であるのに対して，期中における取引記録は取引対価としての現金の収入・支出（もしくは債権・債務の発生）に基づいて行われている。

したがって，資産・負債として記録されている金額が期末時点での評価額と異なる場合には，記入金額（「記録」）を修正して期末評価額（「事実」）に一致させるとともに，その差額を費用・収益として新たに計上する必要がある。また，収益・費用として記録されている金額のうち当期に帰属しない部分は次期に繰り越し，逆に未計上の収益・費用項目については新たに追加計上する必要がある。

このように，決算期末において期中の帳簿記録を修正して内容上の補正を行う手続を決算整理という。決算整理は記録の追加・修正の手続であるところから，決算修正と呼ぶ場合がある。

2　決算整理の手続

現代の企業会計は，適正な期間損益計算を基本課題としている。期末における決算整理は，本質的には収益と費用の当期への帰属金額を決定する手続である。そのために，収益・費用の計上と現金の収入・支出（もしくは債権・債務の発生）との期間的ズレを調整する計算手続ということができる。

期末における決算整理手続は，決算予備手続中の2つめの計算手続として実施されるが，内容的には決算手続体系全体の中で最も重要なプロセスである。決算整理にあたっては，試算表の作成により記録・計算の正確性を検証した後で，帳簿を離れて事実の調査をしなければならない。

決算整理のために，資産・負債の残高や収益・費用の発生額について，実際に数量や価額等を調査することを棚卸という。棚卸によって帳簿記録の修正を要する決算整理事項を一覧表にまとめたものを棚卸表という。決算整理手続においては，この棚卸表にまとめられた内容に基づき総勘定元帳の修正記入が行われる。決算整理に必要な仕訳を決算整理仕訳（もしくは決算修正仕訳）という。

ところで，決算期末に勘定記録の修正を要する事項の中に，決算整理事項ではないものがある。現金過不足勘定の期末処理や引出金勘定の精算処理などである。現金過不足勘定に期末残高がある場合には，雑損勘定（借残）または雑益勘定（貸残）に振り替える処理をする。借残の場合の仕訳を示せば，次のとおりである。

　　（借）雑　　　　　損　×××　（貸）現　金　過　不　足　×××

また，個人企業で引出金勘定を設定している場合には，その合計額（借残）を資本金勘定に振り替えて精算処理する。このときの仕訳は，次のとおりとなる。

　　（借）資　　本　　金　×××　（貸）引　　出　　金　×××

このような現金過不足勘定や引出金勘定などの期末修正処理は，決算予備手続の1つの段階とみなされるが，手続内容からは決算整理に先立って行うべき処理である。なぜなら，両勘定とも期中での営業取引についてその解決までの中間的計算を示すもので，期末に精算処理が必要とされる勘定だからである。

したがって，現金過不足勘定および引出金勘定の期末処理を示す上記仕訳は，決算整理仕訳ではない。これらは決算整理仕訳の前段階に行われる記入であり，簿記上は精算仕訳と呼ばれる。

3　棚卸表の作成と決算整理

決算期末における棚卸に基づいて調査・計算された決算整理事項は，棚卸表にまとめられて帳簿修正記入に活用される。

主な決算整理事項を示せば，次のとおりである。

① 期末商品の棚卸による売上原価の算定
② 商品の棚卸減耗損と評価損の計上
③ 債権に対する貸倒引当金の設定
④ 売買目的有価証券の評価替え
⑤ 固定資産の減価償却
⑥ 負債性引当金の設定
⑦ 費用・収益の見越・繰延処理

上記の決算整理事項のうち①，③，④，⑤および⑥については，すでにそれ

それの節で説明したので，ここではすでに説明したこれら5つの決算整理事項のうち⑥を除く4つについての仕訳記入を改めて確認することとする。②および⑦については次節で詳しく説明し，⑥については割愛する。

(①の期末商品の棚卸による売上原価の計算)

　商品売買を三分法で処理している場合，期中の商品販売は売上勘定の貸方に売価で記入されているため，決算期末に一括して売上原価を算定し，商品販売益の計算を行うことが必要となる。そのための決算整理仕訳は，次のようになる。

　　　(借) 仕　　　　入　　×××　　(貸) 繰　越　商　品　　×××
　　　(借) 繰　越　商　品　　×××　　(貸) 仕　　　　入　　×××

(③の貸倒引当金の設定)

　売掛金等の売上債権に対する将来の貸倒見積額を計算して，借方に貸倒引当金繰入を計上するとともに，貸方に貸倒引当金を設定する手続を行う。仕訳を示せば，次のとおりである。

　　　(借) 貸倒引当金繰入　　×××　　(貸) 貸　倒　引　当　金　　×××

(④の売買目的有価証券の評価替え)

　売買目的の短期保有有価証券の期末評価は時価によって行う。評価替えを行った場合，時価が簿価（原価）を上回っているときは評価益を計上し，逆に時価が簿価を下回っているときは有価証券評価損を計上する。評価損を計上する場合の仕訳を示せば，次のとおりである。

　　　(借) 有価証券評価損　　×××　　(貸) 売買目的有価証券　　×××

(⑤の固定資産の減価償却)

　これは，備品，建物等，固定資産の利用もしくは時の経過に伴う減価を，一定の方法で計算して決算期末に当該固定資産の減価償却費を計上する決算整理手続である。この場合の決算整理仕訳は，間接累計法で記帳すれば次のとおりである。

　　　(借) 減　価　償　却　費　　×××　　(貸) 減価償却累計額　　×××

第2節　決算整理事項の処理

1　棚卸減耗損と商品評価損

　仕入・売上に伴う商品の受入れ・払出しは，通常継続して商品有高帳に記録されているので，期末の商品有高は帳簿棚卸高として把握される。しかしながら，時に実地棚卸高と一致しない場合がある。これは，商品保管中に紛失や盗難などの理由により実際の棚卸数量が減少（これを棚卸減耗という）したことによるものである。

　商品の実地棚卸の結果，帳簿上の棚卸数量と比べて実際の棚卸数量が不足している場合，その不足分を棚卸減耗損として計上する。棚卸減耗損は，減耗数量に商品単価（原価）を乗じて計算される。棚卸減耗損が正常な営業活動下で毎期経常的に発生している場合には，期末商品（繰越商品）から控除して当期の売上原価に算入する。

　次に，商品の期末棚卸数量の減耗ではなく，商品保管中に品質の低下あるいは陳腐化により，その経済価値が減少する場合がある。この期末商品価値の減少分は，商品評価損（もしくは低下評価損）として計上し商品の帳簿価額を減額する必要がある。

　商品評価損が生じる原因としては，上記の品質低下や流行遅れ等の陳腐化が生じている場合のほかに，商品の市場価格が需要供給の変化によって下落したことによる場合も指摘できる。市場価格の下落の場合は，将来に価格が回復することもあり得るので，商品評価損を計上しない方法もある。しかしながら，実務上は保守的経理により，この場合も商品評価損を計上する方法が広く採用されている。商品の期末評価にあたって，原価と時価のいずれか低い価額で評価する処理方法を低価法（または低価基準）という。

　商品評価損は，商品の実地棚卸数量に商品単価の評価差額（原価から市場価格を控除した差額）を乗じて計算される。商品評価損もその発生が正常なもので毎期経常的に発生しているのであれば，棚卸減耗損と同じく売上原価または販売費に算入する。

いま**図表 10 − 1**に示す例によって棚卸減耗損および商品評価損を計上すれば，次のようになる。

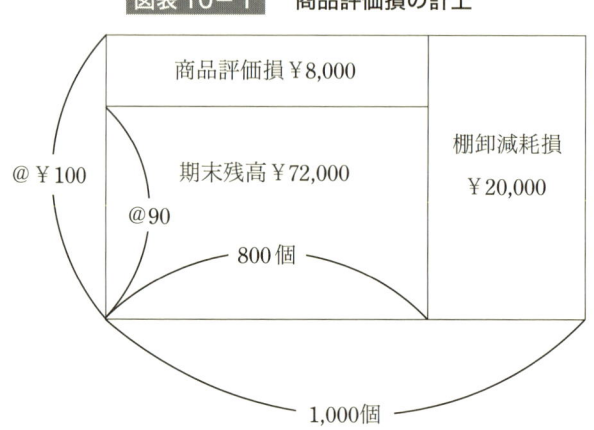

図表 10 − 1　商品評価損の計上

```
          商品評価損 ¥8,000
@¥100                              棚卸減耗損
          期末残高 ¥72,000         ¥20,000
     @90
          800個
                    1,000個
```

棚卸減耗損 ¥20,000 ＝ @¥100 ×（1,000 個 − 800 個）
商品評価損 ¥ 8,000 ＝（@¥100 − @¥90）× 800 個

上記の例は，棚卸減耗損と商品評価損がともに発生している場合であり，両者を同時に繰越商品勘定から控除する。なお，期首商品棚卸高は¥90,000である。その仕訳は，次のとおりとなる。

（借）	仕　　　　　入	90,000	（貸）	繰　越　商　品	90,000
（借）	繰　越　商　品	100,000	（貸）	仕　　　　　入	100,000
（借）	棚 卸 減 耗 損	20,000	（貸）	繰　越　商　品	28,000
	商 品 評 価 損	8,000			

設例10 − 1

　商品の期末評価に関する次の資料により，仕入勘定で売上原価を求める方法で決算整理仕訳を示しなさい。

　　期首商品棚卸高：単価¥900，棚卸数量 450 個
　　期末商品棚卸高：原価¥1,000，時価¥950

　　　　　　　　帳簿棚卸数量 500 個
　　　　　　　　実地棚卸数量 440 個

(解 答)
　(借) 仕　　　　　入　　405,000　　(貸) 繰 越 商 品　　405,000
　(借) 繰 越 商 品　　500,000　　(貸) 仕　　　　　入　　500,000
　(借) 棚 卸 減 耗 損　　 60,000　　(貸) 繰 越 商 品　　 82,000
　　　 商 品 評 価 損　　 22,000

2　収益の繰延べ・見越し

　家賃，保険料，利息などのように，契約によって一定の役務（サービス）を継続して提供する（または提供を受ける）取引によって発生する収益・費用は，期中においては対価としての現金の収入・支出のあった時点で記帳される。このような記帳方法（現金主義という）によれば，契約の内容によっては，現金の収支と役務の授受に期間的なズレが生ずる場合がある。

　このように現金の収入・支出に基づく記帳を収益・費用の発生に基づく記帳に修正する手続を損益整理といい，決算整理事項の重要な1つである。損益整理には，①収益・費用の繰延手続と，②収益・費用の見越手続とがある。①の繰延手続とは，収益・費用として計上されているもののうち，当期末までに未発生の部分を次期に繰り延べる経過手続である。また，②の見越手続とは，収益・費用として計上されていないものの，当期末までに発生した分を当期に見越して計上する経過手続である。

　簿記手続上は，損益整理によって期間経過的に，繰延手続から前払費用と未収収益の2つの資産項目と，見越手続から前受収益と未払費用の2つの負債項目が計上される。これらの4つの項目を総称して経過勘定項目という。以上の損益整理をまとめると，**図表10－2**に示すとおりである。

図表10−2 収益・費用の繰延べ・見越し

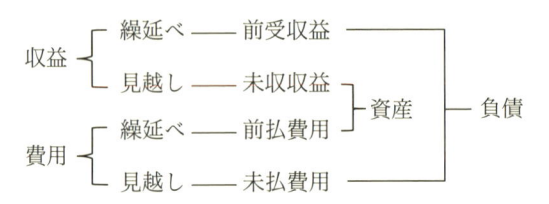

```
        ┌ 繰延べ ── 前受収益 ┐
  収益 ─┤                      │
        └ 見越し ── 未収収益 ┤┐
                              資産─ 負債
        ┌ 繰延べ ── 前払費用 ┘│
  費用 ─┤                      │
        └ 見越し ── 未払費用 ─┘
```

まず，次の受取家賃を例に，収益の繰延べと見越しの処理手続について説明する。例えば，4月1日に店舗を継続的に貸す契約を結んで，月￥120,000の家賃を12ヵ月分，（1）前受けする場合と，（2）後受けする場合との処理は，以下のとおりである。

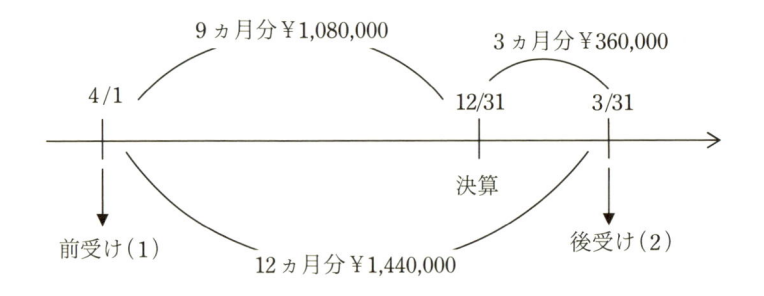

```
        9ヵ月分￥1,080,000       3ヵ月分￥360,000
       ╭─────────────╮         ╭─────────╮
  ─────┼─────────────┼─────────┼─────────┼─────→
      4/1                    12/31      3/31
                              決算
       ↓                                 ↓
   前受け(1)                          後受け(2)
       ╰─────12ヵ月分￥1,440,000─────╯
```

① 収益の繰延べ

4月1日に家賃として12ヵ月分￥1,440,000を前受けしたとき，次の仕訳のとおり受取家賃勘定（収益）の貸方に記入する。

4/1 （借）現　　　　金 1,440,000 （貸）受　取　家　賃 1,440,000

決算にあたって，前受けした家賃のうち残り3ヵ月分は次期に繰り延べる必要がある。そのために経過的に前受家賃勘定（負債）の貸方に振り替える。仕訳は次のようになる。

12/31 （借）受　取　家　賃 360,000 （貸）前　受　家　賃 360,000

この結果，受取家賃勘定の貸方残高は当期発生高を示すことになり，帳簿決算手続で損益勘定に振り替え，前受家賃勘定は残高勘定に振り替えて次期に繰り越す。なお，帳簿決算手続については次節で説明する。

② 収益の見越し

この場合は，決算期末までの9ヵ月間は契約に従って店舗を貸すという役務は提供し続けており，その分の受取家賃は発生しているといえる。そこで，9ヵ月の家賃￥1,080,000 は決算期末に受取家賃として見越計上するとともに，経過的に未収家賃勘定（資産）の借方に記入する。仕訳を示せば次のとおりである。

12/31　（借）未　収　家　賃 1,080,000　（貸）受　取　家　賃 1,080,000

受取家賃は当期収益として損益勘定に振り替え，未収家賃は一時的な資産として残高勘定を通じて次期に繰り越す。

3　費用の繰延べ・見越し

次の支払保険料を例に，費用の繰延べと見越しの処理手続について説明する。例えば，5月1日に保険契約を結んで，月￥60,000 の保険料を12ヵ月分，（1）前払いする場合と，（2）後払いする場合との処理は，以下のとおりである。

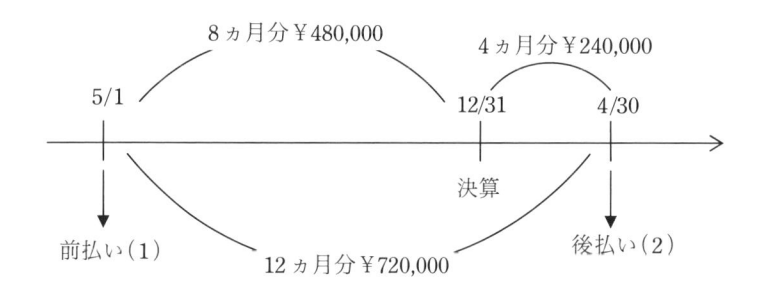

```
            8ヵ月分￥480,000        4ヵ月分￥240,000
    5/1                      12/31          4/30
    ─┼──────────────────────────┼────────────┼──→
     │                         決算           │
     ↓          12ヵ月分￥720,000              ↓
   前払い(1)                                後払い(2)
```

① 費用の繰延べ

5月1日に12ヵ月分の保険料￥720,000 を前払いしたとき，次の仕訳のとおり支払保険料勘定（費用）の借方に記入する。

5/1　（借）支　払　保　険　料　720,000　（貸）現　　　　　　　金　720,000

決算にあたって，残りの4ヵ月分に対応する保険サービスはいまだ受けていないので，次期に繰り延べる必要がある。そのために経過時に前払保険料勘定（または未経過保険料勘定）の借方に振り替える。仕訳は次のとおりである。

12/31　（借）前　払　保　険　料　240,000　（貸）支　払　保　険　料　240,000

支払保険料勘定の借方残高は当期の発生高を示すことになる。

② 費用の見越し

この場合は，当期に受けた8ヵ月の保険サービスに対する支払保険料の見越計上を行う必要がある。そこで，8ヵ月分の保険料￥480,000を支払保険料勘定の借方に記入するとともに，未払保険料勘定（負債）の貸方に記入する。仕訳は次のとおりとなる。

12/31 （借）支 払 保 険 料　480,000　（貸）未 払 保 険 料　480,000

支払保険料は損益勘定に振り替え，未払保険料は一時的な負債として次期に繰り越す。

設例10－2

3月31日の決算にあたり，受取家賃，支払保険料，受取利息および支払地代について，次のような損益整理を行った。よってこれらの決算整理仕訳を示しなさい。

① 12ヵ月分の家賃￥1,200,000を前受けしたが，そのうち4ヵ月分は次期の家賃である。
② 12ヵ月分の地代￥840,000のうち当期の7ヵ月分が未払いである。
③ 6ヵ月分の利息￥180,000のうち当期の4ヵ月分が未収である。
④ 12ヵ月分の保険料￥360,000を前払いしたが，そのうち2ヵ月分は次期の保険料である。

解答

① （借）受 取 家 賃　400,000　（貸）前 受 家 賃　400,000
② （借）支 払 地 代　490,000　（貸）未 払 地 代　490,000
③ （借）未 収 利 息　120,000　（貸）受 取 利 息　120,000
④ （借）前 払 保 険 料　60,000　（貸）支 払 保 険 料　60,000

第3節　帳簿決算の手続

1　損益勘定の設定と損益振替手続

　簿記上の決算手続は，期中の帳簿記録の正確性を検証し，内容上の整理（修正）を行う決算予備手続に続いて，帳簿上の集計・計算を通じて経営成績や財政状態を明らかにする決算本手続に移行する。この決算第二段階の手続は帳簿記録を基礎に行い，最終的には帳簿の締切りによって一連の決算手続を締めくくることになるので，帳簿決算手続と呼ばれている。

　帳簿決算は，具体的には総勘定元帳に記録されている勘定口座の貸借それぞれの金額を加算集計し，その上で貸借差額を控除計算する方法で行われる。簿記では，この集計計算を勘定口座間の振替記入で行う。振替記入（単に振替えともいう）とは，2つの勘定口座間の金額の移動もしくは同一勘定口座内での貸借金額欄間の金額の移動手続のことである。

　この2つの振替記入を図示すれば次のとおりである。

（2つの勘定口座間の振替記入）

```
        A 勘定                      B 勘定
    ×××  │ 12/31  ×××    ───►  12/31   ×××  │
```

（1つの勘定口座内の振替記入）

```
                B 勘定
          12/31    34,000          40,000
        ┌ 12/31     6,000
        │          ──────         ──────
        │          40,000          40,000
        │
        │                    1/1    6,000 ◄─┐
        └────────────────────────────────────┘
```

さて，決算本手続で行われる内容は，当該期間の経営成績を算出し，期末の財政状態を確定することである。帳簿決算はまず当期純利益（または当期純損失）の計算から開始される。この手続は集計計算のための損益勘定への振替記入を中心に行われるので，損益振替手続と呼ぶことができる。その手続は，次の順序のとおりである。

① 収益に属する勘定の貸借合計を算出する。
② 費用に属する勘定の貸借合計を算出する。
③ 損益振替のために新たに損益勘定を開設する。
④ 各収益勘定の貸借差額（貸方残高）を損益勘定の貸方に振り替える。
⑤ 各費用勘定の貸借差額（借方残高）を損益勘定の借方に振り替える。

損益勘定にはすべての収益と費用の残高が振り替えられるため，貸借金額の差額は当期純利益（または当期純損失）を示すことになる。

損益勘定は，一般の勘定とはその性格を異にする特殊な勘定である。一般の勘定が特定の科目についてその増減を記入するのに対して，損益勘定は収益と費用に属するすべての勘定の残高を振り替えて集計するとともに，貸借の差額（すなわち収益と費用の差額）として当期純利益（または当期純損失）を計算する機能をもっている。いわば決算期末にのみ設定される集計・計算勘定としての性質をもつ勘定である。

以上の手続を具体例で示そう。例えば今福商店の決算期末（12/31）の収益および費用の勘定とその残高が，次のとおりであったとする。

収益勘定：商品販売益￥680,000，受取手数料￥140,000
費用勘定：給料￥390,000，広告料￥270,000，支払家賃￥80,000

各勘定残高を損益勘定に振り替えた場合の損益勘定の記入内容を示せば，次のとおりである。

損　益

12/31	給　　料	390,000	12/31	商品販売益	680,000
〃	広　告　料	270,000	〃	受取手数料	140,000
〃	支払家賃	80,000			

この今福商店の損益振替仕訳を示せば，次のようになる。

12/31	(借)	商 品 販 売 益	680,000	(貸)	損		益	680,000
〃	(借)	受 取 手 数 料	140,000	(貸)	損		益	140,000
〃	(借)	損	益 390,000	(貸)	給		料	390,000
〃	(借)	損	益 270,000	(貸)	広	告	料	270,000
〃	(借)	損	益 80,000	(貸)	支 払 家 賃			80,000

一般には，複数の勘定から1つの勘定に同じ日付で振替記入があった場合，当該勘定に合計金額でまとめて仕訳記入される。この例で示せば，次のとおりとなる。

12/31	(借)	商 品 販 売 益	680,000	(貸)	損	益	820,000
		受 取 手 数 料	140,000				
〃	(借)	損 益	740,000	(貸)	給	料	390,000
					広 告 料		270,000
					支 払 家 賃		80,000

2 当期純利益の算出と資本振替手続

次の手順としては，この損益勘定の記入内容に基づき，当期純利益の算出が行われる。計算式は，収益と費用とを期間的に対応せしめて当期純利益を求める損益法（期間収益－期間費用＝当期純利益）が適用される。このように損益勘定では，貸借差額を計算することで自動的に当期純利益が算出されるため，計算勘定としての性質をあわせもっていることがわかる。

さて，当期純利益の算出は損益勘定でどのように行われるのだろうか。1つの勘定科目で差引計算を行いその差額を明示する方法は，すでに説明した勘定計算法（加法的減算法）に基づく記入である。これは貸借のうち金額の大きい方から小さい方を控除し，その差額を小さい方の金額に加算することで算出結果を示す複式簿記特有の方式である。

これによれば，損益勘定における当期純利益の算出は，**図表10－3**のように示すことができる。

図表10－3　当期純利益の算出

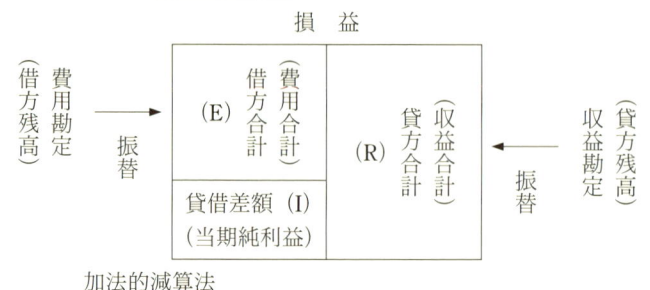

```
                    損      益
(借方残高)  (費用勘定)  │(費用合計) │(収益合計)│ (収益勘定) (貸方残高)
           ───振替──→│  借方合計 │  貸方合計│←──振替───
                     │   (E)    │   (R)   │
                     │──────│         │
                     │貸借差額(I)│         │
                     │(当期純利益)│        │
```

加法的減算法
借方合計(E)＋貸借差額(I)＝貸方合計(R)

ところで，当期純利益は，当該会計期間の経営活動による資本の純増加額を，名目勘定たる収益および費用の要素を用いて原因別・内容別に把握したものである。したがって，この当期純利益を資本金（期首資本金に，もしあれば資本の追加と引出しを加減した額）に加えるために，資本金勘定の貸方に振り替える。この手続は資本振替手続と呼ばれる。

前例により損益勘定の貸方残高すなわち当期純利益を，資本金勘定の貸方に振り替える場合の勘定関連を示せば，次のとおりである。なお，資本金の期首残高は￥600,000とする。

```
        資本金                              損        益
                1/1 前期繰越 600,000   12/31 給   料 390,000 │12/31 商品販売益 680,000
                12/31 損  益  80,000 ←  〃  広告料 270,000 │  〃 受取手数料 140,000
                                       〃  支払家賃 80,000 │
                                       〃  資本金   80,000 │
```

この結果，損益勘定は貸借が平均（残高ゼロ）し，資本金勘定は貸方合計すれば資本金の期末残高を示すことになる。なお，当期純損失が発生した場合には，損益勘定は借方残高となるため資本金勘定の借方に振り替えられる。ただし，この場合でも資本金勘定は通常は貸方残高となる。

この資本振替手続を仕訳で示せば，次のようになる。当期純損失の場合は貸借反対の仕訳となることはいうまでもない。

12/31　（借）損　　　　　益　80,000　（貸）資　　本　　金　80,000

したがって，相手勘定を記入するよりも内容を適切に示す簡潔な項目があれば，それを記入することも認められる。この方法によれば，振り替えた相手勘定を記入するよりもその内容である「当期純利益」を，損益勘定と資本金勘定の両摘要欄に記入することがより適切ということになる。

3 残高勘定の設定と残高振替手続

損益振替手続と資本振替手続によって元帳の上での損益計算が終了する。帳簿決算手続は最後に財産計算の手続に移る。この段階までに損益計算に必要な収益および費用の諸勘定ならびに損益勘定は，すべて貸借の合計金額が一致している。残高があるのは資産，負債および資本の諸勘定のみとなる。これらはいずれも財産計算に必要な要素であり，期末の残高を計算して元帳に記入することで確定する。

そこで，元帳に新たに残高勘定を設定し，資産，負債および資本の諸勘定より貸借差額を残高勘定に振り替える。資産の諸勘定は借方に残高があり，負債および資本の諸勘定は貸方に残高がある。したがって，資産の諸勘定からは残高勘定の借方に，また，負債および資本の諸勘定からは残高勘定の貸方にそれぞれ振り替える。この手続は残高振替手続と呼ばれる。

残高勘定への振替手続を図解して示せば，**図表10－4**のとおりである。

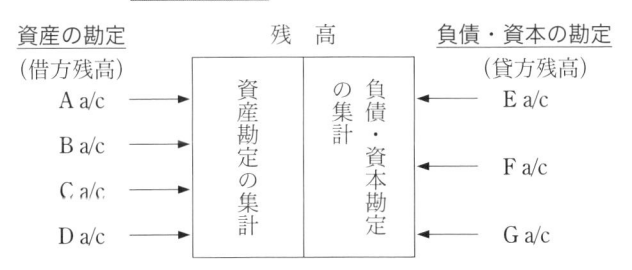

図表10－4 残高勘定への振替え

資産の勘定	残　　高	負債・資本の勘定
（借方残高）	資産勘定の集計 ｜ 負債・資本勘定の集計	（貸方残高）
A a/c →		← E a/c
B a/c →		← F a/c
C a/c →		← G a/c
D a/c →		

残高勘定は資産，負債および資本の諸勘定の残高を振り替えるための集計勘定である。帳簿決算の損益振替と資本振替に間違いがなければ，残高勘定は貸借の合計金額が必ず平均する。これが複式簿記の構造的特徴である。図表10－4はこのことを示している。

残高勘定は，損益勘定と同様，期中の通常の取引を転記するための勘定科目ではない。決算期末に資産，負債および資本のすべての勘定の残高を集計するために新たに設定されるもので，帳簿決算手続の実質的なゴールとなる。

　先の今福商店の例を用いて残高振替記入の手続を具体的に説明しよう。今福商店の決算期末における資産，負債および資本の勘定とその残高は，次のとおりであったとする。

資産勘定：現金￥340,000，売掛金￥280,000，商品￥250,000，備品￥370,000
負債勘定：買掛金￥160,000，借入金￥400,000
資本勘定：資本金￥600,000

　ただし，資本金勘定の￥600,000は期首の金額であり，先に示した資本振替記入により当期純利益￥80,000を加算して期末資本金としなければならない。

　残高振替は，まず資産の諸勘定からその借方残高を残高勘定の借方に振り替え，次に負債と資本の諸勘定の貸方残高を残高勘定の貸方に振り替える。各勘定残高を残高勘定に振り替えた場合の残高勘定の記入内容を示せば，次のとおりである。

	残　　高		
12/31 現　　金 340,000	12/31 買　掛　金 160,000
〃 売　掛　金 280,000	〃 借　入　金 400,000
〃 商　　品 250,000	〃 資　本　金 680,000
〃 備　　品 370,000	

　この今福商店の残高振替仕訳をまとめて示せば，次のようになる。

12/31	（借）	残　　　　高	1,240,000	（貸）	現　　　　金	340,000
					売　掛　金	280,000
					商　　　　品	250,000
					備　　　　品	370,000
12/31	（借）	買　掛　金	160,000	（貸）	残　　　　高	1,240,000
		借　入　金	400,000			
		資　本　金	680,000			

第4節　8欄精算表の作成

1　損益整理の再振替記入

　決算整理手続として行われる損益整理は，収益・費用の繰延・見越計算を通じて期間帰属を決定する手続といえる。これによって当期に帰属する収益と費用が帳簿記録の上で適正に計算されることになる。

　損益整理によって設定される4つの経過勘定（前受収益・未収収益・前払費用・未払費用）は，決算手続の中でのみ計上される勘定（決算勘定という）である。したがって，他の勘定のように期中でこれらの経過勘定に取引が記入されることはない。

　ところが，決算期末で損益整理の処理を行った場合，翌期の期首で再振替という手続が必要となる。再振替というのは，前期末で行った決算整理仕訳の貸借反対の記入を，当期の開始記入として行う手続である。再振替のために行う仕訳を特に再振替仕訳という。

　前述した前受家賃の例を用いて再振替手続を示そう。期中（4月1日）に12ヵ月分の家賃¥1,440,000を現金で前受けした場合，9ヵ月経過した決算期末（12月31日）での収益の繰延べは次のとおりであった。

　12/31　（借）受　取　家　賃　360,000　（貸）前　受　家　賃　360,000

　当期の決算手続が完了すれば，すべての元帳が締め切られて翌期の記入が開始できる状態が用意される。翌期では，期中で発生する営業取引についての記入を行う前に，開始記入としてまず資産，負債および資本の前期繰越高の記入が行われる。それに続いて，損益整理により前期末に計上された経過勘定の再振替記入を行わなければならない。

　再振替記入は，決算整理仕訳の貸借反対記入となるので，上記の前受家賃勘定についての再振替仕訳は，次のとおりとなる。

　翌1/1　（借）前　受　家　賃　360,000　（貸）受　取　家　賃　360,000

　再振替を行った段階までの両勘定の記入内容を示せば，次のとおりである。

```
                        受取家賃
┌→ 12/31  前受家賃   360,000 │ 4/1   現  金  1,440,000
│     〃   損  益  1,080,000 │
│                1,440,000 │              1,440,000
│                          │ 1/1   振戻高    360,000 ←┐
│                          │                          │ 再振替
│                                                     │
│                  前受家賃                            │
│   12/31  繰越高    360,000 │ 12/31  受取家賃  360,000 ←┘
└→ 1/1   振戻高    360,000 │ 1/1   繰越高    360,000
        └─────── 決算整理（振替）───────┘
```

2　8欄精算表の構造

　すでに第9章で精算表の機能と構造について，最も簡単な6欄精算表を用いて説明した。6欄精算表は，残高試算表欄，損益計算書欄および貸借対照表欄について，金額欄がそれぞれ貸借2つずつの6欄からなったものである。これは決算整理がないとの前提で説明したもので，通常は決算整理項目についての記入が付加されて8欄精算表が作成される。

　8欄精算表は，残高試算表欄の次に整理記入欄（もしくは修正記入欄）を加えて，次のような形式で作成される。

精算表
××年××月××日（決算日）

勘定科目	元丁	残高試算表		整理記入		損益計算書		貸借対照表	
		借方	貸方	借方	貸方	借方	貸方	借方	貸方

　8欄精算表では，決算整理前の残高試算表の金額を決算整理仕訳によって修正する手続が中心となる。具体的には，棚卸表の決算整理事項についての決算整理仕訳を整理記入欄で行い，勘定ごとに残高試算表欄の金額に加減する。そ

の際，両欄で貸借が同じ場合は加算し，貸借が異なる場合は減算する。

　残高試算表欄の金額に整理記入欄の金額を加減した修正金額をまとめて示せば，決算整理後の残高試算表が得られる。図解すれば**図表10－5**のようになる。

図表10－5　決算整理後残高試算表

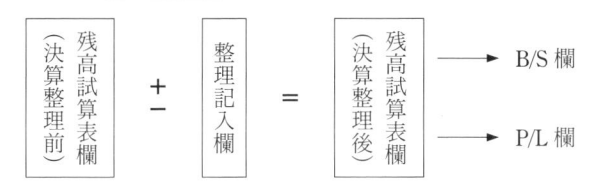

残高試算表欄（決算整理前） ± 整理記入欄 = 残高試算表欄（決算整理後） ⟶ B/S 欄
　　　　　　　　　　　　　　　　　　　　　　　　　　　　　　　　　　　⟶ P/L 欄

　ここでの決算整理後残高試算表の貸借金額を，8欄精算表の整理記入欄の次に「整理後試算表欄」として組み入れた場合，10欄精算表となる。整理記入が多い場合は，この整理後試算表欄に修正後の金額を記入し，貸借合計を確かめることのできる10欄精算表を作成することがより適切である。

設例10－3

次の沢野商店の勘定残高と決算整理事項によって，①決算整理仕訳を示し，また②決算整理後残高試算表を作成しなさい。なお，会計年度は2012年4月1日～2013年3月31日の1年とする。

勘定残高

現金預金￥252,000，売掛金￥300,000，売買目的有価証券￥210,000，繰越商品￥60,000，備品￥800,000，買掛金￥130,000，貸倒引当金￥2,000，備品減価償却累計額￥450,000，資本金￥1,000,000，売上￥1,980,000，仕入￥1,400,000，広告宣伝費￥40,000，支払家賃￥480,000，雑費￥20,000

決算整理事項

ⅰ　期末商品棚卸高は￥80,000である。
ⅱ　貸倒引当金は売掛金残高の3％とする。差額補充法による。
ⅲ　売買目的有価証券の期末評価額は￥202,000である。
ⅳ　備品の減価償却は定額法による。耐用年数8年，残存価額は取得原価の10％とする。

v　家賃の前払いが¥160,000ある。

〔解答〕

1．決算整理仕訳

①	(借) 仕　　　　　入	60,000	(貸) 繰　越　商　品	60,000
	(借) 繰　越　商　品	80,000	(貸) 仕　　　　　入	80,000
②	(借) 貸倒引当金繰入	7,000	(貸) 貸　倒　引　当　金	7,000
③	(借) 有価証券評価損	8,000	(貸) 売買目的有価証券	8,000
④	(借) 減　価　償　却　費	90,000	(貸) 備品減価償却累計額	90,000
⑤	(借) 前　払　家　賃	160,000	(貸) 支　払　家　賃	160,000

2．決算整理後残高試算表

決算整理後残高試算表
2013年3月31日

勘　定　科　目	借　方	貸　方
現金預金	252,000	
売掛金	300,000	
売買目的有価証券	202,000	
繰越商品	80,000	
備品	800,000	
買掛金		130,000
貸倒引当金		9,000
備品減価償却累計額		540,000
資本金		1,000,000
売上		1,980,000
仕入	1,380,000	
広告宣伝費	40,000	
支払家賃	320,000	
雑費	20,000	
貸倒引当金繰入	7,000	
有価証券評価損	8,000	
減価償却費	90,000	
前払家賃	160,000	
	3,659,000	3,659,000

(注) 仕入の借方¥1,380,000は売上原価を示す。

3　8欄精算表の作成

　決算整理仕訳を整理記入欄に記入した後，8欄精算表の残高試算表欄の金額に整理記入欄の金額を加減して修正された各勘定の金額（決算整理後の残高）を，損益計算書欄と貸借対照欄に移記する。その際，残高試算表欄にない勘定科目については，新たに設定する必要がある。

　収益および費用に属する勘定の金額は，修正記入があるものは貸借の加減額で，また，修正記入がないものはそのままの金額で，損益計算書欄の借方または貸方に移記する。また，同じ要領で資産，負債および資本に属する勘定の金額を，貸借対照表欄に移記する。

　次に，損益計算書欄と貸借対照表欄のそれぞれで，貸借合計額の差額として当期純利益（または当期純損失）を算出する。両欄での貸借差額の一致を確認して，それぞれ貸借合計を計算する。この結果，8欄精算表の4つの欄はすべてそれぞれの貸借総合計が一致するので締め切り，精算表を完成させる。

設例10－4

　設例10－3のデータを用いて8欄精算表を作成しなさい。

解 答

精算表
2013 年 3 月 31 日

勘定科目	残高試算表 借方	残高試算表 貸方	整理記入 借方	整理記入 貸方	損益計算書 借方	損益計算書 貸方	貸借対照表 借方	貸借対照表 貸方
現 金 預 金	252,000						252,000	
売 掛 金	300,000						300,000	
売買目的有価証券	210,000			③ 8,000			202,000	
繰 越 商 品	60,000		① 80,000	① 60,000			80,000	
備 品	800,000						800,000	
買 掛 金		130,000						130,000
貸 倒 引 当 金		2,000		② 7,000				9,000
備品減価償却累計額		450,000		④ 90,000				540,000
資 本 金		1,000,000						1,000,000
売 上		1,980,000				1,980,000		
仕 入	1,400,000		① 60,000	① 80,000	1,380,000			
広 告 宣 伝 費	40,000				40,000			
支 払 家 賃	480,000			⑤160,000	320,000			
雑 費	20,000				20,000			
	3,562,000	3,562,000						
貸倒引当金繰入			② 7,000		7,000			
有価証券評価損			③ 8,000		8,000			
減 価 償 却 費			④ 90,000		90,000			
前 払 家 賃			⑤160,000				160,000	
当 期 純 利 益					115,000			115,000
			405,000	405,000	1,980,000	1,980,000	1,794,000	1,794,000

(注) 整理記入欄の金額に付してある番号は設例10－3の決算整理仕訳に対応している。なお、売上原価は「仕入」の行で計算する方法によっている。

第5節　財務諸表の作成

1　帳簿の締切手続

　残高勘定への振替手続が終了すれば，帳簿決算に必要な一連の記帳手続が完了することになる。そこで，当期の帳簿記入を終了させ，次期の新しい記入状態を用意するため，仕訳帳および元帳の締切りを行う。帳簿の締切りとは，仕訳帳および元帳のすべての勘定科目について，貸借合計を計算してその一致を確認した上で，帳簿上に必要な罫線を引いて示す簿記上の手続をいう。

　仕訳帳では，当期中の仕訳記入については決算手続に関する仕訳に入る前に，貸借合計の一致を確認してすでに締切りがなされている。仕訳帳の締切りは，借方と貸方の金額欄に単線（合計線）を引き，その下に合計金額を記入して複線（締切線）を引いて閉じる方法による。普通仕訳についての締切りに続いて，次の行からは決算振替の仕訳記入がこれまで説明した手続の順序で行われる。決算振替仕訳が終了すれば，貸借合計を金額欄に記入して締め切ることになる。

　元帳では，残高勘定への振替記入で一連の決算振替手続が終了するので，すべての勘定が貸借平均した状態になっている。帳簿決算の最後は元帳の勘定を締め切る手続ということになる。元帳の締切方法には，勘定への記入状態によって次の2つの方法がある。ここでは，勘定口座の標準式について，設例10－4の沢野商店の例から広告宣伝費勘定と資本金勘定の締切方法を示す。期中の取引については金額のみ記入してある。

　① 貸借とも1行のみの記入がある場合

　借方と貸方の金額欄には1行のみの記入であって，合計金額は必要ないのですぐ下に複線を引いて閉じる。

広告宣伝費　　　　　　　　　　　　11

日付	摘要	元丁	借方	日付	摘要	元丁	貸方
			40,000	3 31	損益		40,000

② 貸借の一方または双方に2行以上の記入がある場合

借方と貸方の金額欄に単線を引き，その下の行に合計金額を記入して複線を引いて閉じる。この場合，貸借の記入行数が同一のときはその下の行で合計金額を記入して複線で閉じる。しかし，記入行数が同一でないときは記入の少ない側の摘要欄は斜線（三角線）を引いて埋め，金額欄のみ複線を引いて閉じる。

資本金　　　　　　　　　　　　　　7

日付		摘要	元丁	借方	日付		摘要	元丁	貸方
3	31	残　　　高		1,115,000	4	1	前 期 繰 越		1,000,000
					3	31	損　　　益		115,000
				1,115,000					1,115,000
					4	1	前 期 繰 越		1,115,000

　仕訳帳および元帳は決算日の翌日の期首に，前期から繰り越される資産，負債および資本の諸勘定についての前期繰越（期首残高）記入を行うことによって，新しい期間の記入状態が用意される。この手続を開始記入といい，そのための仕訳を開始仕訳という。開始記入に際しては，通常残高勘定を設けないので，開始仕訳は借方の資産諸勘定と貸方の負債・資本諸勘定を相互に相手勘定として仕訳記入する。

2　損益計算書の作成

　決算のゴールは，残高振替記入によって次期繰越手続の完了した総勘定元帳の記録を基礎資料として財務諸表を作成する手続である。この手続を決算報告手続という。総勘定元帳への記入を基礎に，決算手続を通じて最終的に損益計算書と貸借対照表を作成する方法は誘導法と呼ばれる。これに対して，期末の財産目録（資産，負債および資本の手許有高についての一覧表）を基礎に貸借対照表と損益計算書を作成する方法は財産目録法と呼ばれる。複式簿記は，財務諸表の作成方法として誘導法を基本としている。

　誘導法による損益計算書と貸借対照表の作成手続を図解すれば，**図表10－6**のように示すことができる。

図表10-6　誘導法による損益計算書・貸借対照表の作成

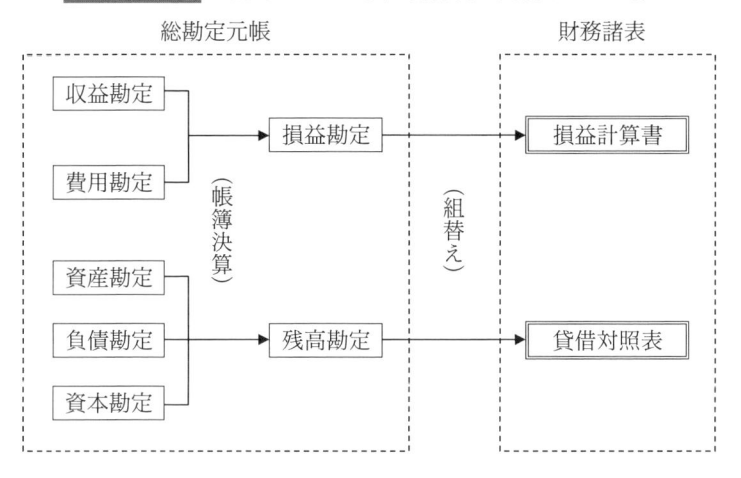

```
        総勘定元帳                              財務諸表

    ┌─収益勘定─┐
    │         ├──→ 損益勘定  ──→  損益計算書
    │─費用勘定─┤    （帳
    │         │     簿    （組
    │─資産勘定─┤     決     替
    │         │     算）    え）
    │─負債勘定─├──→ 残高勘定  ──→  貸借対照表
    │         │
    └─資本勘定─┘
```

　損益計算書は，一定期間の企業の経営成績を明らかにする計算書である。損益計算書では，一会計期間の経営成果とそれを獲得するために支払った経営努力を収益・費用として把握し，それらを取引源泉別に対応せしめて当期純利益を算出する。

　設例10-3の取引例によって，損益勘定の記録を基礎に損益計算書を作成してみよう。帳簿決算後の元帳への損益勘定は，次のようになっている。

損　益

日付		摘　要	仕丁	借　方	日付		摘　要	仕丁	貸　方
3	31	仕　　　　入	5	1,380,000	3	31	売　　　　上	5	1,980,000
	〃	広告宣伝費	〃	40,000					
	〃	支払家賃	〃	320,000					
	〃	貸倒引当金繰入	〃	7,000					
	〃	減価償却費	〃	90,000					
	〃	雑　　　　費	〃	20,000					
	〃	有価証券評価損	〃	8,000					
	〃	資　本　金	〃	115,000					
				1,980,000					1,980,000

損益計算書は，この損益勘定の内容をそのまま一定の様式をもつ計算書に移し替える（これを組替えという）ことによって作成される。沢野商店の損益計算書は，次のようになる。

<u>損益計算書</u>
（沢野商店）　　2012年4月1日から2013年3月31日まで

費　　用	金　額	収　　益	金　額
仕　　　　入	1,380,000	売　　　　上	1,980,000
広 告 宣 伝 費	40,000		
支 払 家 賃	320,000		
貸倒引当金繰入	7,000		
減 価 償 却 費	90,000		
雑　　　　費	20,000		
有価証券評価損	8,000		
当 期 純 利 益	115,000		
	1,980,000		1,980,000

損益計算書の作成方法は，次のとおりである。
① 損益計算書は一定期間（会計年度）の経営成績を示す計算書であるため，標題の下部に「××年××月××日から××年××月××日まで」のように期間を明記する。
② 損益計算書の中央から左側（借方側）に費用項目を，右側（貸方側）に収益項目を記載する。これは損益勘定の形式を損益計算書の様式にそのまま利用したためである。
③ 損益計算書における収益と費用の差額は当期純利益を表すので，貸借いずれか小さい側に差額を記入する形で貸借金額を平均させる。このような元帳形式の計算書における貸借差額の計算方式は，すべての計算を加算に引き直す加法的減算方式という。
④ 損益計算書の貸借合計額は，借方側（費用側）に当期純利益を，または貸方側（収益側）に当期純損失を計上することで一致することを確認して締め切る。その際，合計額は貸借同一行に記入し，貸借いずれかの項目欄に余白が生じる場合には三角線を入れる。

3　貸借対照表の作成

　貸借対照表は，一定時点の企業の財政状態を明らかにする計算表である。貸借対照表では，期間末の資産，負債，資本の残高を把握し，資金の運用形態たる資産と，資金の調達源泉たる負債・資本を対照表示する。ただし，制度上は貸借対照表で，従来の資本の部を純資産の部として表示することとしている。

　先の沢野商店の取引例によって，残高勘定の記録を基礎に貸借対照表を作成してみよう。帳簿決算後の元帳の残高勘定は，次のようになっている。

残　高

日付		摘　要	仕丁	借方	日付		摘　要	仕丁	貸方
3	31	現　金　預　金	5	252,000	3	31	買　掛　金	5	130,000
〃	〃	売　掛　金	〃	300,000	〃	〃	貸倒引当金	〃	9,000
〃	〃	売買目的有価証券	〃	202,000	〃	〃	備品減価償却累計額	〃	540,000
〃	〃	前　払　家　賃	〃	160,000	〃	〃	資　本　金	〃	1,115,000
〃	〃	繰　越　商　品	〃	80,000					
〃	〃	備　　　品	〃	800,000					
				1,794,000					1,794,000

　貸借対照表は，この残高勘定の内容をそのまま残高式もしくは報告式の計算表に組み替えることによって作成される。沢野商店の貸借対照表を勘定式で作成すれば，次のようになる。

貸借対照表

（沢野商店）　　　　　　　　2013 年 3 月 31 日

資　産	金　額	負債および純資産	金　額
現　金　預　金	252,000	買　掛　金	130,000
売　掛　金	300,000	貸倒引当金	9,000
売買目的有価証券	202,000	備品減価償却累計額	540,000
前　払　家　賃	160,000	資　本　金	1,000,000
商　　　品	80,000	当期純利益	115,000
備　　　品	800,000		
	1,794,000		1,794,000

貸借対照表の作成方法は，次のとおりである。
① 貸借対照表は一定時点（通常は決算期末）の財政状態を示す計算表であるため，標題の下部に「××年××月××日」のように時点を明記する。また，貸借対照表には損益計算書と同様，左肩に企業名（この例では沢野商店）を書かなければならない。
② 貸借対照表の中央から左側（借方側）に資産項目を，右側（貸方側）に負債および純資産項目を記載する。残高勘定と同じ形式を採用したためである。
③ 貸借対照表の借方合計と貸方合計はバランスする。このことは貸借対照表の計算構造が「資産＝負債＋純資産」となっているためである。貸借対照表は損益計算書と違って，特定の計算目的のために貸借差額を求める計算書ではない。それは決算期末における資産，負債および資本の残高を，貸借表示によって明らかにするための計算表である。
④ 貸借対照表は貸借の合計額が一致することを確認して締め切る。その際，合計額は貸借同一行に記入し，貸借いずれかの項目欄に余白が生じる場合には三角線を入れる。

貸借対照表は，通常は決算期末に作成される。このため貸借対照表が作成される会計期間の末日は，特に貸借対照表日と呼ばれる。しかしながら，貸借対照表は一定時点の企業の財政状態を示すものであるため，決算期末以外にも必要に応じて作成される。例えば，事業の開始日（開業日）や閉鎖日（清算日）などにも貸借対照表を作成する。

索　引

▶ あ 行 ◀

後入先出法	128
洗替法	190
アレキサンダー・アラン・シャンド	20
委託募集	202
一勘定制	108,146
１伝票制	102
一括償還	203
一括評価法	188
移動平均法	128,129
受取手形	166
打歩発行	202
裏書譲渡	168
売上原価計上法	115
売上帳	122
売掛金	159
売掛金明細表	163
売掛金元帳	161
営業取引	51
英米式決算	98
営利簿記	11
応用簿記	14

▶ か 行 ◀

買掛金	159
買掛金明細表	163
買掛金元帳	162
会計期間	16
会計責任（アカウンタビリティ）	2
会計帳簿	62
会計伝票	101
会計年度	16
開始記入	258
開始仕訳	258
開始取引	51
階梯式計算法	46
外部取引	51
貸方	64
貸残	64
貸倒れ	187
貸倒実績率法	188
貸倒損失	187
貸倒引当金	188
貸倒引当金繰入	189
貸倒引当損	189
貸付金勘定	178
片側金額欄式	82
貨幣価値一定	18
貨幣証券	191
貨幣的測定	17
借入金勘定	178
借方	64
借残	64
仮払法人税等勘定	184
為替手形	165
勘定科目	59
勘定口座	59
勘定式計算法	45,46
間接発行	202
間接法	199
管理会計	3
期間損益計算	8
企業実体	15

擬制取引	51
記名社債	202
銀行勘定調整表	151
銀行取引停止処分	146
銀行簿記精法	20
金融手形	166
繰越試算表	99
繰延資産	205
経営成績	8
経過勘定項目	241
継続記録法	120
決算	98
決算勘定	251
決算修正	236
決算修正仕訳	236
決算整理	236
決算整理仕訳	236
決算取引	51
決算報告手続	258
減価償却	197
減価償却累計額	199
原価法	194
現金過不足	139
現金勘定	134
現金出納帳	136
交換取引	52
合計残高試算表	213
合計試算表	213,215
合計転記	91
公認会計士試験制度	21
小書	86
小切手	135,144
小口現金	134
小口現金出納帳	157
小口現金制度	154
固定資産	195
5伝票制	105
個別原価法	128
個別転記	90
個別評価法	188
混合勘定	108
混合取引	52

▶ さ 行 ◀

財産法	26
財産目録	258
財産目録法	258
最終仕入原価法	129
財政状態	8
再振替	251
再振替仕訳	251
財務会計	3
財務諸表	3
差額補充法	190
先入先出法	128
残存価額	197
残高勘定	249
残高式	63,93
残高式勘定	63
残高試算表	213,220
残高振替手続	249
3伝票制	103
三分法	118
仕入帳	122
時価法	194
自己宛為替手形	166
自己検証機能	72
自己指図為替手形	166
資産	24
試算表	211
試算表等式	222
仕丁	93
実在勘定	62
実際取引	51

支払拒絶証書	169
支払手形	166
資本	24
資本金	31,208
資本証券	191
資本等式	26
資本振替手続	248
社債	201
社債権者	201
社債償還益	204
社債償還損	204
社債の償還	203
社債発行費	203
社債発行費償却	203
社債利息	201
収益	36
収益的支出	196
修繕引当金	207
出金伝票	103
取得原価	196
主要簿	99
純資産	35
償却原価法	203
償却債権取立益	190
償却率	197
商業手形	166
譲渡性預金	142
証憑書類	80
商品有高帳	126
商品券	171
商品券勘定	171
商品評価損	239
情報利用機能	8
諸口	86
仕訳	75
仕訳帳	80
仕訳伝票	102

新株予約権付社債	202
人名勘定	160
随時資金補給制度	156
随時償還	204
スムマ	19
正規の簿記の原則	76
精算仕訳	237
精算表	229
精算表等式	233
制度会計	3
税理士試験制度	21
総額引受	202
総勘定元帳	86,92
総記法	112
創立費	205
損益勘定	246
損益計算書	45
損益計算書勘定	62
損益計算書等式	45
損益整理	241
損益取引	52
損益振替手続	246
損益法	26

▶ た 行 ◀

貸借記入のルール	65
貸借対照表	33
貸借対照表勘定	62
貸借対照表等式	33
貸借対照表日	262
貸借平均の原理	72
退職給付引当金	207
耐用年数	197
大陸式決算	98
多数帳簿制	101
他店商品券勘定	173
棚卸	236

索　引　265

棚卸計算法	120
棚卸減耗	239
棚卸減耗損	239
棚卸表	236
棚卸方法	127
単一仕訳帳・元帳制	100
単式簿記	10
単純取引	77
中間申告	184
帳合之法	20
帳簿決算手続	245
帳簿組織	100,101
直接発行	202
直接法	199
通貨代用証券	133
通知預金	142
T勘定	64
低価基準	239
定額資金前渡制度	156
定額法	197
低下評価損	239
低価法	239
定時償還	204
定率法	197
手形	164
手形貸付金勘定	179
手形借入金勘定	179
手形の遡求	169
手形の割引	169
手形売却損	169
手形割引料	169
転換社債	202
転記	86
転記簿	92
伝票会計制度	101
伝票集計表	106
当期純損益	41

当期純利益	39
当座借越契約	146
当座小切手帳	145
当座預金	142
当座預金勘定	145
当座預金出納帳	143,150
投資その他の資産	195
統制勘定	162
得意先元帳	161
特殊商品売買	107
特殊仕訳帳	99
特別欄	157
取引	49
取引8要素の結合関係表	59

▶ な 行 ◀

内部取引	51
二勘定制	146
二帳簿制	101
二面の記入	56
入金伝票	103
値引	110

▶ は 行 ◀

売価還元法	129
売買目的有価証券	191
8欄精算表	230,252
非営利簿記	11
引当金	206
引受募集	202
引出金	209
費用	38
評価勘定	188
評価性引当金	206
標準式	63,93
標準式勘定	63
複合取引	77

福沢諭吉	20
複式簿記	9,10
複数勘定制	108
負債	24
負債性引当金	206
普通商品売買	107
普通仕訳帳	99
普通預金	142
物品証券	191
振替記入	245
振替伝票	103
振替取引	51
不渡小切手	146
不渡手形	169
分割償還	203
分割商品勘定制	109
分割仕訳帳・元帳制	101
分記法	112
平価発行	202
平均原価法	129
返品	110
簿外現金	140
簿記一巡の手続	97
簿記検定試験制度	21
簿記原理	14
簿記5要素	25
簿記遂行機能	8
簿記等式	27
補助記入帳	99
補助簿	99
補助元帳	99

▶ ま 行 ◀

未決算勘定	139,182
無記名社債	202
無形固定資産	195
名目勘定	62
元丁	83

▶ や 行 ◀

約束手形	165
有価証券	191
有価証券売却益	192
有価証券売却損	192
有価証券評価益	194
有価証券評価損	194
有形固定資産	195
融合取引	52
誘導法	258
洋式簿記	20

▶ ら 行 ◀

利害関係者	2
流動資産	195
両側金額欄式	82
ルカ・パチョーリ	19
6欄精算表	230

▶ わ 行 ◀

割引	111
割引発行	202
割戻し	110

■著者紹介

照屋　行雄（てるや　ゆきお）

　1971年　琉球大学法文学部卒業
　1975年　横浜国立大学大学院経営学研究科修士課程修了
　1978年　財団法人沖縄経済開発研究所上級研究員
　1985年　米国イリノイ大学客員研究員（〜1996年）
　1988年　沖縄大学法経学部教授
　現　在　神奈川大学経営学部教授
　　　　　公認会計士第二次試験委員を歴任（2000年〜2002年）

■主要著書

『現代簿記の基礎』（共著）中央経済社，1991年。
『会計原則』（単著）総合法令，1996年。
『簿記と財務会計』（共著）ビジネス教育出版社，1997年。
『財務会計原理』（共著）東京経済情報出版，2000年。
『企業会計の構造』（単著）税務経理協会，2001年。
『ビジネスの国際感覚が身につくキーワード100』（編著）中央経済社，2002年。
『企業会計の基礎』（単著）東京経済情報出版，2005年。
『研究者たちの港湾経済』（編著）成文堂，2008年。
『新会計基準を学ぶ　第2巻』（共著）税務経理協会，2009年。
『新会計基準を学ぶ　第3巻』（共著）税務経理協会，2009年。

現代簿記の原理

2014年3月30日　第1版第1刷発行
2017年1月20日　第1版第3刷発行

著者　照　屋　行　雄
発行者　山　本　　継
発行所　㈱中央経済社
発売元　㈱中央経済グループ
　　　　パブリッシング

〒101-0051　東京都千代田区神田神保町1-31-2
電話　03（3293）3371（編集代表）
　　　03（3293）3381（営業代表）
http://www.chuokeizai.co.jp/
印刷／昭和情報プロセス㈱
製本／誠　製　本㈱

Ⓒ 2014
Printed in Japan

＊頁の「欠落」や「順序違い」などがありましたらお取り替えいたしますので発売元までご送付ください。（送料小社負担）

ISBN978-4-502-10011-6　C3034

JCOPY〈出版者著作権管理機構委託出版物〉本書を無断で複写複製（コピー）することは，著作権法上の例外を除き，禁じられています。本書をコピーされる場合は事前に出版者著作権管理機構（JCOPY）の許諾を受けてください。
JCOPY〈http://www.jcopy.or.jp　eメール：info@jcopy.or.jp　電話：03-3513-6969〉